青岛大学学术专著出版基金资助

乡村治理法治化进程中的人民调解员群体研究

许庆永 著

中国社会科学出版社

图书在版编目(CIP)数据

乡村治理法治化进程中的人民调解员群体研究／许庆永著. —北京：中国社会科学出版社，2019.7

ISBN 978-7-5203-4576-7

Ⅰ.①乡… Ⅱ.①许… Ⅲ.①民事诉讼—调解(诉讼法)—法律工作者—研究—中国 Ⅳ.①D926.17

中国版本图书馆 CIP 数据核字(2019)第 115452 号

出 版 人	赵剑英
责任编辑	许　琳
责任校对	李　莉
责任印制	郝美娜

出　　版	中国社会科学出版社
社　　址	北京鼓楼西大街甲 158 号
邮　　编	100720
网　　址	http://www.csspw.cn
发 行 部	010-84083685
门 市 部	010-84029450
经　　销	新华书店及其他书店
印　　刷	北京君升印刷有限公司
装　　订	廊坊市广阳区广增装订厂
版　　次	2019 年 7 月第 1 版
印　　次	2019 年 7 月第 1 次印刷

开　　本	710×1000　1/16
印　　张	13.5
插　　页	2
字　　数	260 千字
定　　价	78.00 元

凡购买中国社会科学出版社图书，如有质量问题请与本社营销中心联系调换
电话：010-84083683
版权所有　侵权必究

目　录

第一章　导论 …………………………………………………… (1)
　第一节　研究背景 ………………………………………………… (1)
　　一　问题的缘起与提出 ………………………………………… (1)
　　二　基本概念界定 ……………………………………………… (6)
　　三　对于调研地点选取的说明 ………………………………… (18)
　第二节　基本的理论阐释 ………………………………………… (23)
　　一　俗民方法学理论 …………………………………………… (23)
　　二　吉尔兹的"地方性知识"理论 …………………………… (25)
　第三节　基本的研究方法及调研概述 …………………………… (28)
　　一　质的研究方法 ……………………………………………… (29)
　　二　深度访谈法 ………………………………………………… (31)
　　三　观察法 ……………………………………………………… (34)
　　四　文献分析法 ………………………………………………… (36)
　　五　问卷调查 …………………………………………………… (37)
　第四节　研究综述 ………………………………………………… (39)
　　一　章节安排 …………………………………………………… (39)
　　二　创新点与不足之处 ………………………………………… (40)
第二章　乡村人民调解员的历史渊源与研究评述 ………………… (43)
　第一节　乡村人民调解员的历史渊源 …………………………… (43)
　　一　中国传统社会当中的调解考究 …………………………… (43)
　　二　人民调解制度的产生与发展 ……………………………… (51)
　　三　结语 ………………………………………………………… (58)
　第二节　人民调解员群体研究评述 ……………………………… (59)

一　研究视角的分类及研究介绍 …………………………………… (59)
　　二　研究视角的评述 ……………………………………………… (62)
第三章　乡村人民调解员群体的静态描述 ………………………………… (63)
　第一节　行政色彩的主导：镇政府人员兼任的人民调解员 …… (63)
　　一　镇政府人员兼任人民调解员基本状况描述 ……………… (63)
　　二　乡镇司法所的现状 ………………………………………… (64)
　　三　行政权对乡村的辐射 ……………………………………… (72)
　第二节　国家控制的末梢：村干部兼任的人民调解员 ………… (78)
　　一　村干部兼任人民调解员的基本状况描述 ………………… (78)
　　二　村干部的现状描述 ………………………………………… (81)
　　三　村干部与国家控制 ………………………………………… (92)
　第三节　基层民主的展示：普通村民担任的人民调解员 ……… (93)
　　一　论基层的民主 ……………………………………………… (93)
　　二　普通村民担任的人民调解员基本状况描述 ……………… (95)
　　三　乡村的红白理事会与人民调解员 ………………………… (98)
　第四节　专业技术的需求：聘任的人民调解员 ………………… (102)
　　一　聘任人民调解员的基本状况描述 ………………………… (102)
　　二　聘任人民调解员的工作现状 ……………………………… (104)
第四章　乡村人民调解员工作的影响因素与动态描述 …………………… (107)
　第一节　乡村关系网络的解构 …………………………………… (107)
　　一　关系网络的横向剖析 ……………………………………… (107)
　　二　关系网络的纵向剖析 ……………………………………… (112)
　第二节　乡村的人情、面子、道理与法律 ……………………… (117)
　　一　人民调解员的调解资本：人情与面子 …………………… (117)
　　二　人民调解员对"理"的依托 ……………………………… (123)
　　三　人民调解员对国家法律的"误解"与传播 ……………… (126)
　第三节　关系/事件、行动策略的个案分析 …………………… (129)
　　一　案件的场景分析 …………………………………………… (129)
　　二　案件背后的关系/事件 …………………………………… (142)
　　三　人民调解员的行动策略 …………………………………… (146)
第五章　人民调解员的角色定位：乡村的"特殊法律人" ……………… (155)
　第一节　法律知识不及之处：地方性知识的载体 ……………… (155)

一　法律在乡村的"尴尬境地" …………………………（155）
　　二　人民调解员心目中的"马桥词典" ………………（160）
　第二节　"法律盲区"的填补者 ……………………………（166）
　　一　乡村的"立法者" …………………………………（166）
　　二　国家法律在乡村的"执行人" ……………………（168）
　　三　乡村的合法性需求：存档的法律叙事 ……………（170）
　第三节　从"政治功能"到"社会功能"的复合体 ………（173）
　　一　乡村人民调解员的政治功能 ………………………（173）
　　二　社会功能的"本位"回归 …………………………（180）

第六章　乡村人民调解员的前景探析 ………………………（184）
　第一节　乡村的变迁及其对人民调解员的影响 …………（184）
　　一　乡村人们生活方式的改变与公共空间的萎缩 ……（184）
　　二　乡村人们"私密"观念的变化 ……………………（187）
　第二节　时代进程不能逆转的变革 ………………………（191）
　　一　国家的改革进程 ……………………………………（191）
　　二　法治化进程 …………………………………………（192）
　第三节　乡村人民调解员的前景探析 ……………………（196）

参考文献 ………………………………………………………（200）
后记 ……………………………………………………………（210）

第一章

导　论

第一节　研究背景

在乡村纠纷的处理过程当中，存在着这样的一批人，他们既不像法官那样按照严格的程序，依照法律和事实对案件作出唯一排他的判决，也不像纯粹的民间"说和人"那样不受任何单位和组织的指导，完全按照当事人自己的意思进行协商达成结果，他们是乡村的人民调解员。人民调解员是伴随着中国共产党的革命史成长起来的一批队伍，他们一方面在解决纠纷时凸显其工作的社会功能，另一方面在整合社会时又伴随其工作的政治功能，他们是活跃在纠纷解决"第三领域"[①] 中的"特殊法律人"。[②]

一　问题的缘起与提出

（一）研究的学术价值

随着乡村经济的发展和城镇化进程的不断推进，农村纠纷的表现形式也日趋复杂，此外还出现了像土地征用补偿等一些新的纠纷形式。虽然人们的法律意识在不断增强，诉诸法律的纠纷也不断增多，但是依赖非诉讼程序的纠纷数量还是非常的庞大，特别是依靠人民调解方式来解决的纠纷数量。如图1.1所示，虽然从20世纪80年代开始，人民调解

[①] 宋明：《人民调解的现代定位：纠纷解决机制中的"第三领域"》，《法制与社会发展》2008年第3期。

[②] 顾敏、邓红蕾：《乡村中的特殊法律人——浅议我国乡村中的人民调解员》，《吉林省行政学院学报、行政与法》2005年第6期。

的纠纷数量在人民调解和民事诉讼收案之和中所占的比例在不断地下降，但是除了 2008 年占 48% 之外，其他年份所占的比例都在 50% 以上，其中大部分年份都在 60% 左右，个别年份甚至达到了 90% 以上。通过图 1.1 虽然不能精确地计算出乡村纠纷的解决对人民调解的依赖有多大，但是出于对乡村人们思想观念和行为方式的考虑，我们可以粗略地估计到乡村对人民调解的依赖程度可能要大于图 1.1①中所显示的比例，所以人民调解员群体在乡村纠纷的解决当中还具有重大作用，它有研究的学术意义。

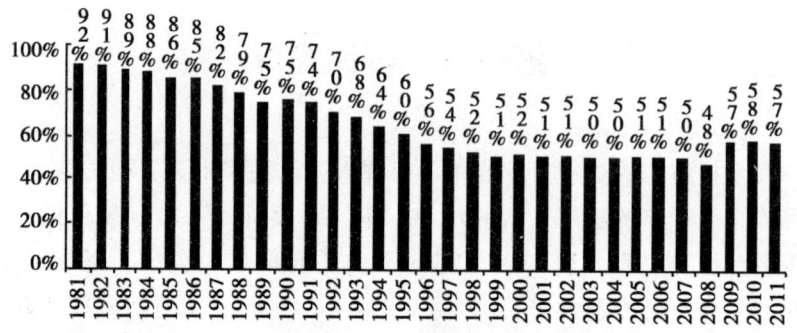

图 1.1　1998—2011 年人民调解委员会调解民间纠纷数
在人民调解和民事诉讼收案之和中所占比例变化

与法官所追求的公平、正义不同，人民调解员所追求的是一种使矛盾双方能够共赢的局面。他们所采用的调解规则也不是明文规定的法律，而是在乡村当中较法律优先适用的人情、面子、关系、道德和道理等。乡村人民调解员与法官相比较而言，对村民有亲切感，更能体察民情，更能了解纠纷的细枝末节和"前历史"（prehistory）因素②。在现实的实践当中，矛盾的复杂性往往会超出我们的想象，特别是在乡村当中，矛盾的解决往往与当地的风俗人情和价值观念密切相连，这是法律所无法操控的局面。除此之外，人民调解员较之民间"说和人"更具有权威性，更能够给纠纷的双方当事人一种主持公道的期待。正是这样的一个特殊法律人群体，他们的群体特征（比如性别、年龄、文化程度、出身背景等）、地位、工作机制、工作环境、人们对他们的认识和

---

① 周琰：《人民调解制度发展研究》，《中国司法》2013 年第 2 期。
② 朱晓阳：《小村故事：罪过与惩罚（1931—1997）》，法律出版社 2011 年版，第 39 页。

他们的自我认识却很少有人去关注。他们在纠纷的处理过程当中最倚重的是何种策略？最看重的是什么？作为特殊的法律人眼中的法律是什么样的？是如何处理地方性观念和法律之间的关系的？在普通人的眼中他们是怎么样的一批人？他们怎么看待自己的角色？乡村的人民调解员群体存在哪些困境以及应如何解决？这些问题还缺乏具有说服力的答案，与作为"东方一枝花"的人民调解制度的研究相比，对于人民调解员群体的研究是非常逊色的。关于人民调解员的研究一般都是作为人民调解制度研究的附带部分，没有任何的专著、博士论文和硕士论文对他们进行过专门的论述，人民调解员研究相关的文章也是寥寥无几，关于乡村人民调解员的研究就更少了，所以本书把乡村人民调解员群体作为研究对象具有巨大的学术空间和非常重要的学术价值。

(二) 研究的实践价值

在国内的现实社会中，人民调解员是化解乡村矛盾纠纷的主力军，通过图1.2可以看出，从2009年开始人民调解委员会调解民间纠纷的数量出现了激增的趋势，并且2010年和2011年两年超过了自1981年以来人民调解民间纠纷历史上的最高值。虽然我们不能准确地计算出乡村人民调解员调解纠纷的数量，但是考虑到城乡居民法律意识和诉诸法律程序的差异，可以推断乡村人民调解员调解纠纷的数量要占到图1.2所显示数值的绝大部分。

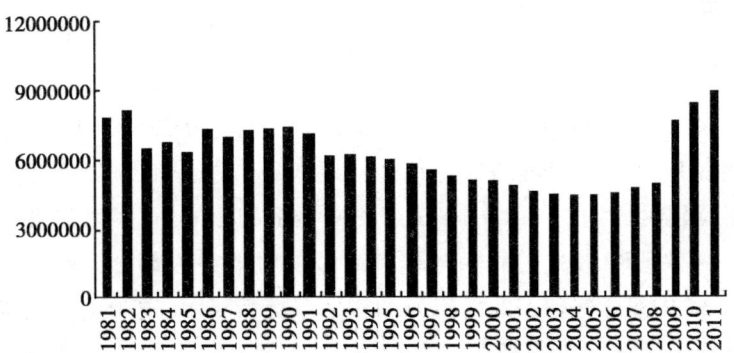

图1.2　1998—2011年人民调解委员会调解民间纠纷数量变化①

此外，如图1.3所示，在笔者前期调研的6个村庄当中，2013年共

---

① 周琰：《人民调解制度发展研究》，《中国司法》2013年第2期。

发生矛盾纠纷 45 件，诉诸法律程序的有 3 件，占纠纷总数的 7%；个人私下解决的有 7 件，占到纠纷总数的 16%；不了了之的有 14 件，占到纠纷总数的 31%；人民调解员调解的有 21 件，占到纠纷总数的 46%，人民调解员在乡村当中仍然是矛盾纠纷解决的主要力量，把乡村的人民调解员群体作为研究对象具有非常重要的实践意义。

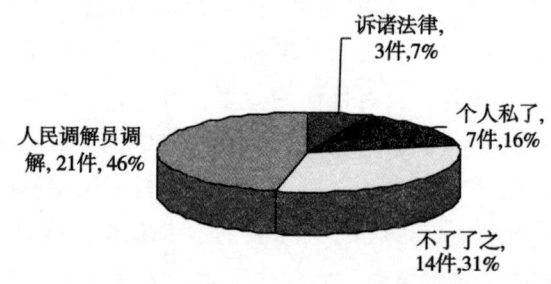

图 1.3　前期调查的 6 个村庄当中 2013 年纠纷解决的途径分析

在国际上，非诉讼程序（ADR）① 越来越得到重视，ADR 即指替代性纠纷解决机制（Alternative Dispute Resolution），其概念最早起源于美国，1998 年美国在《ADR 法》中提出：替代性纠纷解决方法包括任何主审法官审判以外的程序和方法，在这种程序中，通过诸如早期中立评估、调解、小型审判和仲裁等方式，由中立第三方在争论中参与协助解决纠纷。影响非诉讼程序发展一个非常重要的因素就是社会的自治性和多元程度，当今世界毫无疑问是在向着多元化的方向发展，在此过程当中，自治的价值越来越受到重视，这种趋势为发展 ADR 创造了更为有利的社会条件。② 在美国，1990 年通过了《民事司法改革法》，它对于 ADR 的推广作出了明确的规定，并且要求各个联邦地区法院制定"减少费用及延迟计划"（expense and delay reduction plan），因此各个联邦地区法院都把对 ADR 的利用当作其改革的重要组成部分，此法案对于美国的 ADR 发展起到了非常重要的作用，此后 ADR 成为美国民事诉讼中不可缺少的重要组成部分。在德国，20 世纪七八十年代进行了三次大型的 ADR 研讨会，旨在推动德国 ADR 的发展，并且成立了和解所、仲裁所和调解机关；90 年代先后制定了《司法简便化法》和《司法负

---

① 邵军：《从 ADR 反思我国的民事调解现状》，《华东政法学院学报》2005 年第 3 期。
② 范愉：《非诉讼程序（ADR）教程》，中国人民大学出版社 2002 年版，第 80 页。

担减轻法》，为进一步发展 ADR 创造了条件。在英国，有质询调解仲裁机构（Advisory Conciliation and Arbitration Service，ACAS）、全国律师 ADR 网络（National Network of Solicitors in Alternative Dispute Resolution，ADR Net. Ltd.）和纠纷解决中心（Center for Dispute Resolution，CEDR）等 ADR 机构，[①] 它们是推动英国 ADR 发展的重要机构。在日本，也有 ADR 的存在，比如调停制度。国际上对于非诉讼程序的重视已是一个不可逆转的趋势，在这样的大背景下，作为我国 ADR 重要组成部分的人民调解制度就显得尤为重要。人民调解员群体特别是乡村人民调解员群体是推动我国 ADR 发展的主力军，对于乡村人民调解员群体的研究，是促进我国 ADR 发展的重要渠道之一，也是当务之急。

（三）研究的法律价值

2011 年 3 月 10 日，全国人民代表大会常务委员会委员长吴邦国同志向十一届全国人民代表大会四次会议作全国人大常委会工作报告时庄严宣布，一个立足中国国情和实际、适应改革开放和社会主义现代化建设需要、集中体现党和人民意志的，以宪法为统帅，以宪法相关法、民法商法等多个法律部门的法律为主干，由法律、行政法规、地方性法规与自治条例、单行条例等三个层次的法律规范构成的中国特色社会主义法律体系已经形成。[②] 这是我国法制现代化的重要成果，由法律意识主导的法制现代化思想也存在一定的弊端，它使得权利意识（法律意识）与纠纷解决简单地联系起来，而排出了其他因素对纠纷解决的影响，例如选择与自主权；对成本效益的权衡；对长远关系和利益的考虑；对实质正义和合理解决的追求；出于社会利益自身社会义务的考虑；以及解决特定纠纷的特殊需求；等等。[③] 法律意识所主导的法制现代化天然地存在程序正义与实质正义的矛盾，法律规制与追求价值的矛盾，作为 ADR 主力军的乡村人民调解员恰恰是上述因素的深思熟虑者与倡导者，他们克服了法制现代化所固有的缺陷，即前进路径的单一性，通过多种路径和方式促进了纠纷解决方式的多元化发展。诉讼案件数量的多少不是衡量一个国家法制现代化的唯一标准，恰恰它代表人们选择解决纠纷

---

① 范愉：《非诉讼程序（ADR）教程》，中国人民大学出版社 2002 年版，第 91 页。
② 新华社：《全国人民代表大会常务委员会工作报告》2013 年 3 月（http://www.gov.cn/2011lh/content_ 1827143. htm）。
③ 范愉：《非诉讼程序（ADR）教程》，中国人民大学出版社 2002 年版，第 39 页。

的方式比较单一，而一个国家的纠纷是多样的，要想全面解决好具有多样性的纠纷，就必须依赖多元化的纠纷解决方式。正如美国学者埃尔曼提到的："甚至在一个具有充分发达的法院制度和其他裁决能力的社会，许多争议也从来既不付诸其司法机构，也不交付于旨在对第三人的裁断给予约束的可选择的程序。"① 此外，国家正式的法律体系和非正式的社会调解机制在某种程度上并不相违背，反而是互补互动的，这是对乡村人民调解员研究的法律价值之一。除了上述对实质正义的追求之外，效益和自治的导向也是对乡村人民调解员研究的法律价值。从国家层面上讲，作为乡村人民调解员主导的非诉程序可以为国家节省大量的司法资源；从个人层面上讲，乡村人民调解员的调解可以为村民节省金钱和时间成本。法律在维护人们自由的同时也在规制着人们的行为，随着法治化的进程，公共领域与私人领域在逐步趋于融合，正如德国社会学家哈贝马斯所说："社会的国家化和国家的社会化是同步进行的，正是这一辩证关系逐步破坏了资产阶级公共领域的基础，亦即，国家和社会的分离。从两者之间，同时也从两者内部，产生出一个重新政治化的社会领域，这一领域摆脱了'公'与'私'的区别。它也消解了私人领域中那一特定的部分，即自由主义的公共领域，在这里，私人集合为公众，管理私人交往中的共同事务。公共领域的消亡，在其政治的转型过程中得到了证明，其缘由则在公共领域和私人领域关系的结构转型"②。这也正是在法治化如火如荼的当下，非诉程序蓬勃发展的原因，也是乡村人民调解员研究的法律价值所在。

二 基本概念界定

（一）乡村

《辞源》一书中，乡村被解释为主要从事农业、人口分布较城镇分散的地方。在谢灵运的《石室山诗》有"乡村绝闻见，樵苏限风霄"的诗句，所以亦作"乡村"、村庄讲，但是这些解释与本研究当中的乡村概念存在一定的差别。费孝通先生在《乡土中国》中提道："从基层

---

① [美] H. W. 埃尔曼：《比较法律文化》，贺卫方等译，清华大学出版社2002年版，第133页。

② [德] 哈贝马斯：《公共领域的机构转型》，曹卫东等译，学林出版社1999年版，第171页。

上看去，中国社会是乡土性的。我说中国社会的基层是乡土性的，那是因为我考虑到从这基层上曾长出一层比较上和乡土基层不完全的社会，而且在近百年来更在东西方接触边缘上发生了一种很特殊的社会。这些社会的特殊性我们暂时不提，将来再说。我们不妨先集中注意哪些被称为土头土脑的乡下人。他们才是中国社会的基层。"① 这里谈到的"乡土"概念和"乡村"概念有一定的复合性，但是并不能准确地表达出"乡村"的概念，"乡村""农村"和"乡土"概念的内涵和外延都没有严格的限定，它们所指称的对象具有一致性，都是一个地域空间概念，即包括除城市以外的一切地域，都是相对于城市而提出的概念，有些学者在学术研究中出现了杂用的现象。但是如果我们再作更深层次的研究，就会发现它们在侧重点上还是存在一定区别的。下面就从"乡村"与"农村"、"乡村"与"乡土"的比较上来阐述本研究当中的"乡村"概念。

1. 乡村与农村

"农村"概念与"农村社会学"是分不开的，随着农村社会学从美国引入，"农村"的概念也被重新诠释。在英语里农村被翻译为"rural"，美国社会学家 Gillette 认为"农村社会"应该是一部分人居住于人口密度最低，面积最广的区域，从共同兴趣、工作与生活方式上，发生一种同类意识，他们在一种或多种事业上有共同兴趣，因此互相交通、彼此合作，他们的兴趣或在一处，或在多处，他们的主要实业就是农业收获，他们的社会组织和反映比较少而且简，并且大多为空间和生产方式所支配，他们的主要社会单位是家庭。美国康奈尔大学农村社会学教授 Sandeison 认为"农村社会"应该是一处的居民，居住在一个农业面积上，他们的各种共同生活和事业，都聚集到一个中心点上去合作。美国社会学家 Burr 却认为一个"农村社会"，可称为一个农业区域的人群，其大小与单位能使其居民充分地从事团体合作的活动。② 社会学家关于"农村社会"的概念基本达成了一致，"农村"主要是一个经济概念，它是一种与城市的经济活动相区别的方式，它与"农业"相联系，但是它又不等同于农业，它明显是与"乡村"相区别的概念。

---

① 费孝通：《乡土中国》，人民出版社 2008 年版，第 1 页。
② 言心哲：《农村社会学概念》，中华书局 1934 年版，第 16 页。

我国社会学家乔启明先生提道:"若能按照社会共同生活的事业,以区划乡村社会,并不十分复杂。未区分以前,我们先选定一个区划中心点,应用做标准,是我们首先应当注意的一件事,我们人民最初的交际,就是市里交际,到了现在虽然与古代不同,但是乡间人民最多的互相接触,还要算是市镇的交易,市镇上商人,常有一句话是'万商云集',这个意思就是希望四方做买卖的人,如密云一般,都汇集到市场上来,似乎市镇是人民所离不开的一样,所以我们要划分乡村社会,大都以市镇做起点,因为市镇包括的范围大、面积广,可说是居民共同生活和事业的一大代表呢!"① 社会学家蔡宏进先生提道:"乡村社区包括的范围,就广阔的含义看应该包括所有都市以外的社区而言,这些社区还有城镇社区和村落社区之别……据此说法则一个乡镇是为一个社区。"② 根据上述两位学者的观点,我们可以知道"乡村"应该是以行政区划的乡镇所辖的地域实体,它的外延是以乡镇政府所在地以及所管辖的村庄地域范围。③ 从上述学者的阐述当中可以知道"乡村"是一个社区概念,它所强调的是一个社区的社会关系和社会秩序,而社区又是一种社会组织形式或者社会结构的单位,是由一定区域内的社会群体和组织构建的社会文化体系。它与"农村"概念的经济侧重点显然存在很大的区别。

2. 乡村与乡土

费孝通先生在《乡土中国》中提道:"无论出于什么原因,中国乡土社会的单位是村落,从三家村起可以到几千户的大村。我在上文所说的孤立、隔膜是以村和村之间的关系而说的。孤立和隔膜并不是绝对的,但是人口的流动率小,社区间的往来也必然疏少。我想我们可以说,乡土社会的生活是富于地方的。地方性是指他们活动范围有地域上的限制,在区域间接触少,生活隔离,各种保持着孤立的社会圈子。乡土社会是在地方性的限制下成了生于斯、死于斯的社会。常态的生活是终老是乡。假如在一个村子里的人都是这样的话,在人和人的关系上也就发生了一种特色,每个孩子都是在人家眼中看着长大的,在孩子眼里周围的人也是从小就看惯的。这是一个'熟悉'的社会,没有陌生人

---

① 言心哲:《农村社会学概念》,中华书局1934年版,第17页。
② 蔡宏进:《乡村社会学》,三民书局1989年版,第116页。
③ 王洁钢:《农村、乡村概念比较的社会学意义》,《学术论坛》2001年第2期。

的社会。"① 从费先生的论述中可以知道"乡土"是建立在"熟人社会"基础上的,具有文化意义的概念,它所强调的是与传统农耕文明相联系的社会特征。在传统语义下,"乡土"是为家乡和故乡之意。乡土中的"乡"具有"乡村"的含义,"土"则指土地,它所突出的是传统农耕文明中土地在社会关系中的决定作用。它不单单具有"乡村"中所包含的自然环境的意义,更重要的它是人与人之间、人与自然之间精神的结合。单从它的含义上来讲,包括三个层次:首先,乡土结构,即人们所生活的空间区域;其次是乡土经验,即人们在"熟人社会"中的生活经验;最后是乡土的典型特征,即传统文化在其中所起到的作用。它与"乡村"所强调的社区概念显然存在明显的区别。

3. 本研究中乡村概念及特征

"乡村"是个复杂的概念,其复杂性主要受三个方面的影响:首先,乡村整体发展的动态性演变。随着社会主义新农村的推进,乡村人口类型开始向其他种类的人口类型转化,这也是当下国家现代化的基本目标之一。当下的"乡村"与历史上的"乡村"相比,发生了重大的变化。城乡关系是一种互动的关系,在乡村城市化的过程中,还存在逆城市化的现象,比如现在有很多的城市人们开始追寻乡村的生活方式,在乡村纳入诸多城市特征的同时,城市也在纳入诸多的乡村特征。乡村本身的产业结构、人口结构和劳动结构也在发生着变化,人类社会严格地划分为乡村社区和城市社区的时代最终将为城乡结合或城乡融合发展所代替。② 由于地域的不同,"乡村"的演变过程也存在较大的区别,在一定程度上,我们不能把人们单纯地化为乡村人和城市人,因为这种分类的基础已经不复存在,传统意义上的农民逐步由封闭、半封闭和自给自足的小生产者向具有经营性和开放性的商品生产者转换,他们也逐步地变成了市场经济的重要组成部分。随着改革开放的推进,农民内部也发生着职业和阶层的分化,就像 Miller 对美国考察所得出的结论:将近百分之九十的美国人都应该属于城乡混合类型。③

其次,组成要素的非整合性。在传统社会当中,乡村的生态和社会

---

① 费孝通:《乡土中国》,人民出版社 2008 年版,第 5—6 页。
② 张小林:《乡村概念辨析》,《地理学报》1998 年第 4 期。
③ Guy M. Robinson, *Conflict and Change in the Countryside*, USA: Belhavan press, 1990, p. 201.

文化等特征相对比较稳定,城市与乡村的区别也比较明显,但是,近年来,随着城市化进程的飞速发展,乡村本身的经济结构发生了重大的变化,从农业中解放出来的大量劳动力开始涌向城市,成为"农民工群体",他们大部分时间都生活在城市里,但是在农忙或者传统节日又回到乡村,所以带来了许多城市因素,这使得组成乡村特征的生态因素、文化因素和经济因素与城市趋合,具有了复杂的不整合性。

最后,城市与乡村相对性的降低。乡村的概念是与城市概念相比较而把握和提出的,甚至可以把乡村看作与城市相区别的地区,这种差异可以从生产和生活方式上进行比较。但当下人们生产和生活方式有与城市人们靠近的趋势,这种比较上的相对性也逐步地下降,所以对于"乡村"定义的难度也逐渐地加大。

虽然对于"乡村"的定义有一定的难度,但并不是说无法确定其外延与内涵,下面我们就从其特征入手,对本研究当中所提到的"乡村"作一个相对准确的定位。

首先,区别于农村的地域确定性。社会学家唐忠新先生提道:"从区域上看,农村具有一定的地域,是农民赖以进行多种活动的场所。一般地说农村居民的基本活动都是在特定的农村区域进行的,例如农民在靠近居住地的农田劳作,在自己的村庄或附近的集镇上做工,日常生活活动也多限于自己的村庄及其附近的集镇范围,农民间到远处办事,但往往不是他们的主要活动。"[①] 唐先生在这里提到的区别于"乡村"的"农村"地区只是个模糊的概念,它的范围到底有多大,并没有准确的定位。李守经先生提到了同样的问题:"这里牵扯到一个重要问题,即农村的区域范围问题,换句话说,也是小城镇的城乡归属问题,因为居民以从事农业为主要职业的农村,是没有什么异议的。问题是作为地区性小型经济中心的建制镇和非建制镇在内的小城镇,到底是属于城市抑或是农村的范畴呢?"[②] "乡村"具有确定的地域范围,即以行政区划的乡镇所辖的地域实体,它的外延是以乡(镇)政府所在的圩镇为中心,包括其所管辖的所有村庄的地域范围。

其次,具有传统的乡土政治经济特征。费正清先生认为,"中国家

---

① 唐忠新:《农村社会学》,天津人民出版社1988年版,第56—57页。
② 李守经:《中国农村社会学》,华中农业大学农村社会学教研室1986年编,第10页。

庭是自成一体的小天地，是微型的邦国。社会单元是家庭而不是个人，家庭才是当地政治生活中负责的成分。从社会角度来看，村子里的中国人直到最近还是按照家族制组织起来的，其次才组成同一地区的邻里社会。村子通常由一群家庭单位（各个世系）组成，他们世代相传，永久居住在那里，靠耕种某些祖传土地为生。每个农家即是社会单位，又是经济单位。其成员靠耕种家庭所拥有的田地生活，并根据其家庭成员的资格取得社会地位。"① 传统的乡土政治正是隐藏在宗族制度和宗族组织当中。国有国法家有家规反映了传统乡村对家法的重视，这背后是费孝通先生提到的"长老统治"。家族势力在是乡村社会的基本特质，是乡村社会的一种自在秩序，甚至从某种层面上还得到了国家的承认和鼓励。虽然随着国家的转型，中国乡村的公共权威得到了加强，但是以血缘关系为基础的权威并没有退出历史舞台，反而是乡村政治的重要构成部分。在经济生活方面，仍然保留着小农经济的习惯，比如相互之间没有金钱回报的帮扶，传统生产生活的互助。

最后，乡村人们对待法律态度的特殊性。对法律的认知方面落后于城市居民，在权利救济方面缺乏诉讼意识，"小事靠忍，大事靠调"是他们对待矛盾纠纷的基本态度，人情在乡村人们的心目中永远要大于法律，这恰恰也是乡村人民调解员能够发挥作用的关键。

（二）人民调解

《中华人民共和国人民调解法》（以下简称《人民调解法》）第二条规定："本法所称人民调解，是指人民调解委员会通过说服、疏导等方法，促使当事人在平等协商基础上自愿达成调解协议，解决民间纠纷的活动。"其含义一般被界定为在人民调解委员会的主持下，以国家的法律、法规、规章、政策和社会公德为依据，对民间纠纷当事人进行说服教育、规劝疏导。促使纠纷各方当事人互谅互让、平等协商、自愿达成协议，消除纷争的一种活动。通俗意义上来讲，它是指人民内部发生了纠纷，不去法院，不经过诉讼，由本地的人民群众推选组成的群众性调解组织——人民调解委员会依照法律、政策以及社会主义道德、习俗，在基层人民政府和基层人民法院的指导下，弄清是非曲直，进行耐心细致地说服工作，教育纠纷当事人双方互谅互让，消除隔阂，不伤感

---

① ［美］费正清：《美国与中国》，张理京译，世界知识出版社2000年版，第100页。

情,从而及时解决纠纷的活动。① 通过上述的定义可以知道人民调解是在人民调解委员会的主持下进行的,那么人民调解委员会为群众性自治组织的性质也就决定了人民调解的群众性质。为了更进一步说明人民调解的含义,我们从人民调解与法院调解、行政调解和民间调解的区别入手,进行详细论述。

1. 人民调解与法院调解的区别

首先,介入方式不同。人民调解的性质决定了其主持者的群众性自治组织的性质,它是人民群众自我管理、自我教育的一种组织形式,它的生命力在于调解与预防的结合,一方面要做好调解的工作,另一方面也是最为重要的方面就是要做好预防工作,把潜伏的矛盾萌芽消灭掉。"预防纠纷的发生和激化与调解纠纷是两个虽不相同但又紧密相连互为因果的范畴。如果预防工作做好了,则纠纷就不会发生,或者发生了不会作进一步的发展,对于做好调解工作,有很大裨益。"② 以上这些决定了人民调解必须采取主动介入的方式。而法院作为调解的主持者,代表的是国家审判机关,虽然它主持的是调解,但是它还是以审判的名义介入的,审判机关只能是当事人诉讼到法院时,他们才有权力介入,所以它的介入方式是消极的。

其次,主持者的职权不同。法院调解属于一种公力救济,公力救济是一种以法律和国家为中心的社会控制模式,甚至在刑事案件中直接由国家这样的中心化组织进行调查和提出控告。③ 所以法院调解背后所依据的是一种国家力量,因而享有一些强制性的权力,作为公力救济方式的法院调解,其纠纷解决的启动,纠纷解决方式的运行和最后调解协议的执行都是在国家强制力的介入下进行的。人民调解虽然也是国家正式法律制度中的纠纷解决机制,但它是一种非中心化的纠纷解决模式,它所依靠的是社会力量,在调解的过程中也不像法院调解那样可以运用一些强制手段和强制措施,相对于法院调解来讲,人民调解在过程上更注重自由。人民调解的根本是合意本位,这区别于作为公权力的法院调解的强制本位,季卫东认为,根据棚濑孝雄为审判外调解过程所提供的

---

① 李刚:《人民调解概论》,中国检察出版社2004年版,第55—56页。
② 杨荣新:《人民调解制度研究》,《南阳师范学院学报》2003年第5期。
③ 徐昕:《论私力救济》,中国政法大学出版社2005年版,第109页。

"二重获得合意"的理论框架，即纠纷处理的开始和最终解决方案的提示这两个阶段都必须获得当事者的合意，由此推而论之，合意可以被划分为实体性合意与程序性合意。① 也就是说，人民调解无论是程序上的启动与结束，还是实体上调解协议的达成，这些都要争取当事人的合意，如果没有得到当事人的同意，无论是从程序上还是从实体上都不可以对当事人进行强制。法院对于当事人在调解过程中达成的协议是否成立具有最终的决定权，并且这种协议的效力与法院判决的效力等同，对当事人双方有与判决相同的约束力和强制力，如果一方当事人不履行，另一方当事人有权申请法院强制执行。人民调解达成的协议具有民事合同的效力，只有当事人向法院申请了确认才具有向法院申请强制执行的效力，而作为人民调解主持者的人民调解委员会始终没有任何的强制职权。

最后，调解行为的法律性质不同。人民调解过程当中当事人做出的一切涉及民事权利义务的实体行为都是民事法律行为，所以对于这些行为的前提、行为的有效要件、无效行为的认定以及由这些行为引起的法律后果都适用民法的相关规定。法院调解过程当中当事人所做出的一切行为都是诉讼法律行为，对于这些行为的前提、行为的有效要件、无效行为的认定以及由这些行为引起的法律后果都适用诉讼法。法院调解是一种诉讼活动，若双方当事人在调解过程中达成的协议经过了法院的认定，则具有终结诉讼的效力，任何一方当事人都不能以同一事由再行起诉，即使起诉到了法院，法院也会不予受理。而人民调解则不同，它不是一种诉讼活动，在其调解的过程中所达成的协议不具有终结诉讼程序的效力，如果一方当事人不执行协议的内容，他们仍然具有去法院起诉的权利。同样，法院也不能以当事人已在人民调解委员会的调解下达成协议为事由而拒绝受理。

2. 人民调解与行政调解的区别

首先，受理案件的范围不同。人民调解受理案件的范围主要包括四种类型：一是民间纠纷，民间纠纷的范围十分广泛，主要包括公民与公民之间，公民与法人和其他组织之间，有关人身或者财产权益方面的争

---

① 季卫东：《当事人在法院内外的地位和作用》，载［日］棚濑孝雄《纠纷的解决和审判制度（中译本译序）》，王亚新译，中国政法大学出版社2004年版，第1页。

执。例如家庭、赡养、继承、婚姻、抚养、邻里、土地承包、环境污染、物业管理等纠纷。二是法律允许和解的刑事案件。随着"大调解格局"的形成，人民调解也逐步被引进了法院参与调解一些法律允许调解的案件。三是刑事案件引起的民事赔偿纠纷。① 四是有关道德问题而引发的纠纷。行政调解受理的案件范围也十分广泛，但其受理案件的前提是案件必须与行政主体的职责范围相关联，如果与其职责范围没有任何的关系，则不属于行政调解的范围。此外，与道德问题有关的案件，即使与行政主体的职责范围相关，也不可以被纳入行政调解。

其次，调解组织性质不同。由于人民调解委员是群众性的自治组织，它代表的不是国家，也没有任何的国家强制后盾，从而决定了在人民调解工作过程当中就不能采取强制措施。行政调解则大不相同，因为它的主持者是行政主体，他们除了调解主持者的身份之外，还是国家的行政机关或者是法律法规授权的社会团体，因此在调解的过程当中，他们享有一定人民调解主体所不具有的裁决权、强制权和处罚权。②

再次，调解的侧重点不同。虽然人民调解和法院调解达成调解协议的依据大致相同，但由于主持者性质的不同决定了他们所依据的侧重点不同，人民调解注重的是案件发生的具体情节，它的目的是如何便捷快速地解决好纠纷，而不是一味地去恪守法律。它所依据的规范除了法律的规则和原则外，还可以是地方风俗习惯、道德和行会规定等社会规范，在调解的过程中，法律规范并不显得十分重要。而法院调解更注重的是法律的规定，由于调解主持者的法官工作性质决定了他们可能更像是法律的适用者，其职业属性决定了他们更愿意运用法律，而不是地方风俗习惯、公共道德和行会规定等社会规范去促使双方达成最终的调解协议。

最后，调解协议达成后的效力存在差别。行政调解和人民调解一样同归于诉讼外调解，一般达成的协议也不具有强制执行的效力，但是个别特殊案件例外，《中华人民共和国劳动争议调解仲裁法》第十四条规定："经调解达成协议的，应当制作调解协议书。调解协议书由双方当事人签名或者盖章，经调解员签名并加盖调解组织印章后生效，对双方

---

① 常怡：《中国调解制度》，法律出版社2013年版，第81—82页。
② 万世荣：《行政法与行政诉讼法学》，人民法院出版社、中国人民公安大学出版社2003年版，第34页。

当事人具有约束力,当事人应当履行。"第五十一条规定:"当事人对发生法律效力的调解书、裁决书,应当依照规定的期限履行。一方当事人逾期不履行的,另一方当事人可以依照民事诉讼法的有关规定向人民法院申请执行。受理申请的人民法院应当依法执行。"通过上述的规定可以得出个别的行政调解具有强制力,而通过人民调解委员会主持下达成的调解协议,除非当事人向人民法院申请了司法确认,否则不具有任何强制执行力。

3. 人民调解与民间调解的区别

首先,调解的性质不同。民间调解是指民间团体、社会组织或者个人在他人的纠纷发生之后,运用教育协商、疏导的方式平息当事人之间争端的一种活动。它是一种非制度化的纠纷解决方式,是一种民间自发的活动,不具有法律性质,其主体包括当事人亲友、邻居、正派人士、民间团体和社会组织。人民调解是在人民调解委员会主持下的调解,它具有半官方半民间的性质,是一种制度化的民间社会组织,有法律的认可和政府的资助,① 是中国司法制度的重要组成部分之一,它的组织形式、活动原则、职权范围、工作纪律以及调解员的选拔任用体系都由法律明文规定。

其次,调解主持者参加调解的动机不同。人民调解员是根据法律明文规定的相关职责来参加人民调解的,而民间调解的参加者参加调解既可能是因为法律的规定,也可能是因为出于对当事人的好心、社会责任感或者友好,还有可能是因为其他的动机,比如律师进行调解的营利性动机,② 或者当事人的请求。

(三) 人民调解员

1. 法律的规定

"人民调解员"一词在法律词典和《辞海》等其他词典中都没有找到相应的解释,我们对它的理解也只能从相关的法条当中寻找。在 2002 年 11 月 1 日开始施行的《人民调解工作若干规定》(以下简称《若干规定》)中指出:"人民调解员是经群众选举或者接受聘任,在人民调解委员会的领导下,从事人民调解工作的人员。人民调解委员会

---

① 范愉:《纠纷解决的理论与实践》,清华大学出版社 2007 年版,第 272 页。
② 同上。

委员、调解员，统称人民调解员。"2010年8月28日第十一届全国人民代表大会常务委员会第十六次会议通过的《人民调解法》当中提道："人民调解员由人民调解委员会委员和人民调解委员会聘任的人员担任。"上述规定对于"人民调解员"的定义是非常笼统的，并没有给"人民调解员"下一个明确的定义，也没有明确说明其外延和作为一个人民调解员所具有的条件。在《人民调解法》和《若干规定》当中只是简单地提道："人民调解员应当由公道正派、热心人民调解工作，并具有一定文化水平和法律知识的成年公民担任。"这些标准没有办法具体量化，也不可能明确人民调解员的资格。《若干规定》第十三条规定："乡镇、街道人民调解委员会委员由下列人员担任：（一）本乡镇、街道辖区内设立的村民委员会、居民委员会、企业事业单位的人民调解委员会主任；（二）本乡镇、街道的司法助理员；（三）本乡镇、街道辖区内居住的懂法律、有专长、热心人民调解工作的社会志愿人员。"《若干规定》第十条第二款规定："人民调解委员会的设立及组成人员，应当向所在地乡镇、街道司法所（科）备案；乡镇、街道人民调解委员会的设立及其组成人员，应当向县级司法行政机关备案。"以上对于人民调解委员会委员及其成员的规定也不是太明确。虽然法律对其作了笼统的规定，但是根据其规定可以知道乡村的人民调解员无外乎以下几种：一是乡镇调解委员会的委员；二是村调解委员会的委员；三是村民选举的人民调解员；四是聘任的人民调解员。

2. 实践中的广泛外延及其原因

在实践当中，乡村的人民调解员具有一个广泛的外延，它超出了法律所规定的范围，有些甚至还与法律的规定相冲突。乡村的人民调解员在实践当中除了法律所规定的情况之外，还包括以下几种情形：一是乡镇司法所以外的其他政府人员担任人民调解员的情形；二是热心群众担任人民调解员的情形；三是德高望重的村民担任人民调解员的情形。

之所以把上述的人员纳入乡村的人民调解员群体当中进行研究有以下原因：首先，为了方便纠纷的解决，有很多的热心群众常常被邀请到人民调解中来。《人民调解法》第二十条规定："人民调解员根据调解纠纷的需要，在征得当事人的同意后，可以邀请当事人的亲属、邻里、同事等参与调解，也可以邀请具有专门知识、特定经验的人员或者有关社会组织的人员参与调解。人民调解委员会支持当地公道正派、热心调解、群众认可的社会人士参与调解。"对于一些热心群众如果是偶尔几次的加入并不能被纳入人民调解员队伍中来,但是对于有些热心群众和德高望重的村民经常性地被邀请到人民调解中来,他们所履行的职能和起到的作用与人民调解员并没有什么两样,甚至有些时候他们的作用要远远大于名义上的人民调解员所起到的作用,对于这部分人笔者认为有必要把他们作为乡村人民调解员的组成部分进行研究。

其次,乡村的纠纷状况复杂多样,每个纠纷案件都具有其特殊性,有些案件的解决离不开个别的热心群众。人民调解员不像法官那样运用专业的法律知识对案件进行分析判决,他们是用生活中所掌握的一些"地方性知识"进行调解,而这些"地方性知识"并不像法律那样具有普适性,甚至有些只存在于邻里之间,对于涉及这些"地方性知识"的纠纷案件必须要邀请了解的群众参加,否则矛盾纠纷就很难顺利地解决,对于这些经常性参加人民调解的"地方性知识人士",笔者认为应当纳入人民调解员研究的范畴。

再次,对于乡镇司法所以外的其他政府部门经常性参加到人民调解当中的人员,他们虽然并不符合法律的规定,但是确实履行了人民调解员的职能,例如笔者调研的 A 市 J 镇,在镇人民调解委员会的名单当中,有很多司法所以外其他政府部门的人员,此外,乡镇政府在下面的"包村"人员,同样负责着村里的人民调解,他们理所应当成为本研究的范畴。

最后,人民调解员名单统计的不准确性决定着本研究有一个广泛的外延。《人民调解法》第十条规定:"县级人民政府司法行政部门应当对本行政区域内人民调解委员会的设立情况进行统计,并且将人民调解委员会以及人员组成和调整情况及时通报所在地基层人民法院。"笔者从 S 县 L 镇和 S 镇的人民调解员名单的分析来看,其中绝大部分都是村干部并且还都是党员,非党员的村民群众在名单当中的数量极少,但是在调研当中发现有很多的群众虽然不在名单当中,① 也没有进行登记,但是他们调解的案件却被乡镇政府认为是人民调解案件(不知道是出于人民调解案件数量的考虑还是其他的原因),这些人员也应当被认为是

---

① 徐伟:《重庆秀山万名"编外调解员"成为农户贴心人——调处大小矛盾 12 万件》,《法制日报》2013 年 12 月 30 日第 2 版。

人民调解员。

综上所述，乡村人民调解员群体是个广泛的主体，它不仅包括法律所认可的人民调解员名单上所记载的人员，还应该包括名单以外实际上从事着人民调解工作的人员。

三 对于调研地点选取的说明

（一）调研地点说明

由于客观条件所限，对于乡村人民调解员的研究只能选取个别的地区进行实地考察，本书选取了山东A市与S县的农村地区作为研究地点。之所以选择这两个地方，笔者有以下的考虑：首先，山东是孔子的故乡，相对来说乡村民众受儒家思想的影响和对传统的信仰比较深刻一些，其乡村更具有中国整体乡村的特征，选择山东作为调研的地点考虑到它具有典型性和代表性；其次，如表1.1所示，山东是个人口大省，其人口的总量占到全国人口总量的7%，其乡村人口的总量占到全国乡村人口总量的6.8%，由此可以看出山东的乡村人口与总人口数的比例和全国乡村人口数与全国总人口数的比例非常接近，这样就更能反映中国的实际情况；再次，山东位于东部沿海地区，有像青岛、潍坊、威海和日照等这样的沿海发达地区，但是它也有大面积远离沿海的贫困地区，总体上看山东更像是一个缩小版的中国社会，从这个方面讲它更具有代表性；最后，S县在鲁西南地区，A市在胶东地区，选择这两个地点更具有全面性。

表1.1　　　　　　　中国人口和山东人口统计图表*

	中国总人口数（万人）	山东人口数（万人）	山东人口占全国的比例（%）	中国乡村总人口数（万人）	山东乡村人口数（万人）	山东乡村人口全国的比例（%）
2008	132802	9417	7.091	72135	4935	6.841
2009	133474	9470	7.095	71288	4894	6.865

* 中华人民共和国国家统计局：《中国统计年鉴（2010）》，中国统计出版社2011年版，第1600页。

（二）调研地点介绍

1. S县的基本情况介绍

S县位于鲁苏皖豫四省的交接处，是连接齐鲁和中原的要道，总面积为1650平方公里，2013年的人口统计为139.76万人。从自然条件上来看，这里地处北温带黄河冲积平原之上，四季分明，光照充足，是中国重要的粮食产地，也是农业文明的最早发源地之一。据1996年土地变更统计，全县土地总面积为165090公顷。其中耕地面积119424.13公顷（1791362.0亩），占土地总面积的72.4%，其中水浇地54815.06公顷（822225.9亩），占耕地总面积的45.9%；旱地64059.33公顷（822225.9亩），占耕地总面积的53.6%；菜地549.61公顷（8244.2亩），占耕地总面积的0.5%；园地3196.8公顷（47953.0亩），占耕地总面积的1.9%；林地9784.0公顷（146760.0亩），占耕地总面积的5.9%；居民点及工矿用地22745.5公顷（341183.0亩），占耕地总面积的13.8%；交通用地4007.0公顷（60105.0亩），占耕地总面积的2.4%；水域5000.1公顷（75002.0亩），占耕地总面积的3.0%；未利用土地932.3公顷（13985.0亩），占耕地总面积的0.5%。1996年耕地总面积119424.2公顷，划出基本农田面积102704.6公顷，一般农田16719.6公顷。S县远离黄河130多公里，处于引黄末梢，地表水贫乏、地下水不足是S县的水利状况。全县多年平均降雨量为694.6毫米，多年平均径流87毫米，地表水资源总量为1.43亿立方米，水库、塘坝等的总调蓄能力为1.66亿立方米，地下水资源总量为2.98亿立方米。为了使有限的水资源发挥最大的效益，S县按照南河、北闸、中间井的农田水利基本建设总体规划，坚持以井保丰，以河补源，拦蓄结合，旱涝兼治的治水方针，实行水、旱、风、沙、碱、渍综合治理，已形成旱能浇、涝能排的水利网络体系，使S县的水利条件和自然面貌发生了巨大的变化。多年来我们大搞水利建设。全县共开挖、疏浚流域面积在30平方公里以上的干、支河道22条，总长418.8公里，建节制闸34座；桥梁466座；涵洞140座；开挖一、二、三级排水沟1388条，总长2970公里；改造涝洼地面积48万亩；打机井26027眼，配套21534眼；建扬水站56座，拥有水利机械22380台套；尤其是东鱼河徐寨节制闸的建成，浮岗水库的恢复利用，为S县的农业发展提供了可靠的灌溉保证。全县有效灌溉面积已达到105万亩。[①] 对于乡村的人民调解员研究来说，这里更具有代表性，更能体现中国乡村的整体情况。

在经济方面，2013年，S县实现地区生产总值233亿元，同比增长

---

① 《单县》，百度百科（http://baike.baidu.com/link?url=Ah524kDL1MJIVAXcVx VzpSU4w4XM0U2ca Versfoz OuBeJDj9BZrctCxlb8L8KINaWS_ P 6w5 BYCASDk-ITo0-3q)。

19.7%；三次产业比调整到 19.5∶51∶29.5，二、三产业比重提高 2.5 个百分点。实现地方财政收入 16.46 亿元，增长 26%。金融机构各项存款余额 148 亿元，比年初增加 14 亿元。城镇居民人均可支配收入 15720 元、农民人均纯收入 7272 元，分别增长 7.2% 和 16%。全年共落地过亿元项目 48 个，完成千万元以上项目固定资产投资 69.5 亿元，同比增长 30%；宇泰光电、华英食品、源润化工一期等 25 个过亿元项目顺利投产，经济发展后劲进一步增强。在全市三次大项目观摩评比中，获得了两次第一、一次第二的好成绩。①

S 县具有悠久的历史文化，此地古称单父，由舜的老师单卷居住此地而得名，后来周成王封少子臻于此，为单子国。春秋初期属于宋国的领地，后来成为鲁国的单父邑，战国初期又重新归为了宋国，宋灭亡后归属齐国，秦统一后置单父县，明洪武元年撤单父县，其地直属单州，次年又降单州为 S 县，其名一直沿用至今。此地还是很多文化名人的驻足地，春秋时，孔子高才弟子宓子贱任单父宰治于此，著名诗人高适曾长期居住在这里，李白、杜甫等名人也多次来到单父，这里一直以来都是华夏文明的重要腹地，这里的人们更为深刻地受到了中国传统文化的熏陶。

S 县具有优良的革命传统，1940 年中国共产党在 S 县东南部张寨一带建立 S 县抗日政府；1944 年在 S 县西南部建立临河县抗日政府；1945 年 12 月，临河县改为单虞县；1949 年 8 月，平原省湖西专署机关进驻 S 县城，同时，撤销单虞县，恢复原建置，统称 S 县。县城内建有湖西革命烈士陵园，陵园内埋葬着湖西行署专员李贞乾、中国人民解放军旅长吴大名烈士等 2641 位革命先烈，党和国家领导胡耀邦、刘伯承、杨得志等先后为陵园题词。优良的革命传统对带有"红色印记"的人民调解员来说具有重要意义。

S 县现在下属北城、南城、东城（以前的孙溜镇）和园艺 4 个街道办事处，莱河、浮岗、谢集、终兴、郭村、张集、朱集、徐寨、李新庄、杨楼、黄岗、蔡堂、时楼、李田楼、龙王庙和高韦庄 16 个镇，高老家和曹庄 2 个乡。笔者在调研中选择了孙溜（现为东城街道办事

---

① 《单县》，百度百科（http：//baike.baidu.com/link？url＝Ah524kDL1MJIVAXcVx VzpSU4w4XM0U2ca Versfoz OuBeJD¡9BZrctCxlb8L8KINaWS_ P 6w5 BYCASDk-IT00-3q)。

处）、莱河、谢集、时楼、杨楼、黄岗、徐寨、李新庄、龙王庙和蔡堂10个镇作为调研地。

2. A 市的基本情况介绍

从地理位置上来讲，A 市位于山东半岛的中部地区，东距青岛 110 公里，西距济南 200 公里，北距潍坊 25 公里。国道 206、省道、央赣路等多条主要干线交会于境内，胶济铁路和济青、潍莱高速临境而过，规划建设的潍日高速横贯市境南北，交通十分便利，是国务院批准的首批沿海对外开放县市之一。

自然条件方面，A 市地处暖温带湿润季风区，气候温和，四季分明。就土地而言，A 市境内土地，随着历代行政区划的变更，总面积几经变化。1840 年为 281 万亩，1949 年为 331.2 万亩，到 2002 年减至 302 万亩。耕地（包括粮、油、棉、烟、麻、菜等农作物用地）具体情况为：1840 年 182 万亩，人均耕地 4.05 亩。1949 年 197 万亩，人均耕地 3.18 亩。1958 年后，城镇、乡村建房和工矿、交通以及农田水利等基本建设用地逐年增多，至 2002 年年底，A 市耕地逐渐减少到 148 万亩，占 A 市土地总面积的 49%，人均耕地 1.4 亩。林地（包括林场和果园用地）的具体情况为：清末民初为 36 万亩，占土地总面积的 16%。经战乱破坏，1949 年仅有 1.67 万亩，占土地总面积的 0.5%。经过多年植树造林，林地面积逐年增加，至 2002 年年底，A 市林果面积达 55 万亩，占土地总面积的 18.2%。其他土地（指城镇、村庄、工矿、交通等用地）的具体情况为：1949 年为 17 万亩，占土地总面积的 5%，以后逐年增加，2002 年为 40.4 万亩，占土地总面积的 13.4%。A 市累年平均水资源总量为 4.71 亿立方米，可利用水资源总量 3.06 亿立方米，其中地表水可利用量 1.66 亿立方米，占可利用水资源的 54.2%。地下水可利用量 1.4 亿立方米，占可利用水资源的 45.8%。A 市累年平均用水总量 2.133 亿立方米，农业用水 72%，工业用水 18%，人畜吃水 10%。市内用水不仅需大于供，而且分布不均。山区地下水赋存量少，不易开掘，地表径流虽大，但拦蓄条件差。丘陵区赋水程度一般，地下水开挖和地上水拦蓄条件较好。潍、汶、渠沿河平原区，属市内丰水区，也是国民经济部门集中区，用水量较大。境内地下水水质良好，多为重碳酸盐类钙组水，个别为硫酸盐类钙组水，是工农业用水和人畜饮水的优质水资源。官庄镇的两河、挑河和赵戈镇的林家营等少数地区地下水含氟量较高，不宜饮用。A市水域面积25.7万亩，尚有未开发土地33.3万亩。A市是山东省重要的水源地，境内50多条河流均发源于没有污染的沂蒙山区，有大中小型水库100多座。地势为西南高东北低，山区、丘陵、平原各占三分之一。

经济方面，2012年，A市实现生产总值221.2亿元，按可比价格计算，比2011年增长10.2%。其中，第一产业增加值41亿元，增长5.3%；第二产业增加值105.3亿元，增长12.6%；第三产业增加值74.9亿元，增长9.4%。三次产业比例为18.5∶47.6∶33.9。全社会固定资产投资165.07亿元，增长9.4%。实现财政总收入18.93亿元，增长18.2%；地方财政一般预算收入10.01亿元，增长28.6%。年末金融机构人民币各项存款余额231亿元，比年初增加34.5亿元，其中储蓄存款余额174.3亿元，增加27.1亿元。人民币各项贷款余额167.2亿元，增加32.1亿元。①

历史文化方面，新石器时期人们就在这一带栖息、劳动，夏商两朝为斟寻国地，西周时属淳于国。春秋时中南部属莒国，称"渠丘"，西部属纪国，北部为杞国，战国时大部分属齐国，少部分属鲁国。公元前148年（汉景帝中元二年）置A县，一直沿用至今，1994年撤县设市，改称A市。在这漫长的历史长河中，A市先后留下了许多古遗址、古墓葬、古建筑、古石刻和珍贵的文物，仅汉代以前的文化遗址就有110多处，古城址5座，馆藏文物近2000件，其中一级品8件。这些文物古迹是安丘博大精深、源远流长文明史的见证，是A市人勤劳勇敢，聪颖睿智，不断地改造着客观世界创造的奇迹。

A市的人口为95万人，总面积达1760平方公里，其中耕地面积130万亩，下辖10个镇、2个街道。笔者调研的J镇位于A市东南部，辖139个行政村，14万人，总面积213平方公里。J镇西傍浯河，东依潍水，环境优美，交通便利，自古有"四县通衢"之称，并且历史悠久，是山东的三大古镇之一。这里盛产白酒，已经有一千多年的产酒历史，素以酒乡闻名于世，古有"十里杏花雨，一路酒旗风"之美誉。这些年J镇先后被确定和命名为全国重点镇、全国小城镇建设示范镇、

---

① 《安丘》，百度百科（http：//baike.baidu.com/link？url=_ caamJo6ynO l0BMWBPbe5p ZjedQKrkEk U5yPkl1t3psKpXNUBh50uC7_ 16ZFsG8vXKXFbaidbGcKznnd8GlHSq）。

全国小城镇建设科技示范镇、创建全国文明小城镇建设示范点、全国乡镇企业示范区、山东省先进基层党组织、山东省文明镇、山东省环境优美镇、山东省十大魅力乡镇等。

无论是从历史传统上，还是从地理位置上，A 市 J 镇作为我们调研的地点之一都更具有典型性和代表性，它既有城镇化进程所带来的现代化痕迹，也有中国乡村文化所留下的传统印记，这对于乡村人民调解员群体的研究更具有说服力。

第二节 基本的理论阐释

一 俗民方法学理论

关于俗民方法学的定义，加芬克尔指出，"我用俗民方法学一词来指涉对作为日常生活之各种有组织的、人为的、实践的、权宜的和不断发展的完成的索引性表达和其他实践行动所具有的理性属性的研究。"[1] 也就是说，俗民方法学是把日常的生活当作使这些活动成为理性的和对一切实践目标而言都成立的社会成员的方法加以分析。"Ethnomethodology"一词由两部分组成，前半部分是"Ethno"，用加芬克尔的话说就是成员以某种方式对日常生活中"无论什么"的常识知识所具有的一种有效性，后半部分是"Methodology"，方法论之意，合在一起的字面意思就是普通人处理日常生活社会互动的基本方法。通过上面的描述，我们可以知道俗民方法学有以下基本特点，首先，俗民方法学研究对象是日常活动；其次，俗民方法学所关注的是成员的方法与说明日常生活实践的种种程序；最后俗民方法学注重的是过程，将日常实践活动作为成员不断发展的权宜完成。[2] 关于"Ethnomethodology"一词也有人翻译为"常人方法学""本土方法论""民族学方法论""人种学方法论"等。

俗民方法学首先采取了"陌生化"（Ethnomethodological Indifference）

---

[1] Harold Garfinkel, *Studies in Ethnomethodology Englewood Cliffs*, New Jersey: Prentice-Hall, 1967, p.11.

[2] 侯钧生：《西方社会学理论教程》，南开大学出版社 2001 年版，第 257 页。

的研究策略,① 因为人们对于自己熟悉的日常生活都是采取一种自然的态度,"陌生化"就是研究者在研究的过程当中舍弃这种自然态度,舍弃自身原有的普遍的常识性判断和评价,从中发现研究对象背后的逻辑和人们日常生活背后的知识体系。② 其次因为实践行动的场景性和索引性等属性,我们采取"表面效果"(surface effect) 的研究策略,这种研究策略摒弃以往在社会现象背后寻找有机体和一成不变的社会结构与独特的历史事件背后寻找一个普适性历史决定因素的研究策略,它认为任何一个事件都不是纯粹的封闭体,事件是由一系列的复杂关系构成的,③ 这些关系又不是凝固化的结构,而它又是一个事件,这就是德勒兹提到的"关系/事件"(relation/event)。"每一个'关系/事件'都不是孤立存在的,它们往往跨越很多个事件系列,我们对它的叙述也只是所有叙述中可能的一种,任何一个事件都是许多事件折叠纸上的'切口'(cut),我们将这种模式称之为'剪纸'模式,就像在剪纸的过程当中,剪刀同时切断了折叠(fold) 在一起的许多纸片一样,当我们打开(unfold) 这张纸的时候,就会发现开始的那个小小的切口就会在纸张的表面展现出无数不同的切口,而所谓的历史就是在纸张表面无数同时进行的这种'折叠—切割—展开'过程中形成的复杂的拓扑关系,历史的叙事则是这种表面(作为关系的'关系/事件') 及切口(作为事件的'关系/事件') 的重新拼贴(就像剪纸中变幻莫测的图案)。"④ 所以在本书的写作过程当中,对于一些事件的描述和记录也只是服务于目前分析路径的拼贴,在这无穷的"关系/事件"当中找到我们想要的那个切口,从而进一步分析其背后的关系网络和权力策略,提炼我们想要的信息。由于实践行动具有无尽的索引性,所以采用了"会话分析"(conversational analysis) 的研究方法,在这里对实践行动不作终结性的

---

① 李猛:《常人方法学四十年:1954—1994》,《国外社会科学》1997 年第 2 期。
② [日] 西村真志叶:《日常叙事的体裁研究——以京西燕家台村的"拉家"为个案》,中国社会科学出版社 2011 年版,第 70 页。
③ 赵晓力:《关系/事件、行动策略和法律的叙事——对一起"依法收贷案"的分析》,载强世功《调解、法制与现代性:中国调解制度研究》,中国法制出版社 2001 年版,第 462—483 页。
④ 李猛:《日常生活的权力技术:迈向一种关系/事件的社会学分析》,硕士学位论文,北京大学,1996 年。

理论说明，只是把它看作为日常生活当中实践行动的普遍模式，只有这样才能体现日常生活的实际状况。此外俗民方法学还认为人们的实践行动具有权宜性和场景性等特征，它特别重视实践行动情境和场景共时和历时的变化，① 把乡村人民调解员的个人行为和日常生活世界看成是一个动态的不断发展的过程，成为一个必要性。

二 吉尔兹的"地方性知识"理论

在介绍这个理论之前首先让我们回到吉尔兹文章中关于巴厘岛上雷格瑞的故事，巴厘岛是南太平洋上一个美丽的小岛，人们在这里过着平静的生活，故事的主人翁是村子里的一个村民名字叫雷格瑞，他的妻子和另一个村子的男人跑了，到底是什么原因也不是很清楚，于是雷格瑞就找到了本村类似于"村委会"的组织，要求他们采取行动把自己的妻子找回来，"村委会"的成员对他的遭遇都表示非常的同情，却拒绝他的要求，原因是像婚姻通奸之类的事情村委会是不管的，这个理由是雷格瑞自己也明白的。雷格瑞感觉非常的委屈，于是作为报复，在几个月后他拒绝担任"村委会"的五个首领之一（村子首领的职务是轮换的，轮到自己的时候，就要当成一种不可推卸的义务），"村委会"、亲族和村民对他进行了劝解，但仍然无效，所以麻烦就产生了，这被认为是冒犯天神的行为，他们的村子可能会因为他的行为而遭受灾难，这时候人们由同情开始慢慢变成了憎恨，甚至人们开始忘记他的妻子跟别人跑的事情，因为没有人会在乎这个（就如村民所说的，生活就是这样，过去的就让它过去吧，海滩上还有别的鹅卵石，甚至还有别的堂姐妹和表姐妹呀）。作为对他的惩罚，"村委会"和他的亲族把他开除了，这种开除就意味着失去了村庄的房屋土地，失去了进入庙堂的权利，失去了人死后的心灵归宿地，人们不再跟他说话，他失去了所有的社会关系，这在巴厘岛上就是仅次于死刑的处罚，正如他们的谚语所说："离开一个同心协力的社群，就是躺下来死掉。"过了几个月之后，他开始变得疯癫，村民都在进行着自己正常的生活，没有人愿意听他的抱怨，甚至人们都忘记了在他的身上发生了什么。然而这个事件传到了巴厘的

---

① 张翠霞：《常人方法学与民俗学"生活世界"研究策略——从民俗学研究范畴和范式转换谈起》，《中央民族大学学报》（哲学社会科学版）2011 年第 5 期。

最高王爷那里，这位王爷是巴厘岛上最为神圣的人物，人们在他的面前只能匍匐在他的脚下，和他讲话时要用最为尊敬的词语。由于他又是新共和政府的地方首长，所以也就对外来的文明更为推崇，他来到了村庄为雷格瑞申辩，但最后的结果却是人们恭敬地回避了他的话题，村民认为这件事情不是王爷该管的事情，村子有村子的规约。虽然他们被标榜是进步的人（村子里的大多数都是社会主义者），但是村民对这件事情的认识与外界还是存在着巨大的不同，他们有自己的理解逻辑，外界的现代精神到了这里出现了失灵状况，他们认为无视村规的后果就是疾病蔓延，庄稼被老鼠吃光，会发生地动山摇。① 他们的这种认识就是地方性的知识，"地方"一词在这里不仅仅指时间、空间、阶级和各种问题，而且指特色（accent），也就是把已经发生事件的本地认识和可能发生事件的本地想象联系在一起。② 地方性知识是吉尔兹在阐释人类学领域经常提到的概念，此概念是与民间模式（folk model）有关的知识概念，它是在具体的情境条件下诞生的新型知识观念，它是对在特定情境中所产生知识的一种辩护和合法性证明，③ 它是一种具有本体地位的知识，即来自当地文化的自然而然的东西，如图 1.4 所示，它属于阐释人类学四个研究方面"后殖民和后现代话语部分"。④

地方知识概念的出现有其深刻的背景，它是对"普适性浪潮"的反叛，随着经济社会一体化的发展，全球的民族性和文化也越来越趋同，地方性和特殊性的一些东西越来越遭受到现代性的敌视，在这时候一些有先见之明的学者看到了这种一体化全球化带来的弊病，开始注重有地方特色和民族特色的知识。普遍主义和历史特殊主义的方法之争存在已久，⑤ 普遍主义强调的是人类文化的共同性和普遍规律，它的重点在于对放之四海而皆准理论的构建，但是不可否认人类学和社会学是绕不开

---

① ［美］克利福德·吉尔兹:《地方性知识——阐释人类学论文集》，王海龙等译，中央编译出版社 2000 年版，第 232—236 页。
② ［美］克利福德·吉尔兹:《地方性知识：事实与法律的比较透视》，邓正来译，载梁治平《法律的文化解释（增订本）》，三联书店 1998 年版，第 126 页。
③ 朱俊瑞，赵崴斐:《浙江基层民主的本土化积累及创造性转换——以吉尔兹"地方性知识"理论为视角》，《浙江学刊》2012 年第 5 期。
④ 吴彤:《两种"地方性知识"——兼评吉尔兹和劳斯的观点》，《自然辩证法研究》2007 年第 11 期。
⑤ 叶舒宪:《地方性知识》，《读书》2001 年第 5 期。

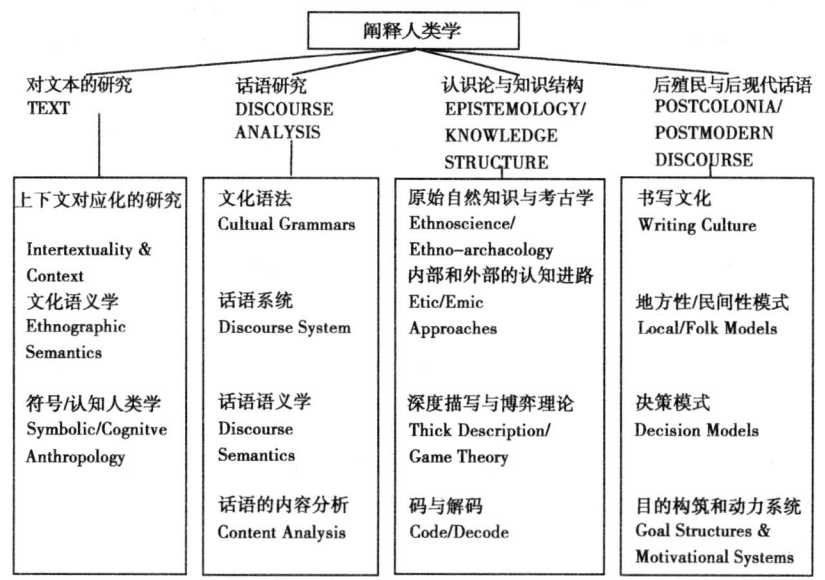

资料来源：[美] 克利福德·吉尔兹：《地方性知识——阐释人类学论文集》，王海龙等译，中央编译出版社 2000 年版，第 8 页。

图 1.4 阐释人类学框架

不同文化之间的差异性和特殊性的，地方性知识作为反普适性的另类顺势而生。

通过上面的论述，我们可以总结出地方性知识具有以下特征：首先，地方性知识强调对异样的尊重。生活在巴厘岛上的人们，他们的生活方式和生活观念与外界有着巨大的差别，他们认为妻子跟着别的男人私奔不算什么，拒绝担任村委会首领才是天大的事情，对于雷格瑞家庭生活的不幸村委会也只能表示同情，而雷格瑞对村规的冒犯则必须把他开除，因为后者可能引起疾病、鼠灾和地震等不幸，这在外界的人看来都是不合逻辑的，但是这里的人们却世代小心地遵守着这个传统。我们只有站在当地人的角度才能理解当地人的观念，只有尊重这种异样性才能进行研究，用一些普适性的规律去否定他们生活中的"迷信"会使研究的结果丧失意义。

其次，地方性知识是对"欧洲中心主义"的颠覆。地方性知识概念产生以前的人类学和社会学研究都是在证明欧洲白人的优越性，他们研究其他地方的立足就是自身的优越感，最后的结论就是被研究地方是如何的落后,为了其殖民统治应该如何地改造,由于受上述影响,西方以外其他民族和国家的自然知识和科学知识很难与西方近代以来所形成的科学得到同样的重视,地方性知识提出的改变了这一看法,使西方以外其他地方性的东西逐步得到青睐。地方性知识概念的提出是与西方知识相对应的,"作为某种地方化的地方性知识,总是和超越某种地方的东西处于相对照的关系当中"①,它的出现是对西方正统学院式思维的解构,是挣脱白人优越论和欧洲中心主义的一个契机,也是西方知识持有者反思自身缺点的一个借镜。

最后,地方性知识理论是个开放性的理论。从此概念产生的根源上来看,它一开始就不是封闭的,它是在对多样性、差异性和民族性接受的基础上提出的,它从产生之初就散发了强大的生命力,正是这种开放性也注定了新的地方性研究对它的借鉴,特别是关于乡村当中人民调解员的研究。

第三节 基本的研究方法及调研概述

社会学学科有三大支柱:社会学理论、社会学研究方法和应用社会学,作为其支柱之一的社会学研究方法起着重要的工具作用,它不仅是在社会学领域,在心理学、教育学、管理学和政治学等其他领域同样起着非常重要的作用,当然也包括本书所研究的法律社会学领域。所谓研究方法是指在研究的过程当中,对新事物、新现象的发现和对新观点、新理论提出的工具,它是为"社会事实"(或者称社会现象)② 找到合理"逻辑",为"逻辑"填充"社会事实"的手段,"它是从事研究的计划、策略、手段、工具、步骤以及过程的总和,是研究的思维方式、行为方式以及程序和准则的集合"。③ 社会学研究方法是有着不同层次

---

① [美]休·拉弗勒斯:《亲密知识》,《国际社会科学杂志(中文版)》2003年第3期。
② 宋承先:《西方社会学名著提要(上)》(繁体中文),知书房出版集团2000年版,第36页。作者在书中提到"涂尔干认为,所有动态状态,无论固定与否,只要是由外界的强制力作用于个人而使个人感受的;或者说,一种强制力,普遍存在于团体的,不仅有它独立于个人固有的存在性,而且作用于个人,使个人感受到的现象,叫做社会事实"。
③ 陈向明:《质的研究方法与社会科学研究》,教育科学出版社2000年版,第5页。

和方面的综合体系，在这个体系当中各个部分和内容之间也有着紧密的联系，通常情况下我们会将社会学研究方法划分成三个不同的层次：方法论、研究方式和具体方法技术。① 方法论所涉及的内容主要是研究中的逻辑和研究的哲学基础，是规范一门科学学科的原则、原理和方法体系；所谓研究方式是研究过程中所采取的具体形式或者是研究的具体类型，它主要包括实验研究、实地研究、调查研究和文献研究等；最后一个层次具体的方法和技术是指在研究的过程中所使用的各种材料收集方法、材料的分析方法，以及各种特定的操作程序和技术。笔者在本书当中对于研究方法的论述也不会偏离这三个层次。

一　质的研究方法

质的研究是针对量化研究而提出的，它并不是某一个具体的研究方法，而是很多不同研究方法的总称，它所关注的不是人什么时候什么地点做出什么样的决定，而是调查人类决策制定的理由和方法。相对于量化研究而言，它注重小而集中的样本和产生关于特定个案的知识和资讯，在本书的写作当中，笔者所调查的人数有限，样本量也不大，如果用定量研究的方法则无法展开深度的分析，并且质性的研究方法也比较适合本书研究的主题，所以本书主要采用了此种研究方法。

关于质的研究陈向明教授作过初步的定义，"质的研究是以研究者本人作为研究工具，在自然情境下采用多种收集资料方法对社会现象进行整体性探究，使用归纳法分析资料和形成理论，通过与研究对象互动对其行为和意义建构获得解释性理解的一种活动"②。

通过上述定义的描述我们可以总结出以下特征：首先，它采取的是自然主义的探究路径，对于人的思想行为和社会组织运转的研究与他们所处于的环境是分不开的，只有与研究对象进行直接的接触，深入了解他们的生活，对他们进行长期的观察，才能真正了解相关事件的发生发展，并且这种环境是自然环境，而不是人工控制的环境。

其次，质的研究的主要目的是对研究对象的个人经验和意义构建作"解释性的理解"（interpretive understanding），其主旨在于"发掘当事

---

① 风笑天：《社会学研究方法》，中国人民大学出版社2009年版，第6页。
② 陈向明：《质的研究方法与社会科学研究》，教育科学出版社2000年版，第12页。

人的经验,从当事人的经验、角度来理解她或他的世界,而不是用一些社会上或学术上的、已经存在的偏见或刻板印象来了解或评断一个社会现象或一件事例"。① 所以我们要深入被研究对象所生活的自然情境中,了解他们的价值观念、思想和情感,对研究者本人先前"倾向"或"假设"进行反省。换句话说,质的研究方法就是以后实证主义、批判理论、建构主义理论为理论范式,注重研究者与研究对象的互动性,十分关注研究对象的日常生活、个体体验以及被研究者思想、行为所包含的主体间性的意义及其产生和发展的社会结构和文化背景。

再次,质的研究不是静止的,它是一个不断发展演化的过程,并且在这个过程当中走的是归纳的路线。上节当中我们提到日常生活当中人们的实践行动具有索引性,即指依赖对意义的共同完成且未经申明的假设和共享知识,一项实践行动或者表达的意义只有借助其他的实践行动或者表达的意义才能够被理解。所以我们的研究过程是一个多重的探究和构建的过程,在这个过程当中也充满了很多的变数,针对这些变数,我们要摒弃那种固定的设计好的方案,而采取"及时性策略"展开研究。正是这种"及时性策略"的应用,也就导致了质的研究中无论是其理论的构建还是资料的收集与分析都应该走归纳路线,研究者是在识别归纳意想不到的因素的基础上构建"扎根理论"(grounded theory)的。

最后,质的研究重视被研究对象和研究者之间的关系,它的研究是研究者在与被研究对象之间互动的情况下进行的,"在研究报告中研究者需要对自己的身份角色、思想倾向和被研究对象之间的关系以及这些因素对研究的过程和结果产生的影响进行反省"②。由于质的研究强调从当事人的角度去看问题,所以在研究的过程中对于被研究的对象要给予极大的尊重,事前要征得被研究者的同意,要保守他们的秘密,要保持和被研究者之间的良好关系,只有这样才能贴近他们的日常生活,掌握第一手资料。

除了上述特征之外,在与量的研究相比较的时候也有一些特征,与定量研究所主张的研究手段的数字性、研究结果的概括性和普遍性不

---

① 熊秉纯:《质的研究方法刍议:来自社会性别视角的探索》,《社会学研究》2001年第5期。
② 陈向明:《质的研究方法与社会科学研究》,教育科学出版社2000年版,第9页。

同，质的研究在研究手段上更强调与人的互动性，在研究结果上追求的是特殊性、地方性、历史性和解释性，因此质的研究方法是一种体现人文精神和平民精神的研究方法，它使得"那些被既有知识排斥、屏蔽、湮灭的知识和经验有了发生的机会"[1]。

总之，质的研究方法在很大程度上弥补了"数据迷信"所带来的弊端，因为数据并非"描述社会现象和呈现人的七情六欲唯一的、最好的工具"[2]；也打破了定量研究和以思辨为主的定性研究中狭隘的知识范畴的限制，因为这些研究从一开始就是站在研究者个人立场上，以所谓的权威和主流知识范畴为架构先是预设理论、建构概念，然后以此为标准对被研究者进行研究，这便忽视了被研究者自身的日常生活经历，使得那些在既存知识范畴内没有空间的非主流现象或经验更难进入知识的范畴，从而也就在某种程度上阻碍知识的再创造。事实上，我们每个人的认知能力总是很有限的，社会学质的研究方法就要求"在最低限度上，我们应该想到并做到去倾听他人的心声，尽力理解他们是怎样看待事物的，以及为什么他们看实物会有一种不同的视角"[3]。在本研究当中，笔者所论述的是乡村人民调解员群体的定位和运转机制问题，它带有明显的地方性和民族性特色，我们采用质的研究方法在此也是比较恰当的，此外它也弥补了我们数据不足的问题。

二 深度访谈法

（一）方法介绍

质的研究方法当中包括很多具体的研究方法，访谈法就是其中之一，是指通过访员和受访人面对面地交谈来了解受访人的心理和行为的社会学基本研究方法。访谈（interview）是收集调查资料的一种替代方法，它主要是通过面对面的方式进行，不过也可以通过电话进行。[4] 这

---

[1] 祝平燕、夏玉珍：《性别社会学》，华中师范大学出版社2007年版，第27页。
[2] 熊秉纯：《质的研究方法刍议：来自社会性别视角的探索》，《社会学研究》2001年第5期。
[3] ［美］迈克尔·施瓦布：《生活的暗面：日常生活的社会学透视》，王丽华译，北京大学出版社2008年版，第9页。
[4] ［美］艾尔·巴比：《社会研究方法》（第10版），邱泽奇译，华夏出版社2005年版，第256页。

里的访谈和人们日常的谈话是有区别的,这里的访谈是带有一定目的和具有特定规则的研究性交谈,它是研究者带着一定的问题主导进行的。

访谈法与其他的社会学研究方法比较起来凸显出以下的特征:首先,与观察法相比,它能够了解到被研究者的生活中发生的其他事情,行为背后的隐含意义和内心世界;其次,与实物分析法相比,它具有意义解释的功能,因为当研究者在观察实物的时候,只能看到其表象,无法看到其背后的东西,而被访谈者可以告诉他们创造实物背后的意义;最后,与问卷调查相比,它具有更大的灵活性,问卷调查都是研究者用自己的语言和自己认为重要的问题向被研究者进行提问,而访谈法能够使得被研究者发表自己对问题的看法,可以触及一些问卷调查无法触及的问题。

深度访谈法还具有其他的方法所无法具有的功能,它可以了解到被研究者生活背景的细节以及对这些生活细节的意义解释,从而为研究提供一个广阔的视野能够从多种角度对事件进行比较深入细致的描述。访谈不仅仅是以语言为主要形式进行互动和交流,它更侧重的是学术性、研究性和思想性,通过它能够了解到受访者的情感感受和价值观念。通过访谈法可以使得研究者和被研究者之间建立一种人际关系,使得相互之间能够熟悉信任,从而可能影响到研究结果。访谈法并"不是一个一方'客观'地向另一方了解情况的过程,而是一个双方相互作用、共同建构'事实'和'行为'的过程"[1]。

我们根据不同的标准可以将访谈分为不同的类型,在学界一般的分类标准有访谈的结构、访谈的正式程度、接触方式和受访者的人数等。依照访谈者对访谈的操纵程度和被访谈者的自由程度可以分为封闭型访谈、开放型访谈和半开放型访谈三种类型。[2] 在开放型访谈中,访谈者起到的是辅助作用,其过程主要是由被访谈者把握,被访谈者可以控制访谈主题的问题以及这一主题角度包含的意义,他可以围绕着访谈者所要研究的主题自由发言;在封闭型访谈中,访谈者则对访谈问题的内容和形式控制得比较严格,被访谈者只能按照访谈者的要求回答问题;半开放型访谈是介于两者之间的一种访谈类型,访谈者虽然对访谈的结构

---

[1] 陈向明:《质的研究方法与社会科学研究》,教育科学出版社2000年版,第169页。
[2] 同上书,第171页。

有一定的控制作用，但是他也不排斥受访者的积极参与。

（二）深度访谈情况简述

在本研究当中，主要采取的是开放型访谈和半开放型访谈方式，被访谈者的选取地点是山东 S 县和 A 市的乡村地区，在 S 县选取了 80 人，在 A 市选取了 20 人，共 100 人，每位受访者的平均谈话时间是一个小时到一个半小时之间。访谈者的构成主要包括：聘任的人民调解员、普通民众、乡镇政府人员、村干部和司法助理员，他们的比例如图 1.5 所示，其中村干部和普通民众所占的比例最高，因为笔者调研的主要地点是在村庄当中，研究的乡村人民调解员的主体也大都生活在村庄当中。关于受访者的年龄构成，46 岁到 60 岁之间所占的比例最高，达到 72%，大部分选择这个年龄阶段的人作为访谈对象是有原因的，因为他们对于村里的人民调解状况要比年轻人更了解，有些年轻人甚至不知道有人民调解这回事。除此之外，当下村干部的年龄一般都在 46 岁至 60 岁之间，这也是我们访谈的主体。关于受访者的性别比例，没有刻意去把握，只是随机选择，但是在访谈过程当中还是男性比例要远远高于女性，因为在山东的农村地区，家庭的对外社交主要还是通过男性，女性参与调解的很少，村干部当中除了计划生育专员外，其他的职位基本都是男性担任。

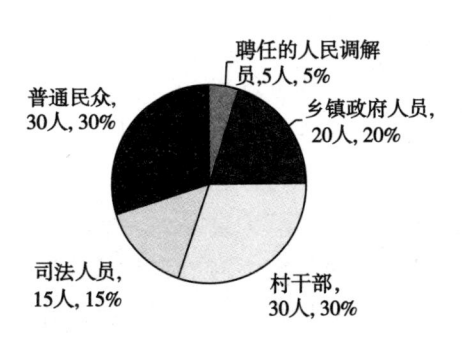

图 1.5 受访者的身份构成比例

针对不同的访谈对象设计了不同的访谈提纲，例如针对乡村当中专职的人民调解员，主要问一些关于人民调解员认知方面的问题；不过这些人员当中也包括聘任的具有专业水准的调解员，针对这部分被访谈者，笔者从乡村人民调解员的产生背景、运作模式和职业认同等方面问起；针对村干部兼任的人民调解员，侧重于村子里人际关系的基本状况，政策的影响等方面；针对司法助理员兼任的人民调解员则与聘任的人民调解员的访谈相似,针对普通的村民,主要问一些关于人民调解员的看法等外在直观的问题。

在访谈时主要采用面对面访谈的方式,访谈的内容比较宽泛,主要围绕"乡村人民调解员群体"这一核心主题对这一群体所表现出来的基本现状、认同感、地位作用、工作策略、影响因素和问题等进行深度认识和把握。为了便于对受访人员的个人信息保密以及区分,笔者对每一位被访谈者赋予代表一定意义的编号。第一个字母 M 代表男性,F 代表女性;第二个字母 A 代表安丘地区,S 代表单县地区;第三个字母 S 代表司法所人员,C 代表村干部,Q 代表除司法所人员之外的其他镇政府人员,P 代表普通村民;第四个字母是受访者姓氏的首字母;1(2,3……)代表受访者编号;最后是受访的日期。比如第一个对安丘男性谭姓司法所人员的访谈,那么他的编号就是 MAST1-2013-10-11。

为了表述方便,在下文当中用地名与人名的首字母代表全称,比如安丘市景芝镇简称为 A 市 J 镇,许庆永简称为 XQY 或者 X。为了保护个人隐私,在表格当中出现的名字隐去了名,只保留了姓,如许庆永简为许某某,许庆简为许某。

三 观察法

(一) 方法介绍

观察是人们认识世界的基本方法,它也是社会学研究的一个重要手段,观察实际包括两个过程:一个是人们感性认识的过程即用感觉器官直接感知身边世界的过程;另一个是理性认识的过程即感知之后的大脑思维过程。我们生活在这个世界上,每个人随时随地都在有意无意地观察着这个世界,观察法作为社会学研究的一种基本方法与人们在日常生活当中的观察还是有所区别的,社会学研究当中的观察法是指"带着明确目的,用自己的感官和辅助工具去直接地、有针对地了解正在发生、发展和变化着的现象"①。社会学研究当中的观察法根据对场所控制的不同可以分为实验室观察和实地观察,前者是在事前有控制的场所进行的,后者则是自然环境下进行的,笔者的调查研究都是深入乡村当中进行的,所以在这里着重分析后者。根据研究者对

---

① 风笑天:《社会学研究方法》,中国人民大学出版社 2009 年版,第 266 页。

被研究者生活的介入和参与程度可以将实地观察分为参与型观察和非参与型观察，所谓参与型观察是指观察者深入参与被观察者的生活，与被观察者一起工作，在密切的相互接触和直接体验中倾听他的言语、观察他的行为。这种观察法比较自然、开放、灵活和深入，但是它的成本往往比较高，需要大量的时间才能完成。所谓非参与型观察是指观察者置身于被观察者的日常生活之外，从一个旁观者的角度去观察围绕被观察者事件的发展进程，操作起来比较容易，但是被观察者因为提前知道自己在被观察，他们的行为可能带有一定的表演性。不同的流派对于观察的理解也是不同的，经验主义的观点认为，研究者通过科学仪器和感官可以直接观察到事件或关系背后的真实，"知识"是可以被直接感知和观察到的；象征互动主义的观点认为，人类社会是行动者参与过程的集合，个人的行为是人际互动的结果，参与型观察便是研究者和研究对象之间产生互动十分有效的方式；除此之外还有存在主义社会学和喜剧社会学等观点的理解。[①] 我们在研究当中采取的是常人方法学的观点，常人方法学主要是通过对人们日常生活习惯和行为方式的观察来了解被研究者看待世界的态度和思维方式，参与型观察是达到上述目的的最佳方式，通过对被研究者语言行为的观察分析，可以知道他们背后的思维和观念。

(二) 观察情况概述

笔者在研究当中，由于考虑到调研成本和个人能力，还有调研效果等各个方面的综合因素，最后决定对于大部分的案例采用非参与型观察，对于个别案例采取参与型观察的方法。在山东 A 市选择 3 个人民调解的案例，在山东 S 县选择 7 个，共对 10 个人民调解的案例进行了观察。对其中的 8 个案例进行了非参与型观察，在人民调解的现场对人民调解员采取的姿态、语言和策略进行观察反思。对另外 2 个案例进行了参与型观察，笔者成为了人民调解的其中一员，为人民调解的进行提供法律咨询和参考意见，真正地参与其中。之所以选取其中的 2 个人民调解案例进行参与型观察，是因为只有这样才能放弃先前主观的想象与假设，直接进入被观察者的语境中理解其行为。

[①] 陈向明：《质的研究方法与社会科学研究》，教育科学出版社 2000 年版，第 234—235 页。

四　文献分析法

（一）方法介绍

在质的研究方法理论中，文献分析并不是一般意义上的文献综述和文献的收集，严格来讲它也是一种社会学研究方法，它主要是指对文献的收集、鉴别和整理，并通过对文献的研究形成对事实科学认识的方法。"文献作为社会实践的沉淀物而被我们阅读，对于人们每天或者在很长的时期里作出的决策，文献具有激发和构建的潜力；他们还构成了关于社会事件的特殊阅读材料"[1]，文献研究反映的是研究者对所收集的与主题相关的原始资料进行加工、提炼和再创造的过程。文献分析方法的理论基础是社会学当中的扎根理论，扎根理论是理论建构的一种方法，它是由芝加哥大学的格拉索（Glaser）和哥伦比亚大学的安瑟尔·姆斯特劳斯（Strauss）两位学者20世纪60年代在一所医院里对医护人员处理即将去世病人的一项实地观察研究发展出来的一种研究方法。此理论不同于其他的理论那样对研究者自己事前设定的假设进行演绎推理，它所强调的是对资料的归纳分析，在对大量的经验资料进行分析的基础上建立理论，"这是一种自上而下建立理论的方法，即在系统收集资料的基础上，寻找反映社会现象的核心概念，然后通过在这些概念之间建立起联系而形成理论"[2]。文献分析法是一种非常经济有效的信息收集方法，它收集分析资料的成本较低，工作的效率很高。但是我们在运用文献分析方法的时候还需要注意以下几点：首先，要确定信息的来源，要确保文献分析所得到的资料一般都是原始资料或一手资料；其次，要确保信息的有效性，在迅速阅读大量文献的同时找到有效的信息点，针对文件中缺乏连贯性和信息不完整的状况要做好标记；再次，对原始资料或一手资料进行分析时，需要对同类现象进行持续性比较，所以要十分注重个案分析和类型化分析；最后，文献分析所要达到的目的不是文献收集和文献综述，而是在这些资料和比较的基础上建构出新的理论。

---

[1] ［英］迪姆·梅：《社会研究问题、方法与过程》（第3版），北京大学出版社2009年版，第162页。
[2] 陈向明：《质的研究方法与社会科学研究》，教育科学出版社2000年版，第327页。

(二) 文献收集情况概述

笔者在研究中，主要是针对现有的关于乡村当中人民调解员研究的学术论文、关于乡村当中人民调解员的新闻报道、宣传资料和乡镇司法所关于人民调解的相关记录资料以及人民调解员的个人事迹等原始文献进行收集分析。2013年L镇司法所调解的案件共20件，其中由司法所人员直接参与调解的只有1件，其余19件都是由其他政府人员或者村干部调解的，这就是通过我们收集的《S县矛盾纠纷排查调处情况登记台账》的书面资料整理得出的。通过这些资料我们可以分析人民调解员参与调解的状况，从而自下而上地建构关于乡村当中的人民调解员群体行为和思想的理论，为实现研究宗旨提供佐证。

五 问卷调查

(一) 方法介绍

虽然笔者主要注重的是定性研究，但是也掺杂着定量的研究，其主要采取的具体研究方法是问卷调查法。所谓问卷调查法（Questionnaire Survey）被称为问卷法，它是通过研究者设计的问卷向被同意选取的调查对象了解相关情况和相关意见的调查方法。它是以书面的形式提出问题和搜集资料的一种研究方法，研究者通过编制问题表格表达想要研究的问题，并以当面作答、追踪访问或者邮寄的方式填答问题表格，从而对研究的问题得出看法和意见，所以它又称为问题表格法。

根据问卷填答者的不同，我们将问卷分为自填式问卷和代填式问卷两种，自填式问卷就是将问卷发放给问题回答者，让他们自行填答的方式；代填式问卷是调查者通过询问的方式得到答案，然后由调查者本人填答的方式。由于本研究是关于乡村人民调解员，被调查者也大都集中在乡村当中，考虑到有些人的文化水平和对问题的理解程度，笔者采用了代填式问卷调查为主自填式问卷调查为辅的方式。代填式问卷调查根据交谈方式的不同又分为访问问卷调查和电话问卷调查；自填式问卷调查根据问卷传递方式的不同又分为报刊问卷调查、邮政问卷调查和送发问卷调查。在本研究当中笔者考虑到研究的成本问题，笔者主要采用的是访问问卷调查和送发问卷调查的方式。在被调查者选取方面采用了以自愿样本为主的非概率抽样方法，所谓自愿样本即"由自愿接受调查的单位所组成的样本"①,在本研究当中,主要是对研究对象比较熟悉的村民,一般都为人民调解员居住地方的邻居和父老乡亲等。在问卷的设计上可以分两种情况:结构式问卷和无结构式问卷,所谓结构式问卷是指严格按照问卷中对于问题的提问顺序和提问方式的安排,不能随意变动的一种提问方式;所谓无结构式问卷是指关于问卷中的问题并没有在组织结构中加以严格的设计和安排,只是围绕研究目的提出问题,调查者在实施调查时,可根据实际情况适当变动问题和顺序。②在本研究的问卷设计上笔者采用了以结构式问卷为主、以无结构式问卷为辅的问卷类型。本问卷调查的设计比较简单,其目的就是了解普通村民对乡村人民调解员群体的基本认识和看法,从而为质性的研究提供实证方面的支持。

(二) 问卷调查情况概述

问卷调查的发放地点是山东 A 市和 S 县的个别村庄,共发放问卷 240 份,A 市发放 60 份,S 县发放 180 份,共回收有效问卷 207 份,回收率为 86%,回收的有效问卷当中针对普通村民的有 180 份,针对其他人员的有 27 份。我们采用了实地走访的形式对问卷进行了发放,关于发放的对象主要是被访谈者的家属、亲戚或者是朋友,在访谈的过程中顺便对他们进行问卷调查。问卷调查的基本内容主要是侧重于普通民众对于乡村人民调解群体的基本认识,以及他们在中国乡村当中的地位。通过调查问卷得出对人民调解员非常了解的人员 36 人占 17%,不太了解的 120 人占 58%,根本不了解的 51 人占 25%,对人民调解员根本就不知道的人员比例要比我们预计的多。

由于客观条件的限制,此次抽样问卷调查的样本数量有限,这也是本次问卷调查的不足之处。随着科研条件的改善,在今后的科研工作中会加以弥补。但是,本书抽样依然具有良好的代表性以及较高的学术价值和现实意义,能够反映出乡村人民调解群体的现状和存在的问题。关于社会调查的实际情况,在后面的章节,当谈到具体问题的时候会有详细的说明,在此不做一一的介绍。

---

① 叶祥凤:《社会调查与统计分析》,西南交通大学出版社 2011 年版,第 86 页。
② 同上书,第 112 页。

第四节 研究综述

一 章节安排

在本研究当中,笔者采取了关系/事件、行动策略、地方性知识的视角对乡村人民调解员进行剖析,把人民调解员置身于乡村这样的大环境当中,全面地探讨他们作为一种特殊法律群体在中国纠纷解决过程当中的运作策略、影响因素,他们最关注的是什么?他们心目当中案件圆满结束的形式是什么样的?他们扮演着怎样的角色?他们自己对这个群体的认同如何?本研究的框架构建就是在这样的背景下展开的。

第一章是导论部分。它是对整篇文章的一个整体概述,主要从问题提出的背景、意义,研究方法的阐述,乡村人民调解员相关概念的界定和相关理论的论述以及研究框架等几个方面进行分析。本章的重点是对俗民方法学理论、"地方性知识"理论的理论分析,它们是整个研究的支撑点和出发点。

第二章是从乡村人民调解员的历史渊源与相关研究评述方面进行探讨的。乡村人民调解员不是当下突然出现的一个新名词,它在历史上就有若干的渊源痕迹,笔者主要从中国传统社会调解模式方面与人民调解发展脉络方面进行考究,从而理清乡村人民调解员历史渊源。此外,笔者在本章当中从功能主义视角,工作机制视角和历史传统视角三个方面对乡村人民调解员的相关研究进行了梳理,从而为进一步的研究理清了思路。

第三章至第四章是本研究的主体部分,也是本书的重点部分,第三章是对乡村人民调解员群体的静态描述。笔者在这部分根据实际调研的资料分析,对现实中的乡村人民调解员群体进行了分类,主要分为政府人员兼任的人民调解员、村干部兼任的人民调解员、普通村民担任的人民调解员和聘任的人民调解员四类。在这部分笔者对这四类人民调解员分别从其担任的职务、调解案件的状况、个人工作状况等方面进行一个整体的描述,把乡村的人民调解员群体状况全面地展现给大家,同时也为后面的论证提供一个清晰的思路。

第四章是对乡村人民调解员解决纠纷的动态描述,在这部分笔者从乡村关系网络的解构入手分析出影响人民调解员的一些隐性因素在具体关系/事件中所起到的作用，逐步把握乡村人民调解员的行动策略，从而把其工作的机制全面展现给大家。

第五章是对乡村人民调解员群体角色的定位，有的学者提出对于人民调解机制的理解不能简单地停留在国家与社会纠纷解决权二元对立的基础上，而是将其定位于纠纷解决机制的"第三领域"。[①] 我们借用上述学者的思路，作为乡村当中的人民调解员，他们也是处在国家和社会之间，既有官方的性质，又有民间的渊源，他们在民间代表着国家推动法律在乡村中的实践，他们在国家面前又代表着民间维护乡村的习惯，对于乡村人民调解员的研究要建立在法秩序二元结构解体的基础之上，他们是多元纠纷解决机制当中的一分子，是乡村当中的特殊法律人。通过对乡村人民调解员的知识构架，在乡村纠纷解决中的作用，以及党的政治统治等方面的分析，确定乡村人民调解员群体的三个定位："地方性知识"的载体、"法律盲区"的填补者、政治功能与社会功能的复合体。

第六章是对乡村人民调解员群体的前景分析。虽然当下乡村当中的纠纷解决机制在不断健全，诉讼逐步进入人们的纠纷解决选择范围，但是非诉纠纷解决模式不会很快消失，甚至会不断地流行，特别是作为具有中国特色的人民调解。市场经济在猛烈地冲击着我们生活的方方面面，改变着某些传统的习惯，虽然人民调解员在乡村当中不会消失，但是并不意味着它不改变，笔者在这里做了一个尝试性的探索：人民调解员将逐步走向"职业化"，像法官一样，作为一个职业而存在。

二　创新点与不足之处

当下关于人民调解员的文章大都是对一些人民调解员先进事迹的报道，对于其调解背后的权力角逐，所使用的策略和他们本身的地位几乎都没有论述，这样就很难使得乡村人民调解员的研究深入化和系统化，即使存在一些研究也只不过是笼统的空谈，对于一些问题的提出也是人云亦云，比如说提到乡村的人民调解员问题都会提及其地位问题、资金

---

① 宋明：《人民调解纠纷解决机制的法社会学研究》，博士研究生论文，吉林大学，2006年，第26页。

问题和他们的保障问题，但是造成这些问题背后的原因及其深层次的权力网络结构变化的问题很少提及，并且他们是如何确切地、客观地展示出来的很少有论述。所以本书力图克服这些弊端。

首先，本书运用质的研究方法对乡村的人民调解员群体进行分析和研究，这在方法论上是一种突破。因为它可以让研究者不必非得用一种刻板的、严肃的、和主流文化挂钩的眼光看待乡村的人民调解员群体，而是心平气和地以一种平民的、充满人文关怀的、灵活的思维方式研究和分析这一群体。关注乡村人民调解员的个人体验和日常生活，让他们以自己的方式表达心声，同时又试图发掘其他纠纷解决群体对乡村人民调解员群体的评价和认同，这些都可以让研究者能够"置身事外"，但又可以与研究对象保持密切接触地观察和分析这一群体。

其次，本书以俗民方法学理论、吉尔兹的"地方性知识"理论为视角，立足中国现实国情，对乡村人民调解员群体进行分析和研究，这是一种描述性和解释性分析，它的目的并不在于宏大叙事，而是关注实际的东西，把握细节，通过科学理性的思维分析和科学理性的社会学方法得出有价值的结果。此外，本书的描述性和解释性分析并非想将关于乡村人民调解员的话题（例如现状、规模、面临的问题和原因、解决方案等）全部囊括进来，而是试图去描述和解释：中国当代乡村当中的人民调解员背后有着怎样的权力博弈？他们在乡村的纠纷解决当中处于怎样的地位？他们扮演着怎样的角色？而且所有的这些关注必须要体现细节，而不是空谈。通过对山东 A 市、S 县两个地方管辖的部分乡村进行调研，对当地乡村当中的人民调解员进行访谈和个别调解案例的参与，试图论证我们的论点：他们存在的实际状态；调解的过程是背后权力博弈运用的表面反映；他们是乡村的特殊法律人。这些也是本书的创新点。

最后，本研究关注的是群体，而群体的特征自然是要从个体中体现出来，因此本书从个案分析入手对某些个体进行剖析。分析和研究乡村当中的人民调解员，不仅要关注带有个体或群体性质的主体属性如自我认同、构成特点、纠纷解决状况等，而且还要将这些个体性的东西置于社会结构中去理解和解释，发掘乡村人民调解员群体背后的社会结构性特点、问题和原因，这才会使本研究更显得有价值、有深度。

本研究当然也存在一些不足之处，如前文所提到的，由于中国学术界关于乡村人民调解员的相关研究不多,所以借鉴较少,存在一些局限。本书的主标题是"乡村治理法治化进程中的人民调解员群体研究",由于中国是个国土面积非常庞大的农业国家,乡村的面积也是相当大的,以笔者现有的资源和精力很难完成这么一个庞大的工程,所以只能选择"以山东 S 县、A 市为例",范围的缩小对于整个中国乡村的人民调解员群体研究可能存在不妥之处。此外,笔者是法学出身,虽然在后来补充学习了一些社会学的知识,但对于调研方法的掌握和应用与专业的人士比较起来还存在很大的距离,所以在这种情况下所收集的一些资料的准确性和使用这些资料的合理性难免存在一些偏颇。

第二章

乡村人民调解员的历史渊源与研究评述

第一节 乡村人民调解员的历史渊源*

本节主要是在对史料、相关文件和相关研究考察梳理的基础之上，试图从传统和现代两个角度再现乡村人民调解员起源的母体。

一 中国传统社会当中的调解考究

人类社会发展的每一个历史阶段，都不可避免地要从过去的历史阶段当中继承一些既定的成分，而生活在这个新历史阶段的人们，他们只能在前人所遗留的历史条件下重塑当下的社会形象。① 乡村人民调解员也不例外，人民调解制度不是凭空而起的空中楼阁，而是扎根于中国传统社会的一棵树木，它的建立有其深厚的社会基础，所以在论述乡村人民调解员之前，很有必要来探讨一下传统的中国社会当中存在的调解根基。有些学者根据是否涉入国家理性的视角，将传统的社会纠纷解决模式化分为纠纷解决的国家理性模式和纠纷解决的民间理性模式两类。② 笔者在这里借用上述的观点，根据是否有国家公权力的介入为标准，把传统的调解区分为具有公权力色彩的调解和非公权利色彩的调解。

（一）具有公权力色彩的传统调解模式

中国传统社会的调解模式：以国家公权力介入程度为中心的分析中

---

* 原发表于《中国传统社会的调解模式：以国家公权力介入程度为中心的分析》，《湖北行政学院学报》2013 年第 5 期。

① 张文显：《法理学》（第三版），高等教育出版社 2007 年版，第 207 页。

② 朱兵强：《民间理性与纠纷解决》，《法学评论》2012 年第 4 期。

国传统社会是典型的国家本位主义的社会形式，向来都是强化国家，而弱化社会个体，中国传统的统治者所惯用的方法就是"弱民之术"，他们喜欢将人们"儿童化"，这也是儒家一贯所坚持的思想。①《论语·泰伯第八》中提到"民可使由之，不可使知之"，孔子所坚持的"愚民之术"也得到了道家的支持，《老子·安民第三》中提到"是以圣人之治，虚其心，实其腹，弱其志，强其骨；常使民无知、无欲，使夫智者不敢为也。为无为，则无不治"。正是由于这种大的社会背景的影响，从而导致了国家对于传统调解的干预。有些学者根据参与调解的第三方的不同，把具有公权力性质的调解区分为宗族调解、乡里调解和官方调解。②笔者认为这种区分太过笼统，我们可以根据国家公权力对于调解干预程度的不同，将具有公权力色彩的传统调解模式区分为：纯官方参与制的调解和半官方参与制的调解。以下我们分别对其进行介绍。

1. 纯官方参与制的调解。中国传统社会是以儒家的经典为其理论支撑的，儒家强调"以德治国"和"德主刑辅"的治国理念，《论语·为政》中提到"为政以德，譬如北辰，居其所而众星共之"，《论语·子路》中讲"上好礼，则民莫敢不"，正是这种理念导致官府对于调解的注重，孔子在担任鲁国的大司寇期间就明确宣称"听讼，吾犹人也。必也使无讼乎"（出自《论语·颜渊》）。这种纯官方的调解在古代主要体现在乡治调解上。所谓乡治，就是在基层所设立的一种组织形式，早在《周礼》中就有"六乡六道"的记载，《管子》中也提到了"朝治与乡治"，这种基层组织有三大任务：掌管户籍、督促赋役和处理案件，③其中处理案件就是乡治调解的职责。在周朝还专门设有"调人"一职，《周礼·地官》当中提到"调人之职，司万民之难而谐和之"，它的主要任务就是调解矛盾，使社会和谐。秦汉以后这种乡治制度更为

---

① 孙隆基：《中国文化的深层结构》，广西师范大学出版社2004年版，第329页。作者在该书的第四章当中谈到了"中国人的'个体'"，从"行为分析"的角度进一步探讨了传统社会对于个体的"弱化"，作者在文章中提到了中国传统社会当中个体的"依赖化"和"小丑化"的倾向，从而导致个体"个性"的缺乏，人们都被"模式化"。个人缺乏对于政治生活的热情。

② 江伟、杨荣新：《人民调解学概论》，法律出版社1990年版，第23页；梁德超：《人民调解学基础》，中国广播电视出版社1988年版，第39页；史凤仪：《人民调解制度溯源》，《中国法学》1987年第3期。

③ 江伟、杨荣新：《人民调解学概论》，法律出版社1990年版，第23页。

的发达，并且也规定了其相应的调解职能，如晋朝的"啬夫"，南北朝的"里正""里长"，唐朝的"乡长""坊正"，宋朝的"保甲长"等，他们都是国家机构当中具有调解职能的人员，并且"乡啬夫只调解诉讼，不具有初审的性质"。① 国家不仅赋予了他们以调解的职责，而且赋予了他们一些具有强制性的权力，比如说他们可以罚酒、罚谷、罚戏，甚至还具有体罚权。② 元朝的"社长"同样也是官方的调解机构，《至元新格》中提道："诸论诉讼婚姻、家财、田宅、债负，若不系违法事重，并听社长以量谕解免使妨废农务，烦扰官司。"明朝的时候形成了比较完备的调解制度——"里老人理讼制度"③，并且设有专门调解纠纷的场所——"申明亭"，《大明律集解附例》当中提到"凡民间应有词状，许耆老里长准受于本亭剖理"。

在古代也不乏官方调解的实际案例，东汉的吴祐在胶东侯国任相的时候，就有调处案件的记载，"民有争讼者，辄闭阁自责，然后断其讼，以道譬之，或身到闾里重相和解，自是之争隙省息，吏民怀而不欺。"④ 东魏时任南清河太守的苏琼接到了一个这样的案子，辖内的百姓乙普明兄弟二人为争田产而对簿公堂，其中为双方作证的证人多至百人。苏琼将乙普明兄弟召至公堂上，对众人语重心长地说："天下难得者兄弟，易求者田地。假令得地而失兄弟，心如何？"众人都被这番话感动，乙普明兄弟叩首请求撤回诉状。在分家十年之后，兄弟二人又搬到一处，亲如一家。⑤ 魏晋南北朝时清河太守崔景伯是出了名的孝子，在其管辖的区域内有一位母亲告不孝，官府准备欲降罪于此不孝子，但是崔景伯的母亲告诉儿子可以将此不孝子带到自己的家中来住一段时间。诉讼的母子在崔府中看到太守对母亲无微不至地侍奉，深受感动，母子乞求归

---

① 孔庆明主编：《中国民法史》，吉林人民出版社1996年版，第171页。
② 史凤仪：《人民调解制度溯源》，《中国法学》1987年第3期。
③ 韩秀桃：《"教民榜文"所见明初基层里老人理讼制度》，《法学研究》2000年第3期。在此文当中，作者根据明代徽州法律文书和洪武三十一年《教民榜文》当中的记载，对明初里老人理讼制度的内容及其在基层社会的实践状况进行了探讨，作者认为这一制度对于社会矛盾的解决发挥了重要的作用，这种官方调解为当时的乡民提供公正和利益的保证。
④ 《后汉书·吴祐传》，转引自韩延长龙《人民调解制度的形成与发展》，《中国法学》1987年第3期。
⑤ 《北齐书·循吏传》，转引自曾宪义《关于中国传统调解制度的若干问题研究》，《中国法学》2009年第4期。

乡。回到家乡后，原被母亲状告不孝的儿子效法崔景伯，竟以孝而闻名乡里。①《名公书判清明集》中记载："傅良与沈百二地界之争，事既到官，惟以道理处断……然所争之地不过数尺，邻里之间贵乎和睦，若沈百二仍欲借赁，在傅良亦当以睦邻为念。却仰明立文约，小心情告，取无词状申。"在此判词当中首先提到的处理手段就是调解。《宋史·陆九渊传》中提道："民有诉者，无早暮，皆得造于庭，复令其自持状以追，为立期，皆如约而至，即为酌情决之，而多所劝释。其有涉人伦者，使自毁其状，以厚风俗。唯不可训者，始置之法。"对于大多的案件都以劝解结案，只有当没有办法劝解的时候才依法处置，在强大的国家机器面前，如果一方坚持不同意调解的结果的话，那么很可能会对他作出极为不利的判决。

在民国时期，中国也有官方调解的记载，国民党的行政院在1930年10月5日颁布了《区自治施行法》和《乡自治施行法》两个调解自治方案②，在这两个调解自治文件中明确规定区公所和乡公所分设两级调解委员会组织，对于民事纠纷不分任何种类都可调解，对于刑事案件只限于妨害风化、妨害婚姻及家庭、伤害、妨害自由、妨害名誉及信用、盗窃、侵占等轻微违法犯罪行为。③ 1934年颁布了《区乡镇坊调解委员会规程》④，并且民国政府于1943年10月9日又正式颁布和实施了《乡镇调解委员会组织规定》⑤。以上提到的这些都是我国历史上纯官方参与制的调解形式。

2. 半官方参与制的调解。这种调解在形式上和当今的人民调解是最为相似的，因为他们都属于国家和民间共同参与下促成的调解形式。在中国的历史上，半官方参与制的调解主要有两种形式，一种是宗族调解，另一种是官批民调。

第一，宗族调解。所谓宗族调解是族长依照宗规族法对其成员之间

---

① 《魏书·烈女传》，转引自曾宪义《关于中国传统调解制度的若干问题研究》，《中国法学》2009年第4期。
② [日]高见泽磨：《现代中国的纠纷与法》，何勤华等译，法律出版社2003年版，第19页。
③ 史凤仪：《人民调解制度溯源》，《中国法学》1987年第3期。
④ 江伟、杨荣新：《人民调解学概论》，法律出版社1990年版，第23页。
⑤ 韩延龙：《我国人民调解工作的三十年》，《法学研究》1981年第2期。

的矛盾进行的调解,这也是族长的职责之一。① 我们之所以把宗族调解化为具有公权力色彩的传统调解模式,是因为宗族是国家机器的基本单位,传统的中国社会是一个宗法性质的社会,所谓的"国"只不过是"家"的放大形式,"家"的存在要受到"国"的保护与约束。宗族像是一个"缩小版"的国家一样,他们有自己的"家法族规"和生活准则,从时间入手,我们发现家礼与国法具有共源、并行的关系或者说特点,家礼与国法都是由中国初民社会的原始习俗嬗变而来的。② 如果是宗族内部的人或者是家庭之间发生了矛盾,则是由"族长"或者是相当于"族长"地位的宗族公共人物出面进行调解,一般情况下在宗族的内部都会把这些矛盾解决掉。

有些"宗规""族谱"对于纠纷解决的途径直接进行了明确的规定,如《萧邑屠氏族谱》中记载"凡不孝不悌忤逆长上者,告之祖先,惩以家法";《训俗遗规·卷二》中记载"一问族中有无内外词讼。除本家兄弟叔姪之争,宗长令各房长,于约所会议处分,不致成讼外。倘本族与外姓有争,除事情重大付之公断,若止户婚田产、闲气小忿,则宗长便询所讼之家与本族某人为亲、某人为友,就令其代为讲息";《萧山新田施氏族谱》当中记载"宗长宗贤调停处就息,毋得执拗,毋相结讼,致烦官司且伤宗宜"。在这里我们可以看出,宗族内的调解是人们解决矛盾通常所选择的途径。族长相当于族内的执法者和仲裁者,族长裁决结果的效力是绝不下于法官的,他在族内有绝对的权威,有些权威也是得到法律明确承认的,③ 比如说"立嗣"问题,如《大清律》中记载"妇人夫亡,无子守志者,合承夫分,须凭族长择昭穆相当之人继嗣"。还有些关于宗族调解办法的具体规定,如《宗圣公训及族规》中提到的"孝亲悦心,尊师扶幼;世袭立嫡,承嗣立长;嫡宗不婚,子嗣敏聪;抚子继嗣,同宗择姪";《浙江藏氏族谱》中记载的"若乃自甘匪夷,败伦伤化,为贼为奴,当与众共黜之"。在矛盾出现的时候,族长就会按照"宗规""族谱"的这些规定进行调解。甚至还有些宗约中规定,如果矛盾不在宗族内部解决,而是直接告到国家机构那里,当

---

① 瞿同祖:《中国法律与中国社会》,中华书局1999年版,第23页。
② 张中秋:《家礼与国法的关系、原理、意义》,《法学》2005年第5期。
③ 瞿同祖:《中国法律与中国社会》,中华书局1999年版,第23页。

事人是要受到惩罚的,《张川胡氏宗约》中记载"族中是非曲直,务邀族长等秉公剖析,无得擅经官长,违者记过,犯上者加倍罚"。"宗约"中的规定无疑就是"宗族调解前置原则",宗族调解被默认为是告到官府前的必经程序,这也体现了中国传统社会当中国家对于宗族调解的"积极态度"。

  第二,官批民调。所谓官批民调,是在当官府收到案件以后,先进行"初审",如果认为该案件"细微",没有必要进行"堂审"的话,就以"批令"的形式交给乡里或者其他民间主体进行调解,调解不成的时候再由官府作出最后的判决[1]。有些学者将其称为"半官半民的庭外调解"[2]。它是一种与当代的委托调解非常相似的调解形式,他们都是把由官方审理的案件交给民间力量去调解[3]。尽管官批民调和委托调解之间存在很多的联系[4],但是他们之间还是有很多的不同。官批民调是流行于清代的一种调解形式,有些学者根据官方"批令"去向的民间主体的不同分为:会首主持的官批民调、士绅主持的官批民调[5]、中人主持的官批民调、地邻乡邻主持的官批民调[6]、宗族长主持的官批民调和厢坊长、保甲长主持的官批民调[7]。例如"清朝光绪二年,村董事会为庆祝祈雨成功,要求村民按亩交钱演戏以报神庥,但是葛普怀家抗

---

[1] 辛国清:《法院附设替代性纠纷解决机制研究》,中国社会科学出版社2008年版,第205页。

[2] 曾宪义:《关于中国传统调解制度的若干问题研究》,《中国法学》2009年第4期。

[3] 田平安、王阁:《论清代官批民调及对现行委托调解的启示》,《现代法学》2012年第4期。

[4] 刘加良:《委托调解原论》,《河南大学学报》(社会科学版)2011年第5期。

[5] 瞿同祖:《清代地方政府》,范忠信等译,法律出版社2003年版,第297页。作者在书的注释中提到了《学治偶存》当中的六个案例,它们都是典型的士绅主持的管批民调的情况,作者还提到了案件由公堂转入民间的好处。

[6] 田平安、王阁:《论清代官批民调及对现行委托调解的启示》,《现代法学》2012年第4期。在此文当中,作者对官批民调进行了不同的分类,当然这种分类之间也有重叠之处,比如说有些地邻、乡邻和会首就是地方上的士绅,并且这种列举也是难以穷尽的,还有就是保甲长和坊长应该属于国家统治系统的一部分,也是国家机器的组成部分,应该把厢坊长、保甲长主持的官批民调划为官府调解,从目前的相关研究来看,这种分类相对来说会是非常科学的。

[7] 春杨:《清代半官方性质民事纠纷调解初探》,《法律文化研究》2008年第2期。作者在该书中对于管批宗族调解和管批乡治调解进行了专门的论述。

众不出并且打伤了收钱的郑丙松,于是村里的董事俞子禄等联名公叩。针对八月廿七日郑丙松的呈词,知县批曰:竟不知有国服耶,可恶已极。着投局理明,毋庸滋讼"①,这就是士绅主持的官批民调的事例。还有"清朝道光五年刘崇兴、刘崇德二兄弟与彭儒魁之间的借贷纠纷,告到官府以后,就有官府批示:原中理楚。中人李成章遂从中斡旋,最后双方达成展期协议"②,这是中人主持的官批民调的事例。

(二) 非公权力色彩的传统调解模式

在这样一个"司法权国家本位"的社会当中,③ 公权力的影子随处可见,纯粹的没有一点公权力色彩的调解形式是很难存在的,我们在这里所探讨的非公权力色彩的传统调解模式,是指没有公权力介入,并不是说不受其影响。这种调解模式是纯民间的一种调解形式,有些学者把它称作民间调解、自行调解或者是民间调处。④ 所谓民间调解,就是在一些有名望好公义的士绅、乡邻、亲戚和朋友的主持下,调解民间纠纷的一种矛盾解决方式。⑤ 我们根据参与调解的第三方的不同,可以把它分为中人主持的民间调解、士绅主持的民间调解、乡邻主持的民间调解和亲友主持的民间调解等。因为民间调解是人们私下里,非正式的一种调解方式,并且也没有官方的介入,所以在古代的中国关于纯粹民间调解的专门记载就很少见,大部分的民事调解都是在一些文学作品和游侠传记中记载。例如,《史记·游侠列传·郭解》当中记载,汉代的郭解是当时一个非常有名的游侠,他

---

① 田涛、许传玺、王宏治:《黄岩诉讼档案及调查报告》(上卷),法律出版社2004年版,第242页。
② 四川省档案馆,四川大学历史系编著:《清代乾嘉道巴县档案选编》(上卷),四川大学出版社1989年版,第123—125页。
③ 田为民、周波:《司法公正与司法权的国家本位》,《中共福建省委党校学报》2007年第8期。
④ 曾建明、黄伟明:《回顾与展望——论完善我国的人民调解制度》,《中央政法管理干部学院学报》2000年第1期;江伟、杨荣新:《人民调解学概论》,法律出版社1990年版,第23页;梁德超:《人民调解学基础》,中国广播电视出版社1988年版,第39页;史凤仪:《人民调解制度溯源》,《中国法学》1987年第3期;韩延龙:《我国人民调解工作的三十年》,《法学研究》1981年第2期。
⑤ 梁德超:《人民调解学基础》,中国广播电视出版社1988年版,第39页;江伟、杨荣新:《人民调解学概论》,法律出版社1990年版,第24页。

"以德报怨,厚施而薄望。既已振人之命,不矜其功。""雒阳人有相仇者,邑中贤豪居间者以十数,终不听。客乃见郭解。解夜见仇家,仇家曲听解。解乃谓仇家曰:吾闻雒阳诸公在此间,多不听者。今子幸而听解,解奈何乃从他县夺人邑中贤大夫权乎!乃夜去,不使人知,曰:且无用,待我去,令雒阳豪居其间,乃听之。"这是士绅游侠主持民间调解的事例。

  民国期间有这样一个例子,1941年在山东的恩县后夏寨村,佃户马常租种业主刘士存的十六亩土地,双方约定租期为三年,租金为每年六元一亩,租约的中间人是马瑞元。但是当双方定约之后,农产品的价格上涨,所以在村子里人们大都不再以租金纳租,而是以农产品的实物来纳租。在这种情况之下,业主刘士存也想效仿其他的业主把租金改为实物,他认为如果不改为实物租的话,这每年一亩六元租金的购买力就会越来越少,但是租户马常则坚持原先的租约,不予更改。这个纠纷是在中间人马瑞元的调解下最终解决的,最后调解的结果是:租户马常前两年都付钱租,但是第三年必须付实物租①。这是中间人主持民间调解的一个典型案例,中间人比其他人对案件的认识更为清楚,对于当事者双方也是非常熟悉的,所以对于案件的解决也就有了得天独厚的条件。这种民间调解的最大优点就是灵活性强,它没有统一的调解标准和规范,所以人们更易于接受。② 这正如黄宗智先生所说的那样,如果不结合民间调解制度来考虑的话,那么对于官方的中国法制是无法理解的。也许传统中国和现代西方在司法制度上最显著的区别就在于前者对民间调解制度的极大依赖。③ 这种非公权力色彩的传统调解模式与上面的公权力色彩的调解模式相比,具有以下几个特点或者是优点,首先是方便快捷,节省成本;其次是它摆脱了公权力的干涉,使得调解更具人情味,并且不伤和气;最后是调解结果更具有公正性,应为调解人对于案件非常熟悉。

  在我国的传统社会当中,调解和判决是相互配合的,"清代的民事调判制度是建立在两者的结合之上的,即以判决为主的正式系统和以人

---

① [日]仁井田陞编:《中国农村惯行调查》(卷四),岩波书店1941年版,第473—474页。
② 刘艳芳:《我国古代调解制度解析》,《安徽大学学报》(哲学社会版)2006年第2期。
③ [美]黄宗智:《民事审判与民间调解:清代的表达与实践》,中国社会科学出版社1998年版,第10页。

和解为主的非正式系统的结合"①。同样上面我们提到的具有公权力色彩的调解形式和非公权力色彩的调解形式只是相对而言的,他们之间并不是绝对排斥的,有很多纠纷的解决也是在两者共同的配合之下完成的。

二 人民调解制度的产生与发展

对于人民调解制度的研究是对乡村人民调解员研究的前提,我们只有理顺了当下人民调解制度的发展历程,才能清晰地把握乡村人民调解员的来龙去脉。人民调解制度是伴随着人民革命历程逐步形成和发展起来的一种调解制度,②它是中国共产党和全体劳动人民智慧的结晶,我们在这里可以以中华人民共和国的成立为界,把它划分为中华人民共和国成立前的萌芽与形成阶段和中华人民共和国成立后的发展与完善阶段。③

(一)中华人民共和国成立前人民调解制度的萌芽与形成阶段

1921年9月27日,在浙江省萧山县衙前镇由中国共产党领导成立了中国第一个农民协会,在协会的成立宣言当中规定了协会会员之间关于纠纷的调解办法。此协会制定了《衙前农民协会章程》,其中规定:"凡本会会员有私人是非的争执,双方得报告议事委员,由议事委员调处和解;倘有过于严重的争执,由全部委员开会审议解决。"④次年的10月,澎湃同志在广东的城乡龙山灵雨庵领导成立了"赤山约农会",在农会的下面设"仲裁部","仲裁部"是农会会员之间纠纷的专门调解机构。之后成千上万个农会在中国的农村地区成立,并且他们的下面都设有调解组织,调解各种纠纷,"连公婆吵架的小事,也要到农会去

---

① [美]黄宗智:《民事审判与民间调解:清代的表达与实践》,中国社会科学出版社1998年版,第18页。

② 李春霖:《人民调解手册》,北京出版社1989年版,第9页。

③ 江伟、杨荣新:《人民调解学概论》,法律出版社1990年版,第26页。在书中作者把人民调解制度分为初创阶段、确立阶段、曲折发展阶段和新发展阶段,笔者借鉴作者的分段方法对其重新分段,但是大同小异。

④ 《衙前农民运动》,中共党史资料出版社1987年版,第24页。转引自张晋藩《中国法制通史》(第十卷),法律出版社1999年版,第99—101页。

解决"①。1926年10月2日中共湖南区第六次代表大会通过了《农民政纲》，其中规定"由乡民大会选举产生乡村公断处，评判乡村中的纠纷"②。1931年11月，中华苏维埃共和国通过的《苏维埃地方政府暂行组织条例》当中规定"乡苏维埃有权解决未涉及犯罪行为的各种争执问题"③。当时人民调解的显著特点是：具有政府调解的性质。④ 我们可以把以上这看成是人民调解制度的萌芽阶段。⑤

1937年，随着抗日战争的全面爆发和敌后抗日革命根据地的逐步开辟，解放区的人民政府非常重视人民群众工作的开展，其中就有人们之间纠纷的调解，⑥ 有些根据地就根据自己当地的情况，在总结以前调解经验的基础上，相继颁布了一系列的条例、办法和指示等，如表2.1所示。

表2.1　人民调解制度的形成阶段颁布的条例、方法和指示

文件公布时间	公布或制定单位	文件名称
1941年4月18日	山东省临时参议会	《山东调解委员会暂行组织条例》
1942年3月1日	晋西北行政公署	《晋西北农村调解暂行办法》
1942年4月1日	晋察冀边区行政委员会	《晋察冀边区行政村调解工作条例》
1943年6月11日	陕甘宁边区人民政府	《陕甘宁边区民刑事调解条例》
1944年4月20日	渤海区行政公署	《山东渤海区村调解委员会暂行组织条例》
1944年6月1日	晋察冀边区行政委员会	《晋察冀边区行政委员会关于加强村调解工作与建立区调处工作的指示》
1944年6月1日	晋察冀边区行政委员会	《晋察冀边区行政委员会关于区公所调处案件的决定（草案）》
1944年6月6日	陕甘宁边区政府	《陕甘宁边区政府关于普及调解、总结判例、清理监所指示信》

---

① 毛泽东：《湖南农民运动考察报告》，《毛泽东选集》（第一卷），人民出版社1991年版，第101页。
② 中国社会科学院法学研究所民法研究室民诉组编：《民事诉讼法参考资料》（第一辑），法律出版社1981年版，第1页。
③ 韩延龙、常兆儒：《中国新民主主义革命根据地法制文献选编》（第二卷），中国社会科学出版社1981年版，第9页。
④ 江伟、杨荣新：《人民调解学概论》，法律出版社1990年版，第27页。
⑤ 梁德超：《人民调解学基础》，中国广播电视出版社1988年版，第23—24页。
⑥ 栗明辉：《在法律与社会之间——革命根据地人民调解制度现代价值解析》，《理论界》2010年第10期。

续表

文件公布时间	公布或制定单位	文件名称
1945年3月15日	天津市人民政府	《天津市人民政府关于调解程序暂行规程》
1945年5月	苏中行政公署	《苏中区人民纠纷调解暂行办法》
1945年12月13日	山东省政府	《山东省政府关于开展调解工作的指示》
1946年2月20日	冀南行署	《冀南区民刑事调解条例》
1948年3月		《关东地区行政村（坊）调解暂行条例草案》
1949年2月25日	华北人民政府	《华北人民政府关于调解民间纠纷的决定》
	山东省战时工作推行委员会	《山东省战时工作推行委员会关于民事案件厉行调解的通令》
	晋冀鲁豫边区政府	《晋冀鲁豫边区冀鲁豫区区调解委员会组织大纲》

资料来源：韩延龙、常兆儒：《中国新民主主义革命根据地法制文献选编》（第三卷），中国社会科学出版社1981年版，第630—670页。

伴随着这些条例规定的制定，人民调解逐步地具有了遵循的依据，例如严禁收取费用的规定，关于调解范围的相关规定；还有就是初步确立了人民调解的原则；调解组织的名称也逐步地统称为"调解委员会"[1]；调节的形式也由以前的单一政府调解变为多种调解形式并存，主要包括民间自行调解、群众团体调解和政府调解。[2] 人民调解与司法调解和行政调解融为一体，这时候的人民调解并不是一个单独性的群众自治形式，[3] 它是"由边区法律、边区政府的文件以及边区高等法院的指示、命令等为渊源而构成的一项具有相对稳定内容的调解制度"[4]。我们可以把以上看成是人民调解的逐渐形成阶段。

（二）中华人民共和国成立后人民调解制度的确立、曲折发展与完善阶段

从中华人民共和国成立以后到人民调解制度在我国正式确立之前，

---

[1] 中国社会科学院法学研究所民法研究室民诉组编：《民事诉讼法参考资料》（第一辑），法律出版社1981年版，第308—314页。
[2] 江伟、杨荣新：《人民调解学概论》，法律出版社1990年版，第28—29页。
[3] 李春霖：《人民调解手册》，北京出版社1989年版，第9页。
[4] 侯欣一：《陕甘宁边区人民调解制度研究》，《中国法学》2007年第4期。

各地方先后发布了一系列的指示、规程和方法,① 如表 2.2 所示。他们是在吸取老解放区人民调解工作经验的基层上制定和发布的,这些指示、规程和方法的公布,大力地推动了人民调解制度在我国的确立与发展。根据相关数据的统计,截止到 1953 年 12 月以前,仅仅华东区就有调解委员会约四万六千个②。1953 年 4 月召开了全国第二届司法工作会议,在会议上对全国各地的人民调解委员会所取得的成就给予了高度赞赏,会议决定在全国范围内有步骤地建立人民调解组织,这也是区乡基层政权组织和党委发动群众参加政权建设的一项重要的行动,③ 这为《人民调解委员会暂行组织通则》颁布和实施奠定了重要的基础。

表 2.2 中华人民共和国成立后到《人民调解委员会暂行组织通则》颁布前发布的相关文件统计

文件公布的时间	文件名称
1949 年 10 月 22 日	《苏北各县区乡镇调解规程》
1949 年 12 月 22 日	《河北省人民政府关于调解工作的指示》
1950 年 5 月 16 日	《内蒙古自治区人民政府关于建立区村调解委员会的指示》
1950 年 6 月 12 日	《平原省人民政府为大力开展民间调解工作及时解除群众纠纷以利团结生产的训令》
1950 年 10 月 12 日	《松江省人民政府关于建立区村调解组织的通知》
1950 年 10 月 13 日	《东北人民政府关于加强区村调解工作的指示》
1951 年 3 月 6 日	《甘肃省人民法院关于在土改减租地区普遍建立区乡调解机构的指示》
1951 年 4 月 18 日	《最高人民法院西北分院批答西宁市各区街(乡)政府及群众团体调解民间纠纷暂行办法的通知》
1951 年 5 月 8 日	《修正浙江省区乡政府调解民刑案件暂行办法(草案)》
1951 年 8 月 27 日	《西南军政委员会关于区乡调解工作的指示》
1952 年 1 月 18 日	《中南军政委员会为加强区、乡调解工作并纠正部分区、乡干部审判民刑案件和强迫调解偏向的指示》
1952 年	《山东省司法工作会议关于建立与健全调解组织加强调解工作的意见(草案)》
1952 年 12 月 5 日	《云南省人民政府关于逐步建立和健全区乡调解制度的指示》
1953 年 2 月 7 日	《河北人民政府关于加强村(街)调解工作的指示》

---

① 韩延龙:《我国人民调解工作的三十年》,转引自郭翔《人民调解在中国》(第一版),华中师范大学出版社 1986 年版,第 71 页。
② 同上书,第 71—72 页。
③ 梁德超:《人民调解学基础》,中国广播电视出版社 1988 年版,第 30—31 页。

续表

文件公布的时间	文件名称
1953年2月25日	《江西省人民政府关于建立与健全区、乡调解工作的指示》
1953年3月30日	《新疆省人民政府关于建立区乡调解组织及开展民间调解工作的指示》
1953年6月30日	《武汉市人民政府关于建立健全调解委员会加强调解工作的通知》
1953年7月28日	《天津市基层调解组织暂行条例》
1954年2月22日	《云南省人民法院关于积极逐步建立和健全调解委员会的意见》

资料来源：中国社会科学院法学研究所图书资料室编：《人民调解资料选编》，群众出版社1982年版，第149—151页。

1954年2月25日由政务院第二百零六次政务会议通过，1954年3月22日由政务院公布了《人民调解委员会暂行组织通则》（以下称作《通则》）[1]，《通则》当中明确规定了人民调解委员会的性质、任务和组织，并且还规定了人民调解工作必须遵守的原则、纪律和工作的方法。《通则》的公布有十分重要的意义，首先，它是人民调解制度在我国确立的重要标志，使得调解工作制度化、法律化，是人民调解制度发展史上的一个重要里程碑；其次，它通过对大量纠纷的解决，团结了人民，调动了群众的生产积极性；最后，它统一了全国范围内的人民调解工作，使得以后调解工作的开展有法可依，有章可循。[2] 1954年12月份，人民调解委员会的数量已经达到了十五万之多，[3] 到1955年年底，全国大约有百分之七十的乡、街道都设立了人民调解委员会，调解委员会的数量达到十七万多个，调解人员的数量共一百多万人[4]。在数量增长的同时，人民调解委员会及其人员的质量也得到了显著的提高，人民调解发展的前途一片大好。我们可以把上述阶段称为人民调解制度在我国的确立阶段。

但是任何事物的发展都不是一帆风顺的，人民调解制度的发展也是如此。人民调解制度的发展经历了两次大的波折，第一次波折是1957年至1961年，1957年由于受到"左"的思想的影响，人民调解组织被

---

[1] 中国社会科学院法学研究所图书资料室编：《人民调解资料选编》，群众出版社1982年版，第1—2页。

[2] 吴磊编：《人民调解工作基本知识》，上海人民出版社1984年版，第9页。

[3] 《各地人民调解工作在发展中》，《人民日报》1954年2月17日。

[4] 梁德超：《人民调解学基础》，中国广播电视出版社1988年版，第31页。

人民调处组织所取代,其任务也发生了重大的变化,它的任务不再是调解民间的纠纷,而是去改造处理"大法不犯、小法常犯"的不良分子。1958 年人民公社化以后,在我国的不少地方出现了把调处委员会和治保委员会合并的现象,此时人民调解委员会的性质也相应地发生了重要的改变,它不再是群众性的调解组织,而是变成了一个具有治安保卫性质的安保团体。更有甚者,有些地方还赋予了调处组织一定的强制惩罚权力,例如由中共河南省委员会在 1958 年 9 月 12 日发布的《关于制定爱国公约、建立调处委员会暂行办法(草案)》,其中有些条文就规定,调处委员会一般采取说服教育的办法进行工作,但是对于一些个别人员,如果经过说服教育仍不悔改和继续违反公约的,调处委员会除了责令检讨、赔偿损失和赔礼道歉以外,还可以采取强制的办法分情况给予除了,比如具结悔过、劳动教养等。从 1961 年到 1966 年期间,中央意识到了以前的错误,并且及时给予了纠正,一些地方在其发布的通知和指示当中,也明确指出要重视调解干部的培训,调解纪律的加强,调解质量的提高和调解经验的总结,通过这段时间的纠正,大量积累的案件纠纷得到解决,人民调解又开始恢复和发展。第二次波折是 1966 年至 1976 年,在"文化大革命"期间,社会主义的法制和民主受到了严重的践踏,人民调解委员会作为社会主义法制和民主的重要组成部分,也受到了严重的冲击,大部分区乡的调解委员会被当作"修正主义"和"阶级调和"的货色取消,[①] 人民调解制度也在我国名存实亡。

"文化大革命"之后,特别是在党的十一届三中全会以后,党中央高度重视社会主义民主和社会主义法制建设,并且把它当作坚定不移的方针提出来,我国的人民调解制度进入了一个新的发展阶段。根据 1979 年 11 月 29 日第五届全国人民代表大会常务委员会第十二次会议通过的《关于中华人民共和国建国以来制定的法律、法令效力问题的决议》的规定,于 1980 年年初,经全国人民代表大会常务委员会批准,又重新公布了《人民调解委员会暂行组织通则》,于此同时司法部又对其有关组织设置的条文作了修正说明,人民调解委员会归司法行政部门直接领导和管理。1981 年 11 月司法部制定并公布了《司法助理员工作暂行规定》,其中对司法助理员的工作原则、制度、职责和纪律作了详

---

① 江伟、杨荣新:《人民调解学概论》,法律出版社 1990 年版,第 33 页。

细的规定。1982年3月第五届全国人民代表大会常务委员会公布了《中华人民共和国民事诉讼法（试行）》，在其中肯定了人民调解的法律地位，并且还把它规定为民事诉讼法的一项基本原则。1982年颁布的《中华人民共和国宪法》当中也有人民调解委员会的相关规定，人民调解委员会得到了国家根本大法的保障，这大大的提高了人民调解委员会的法律地位。1986年12月中国法学会和司法部联合在北京召开了"人民调解理论讨论会"，这是历史上第一次专门关于人民调解制度的全国性学术会议，这是人民调解制度在理论领域发展的一次伟大实践，它为人民调解制度的科学化、系统化奠定了良好的基础。如表2.3所示，此时人民调解委员会、人民调解员和调解案件的数量都有了显著的变化，1988年的调解委员会数量比1983年增长了75501个，调解人员的数目增长了812675人，而同时期的律师数目只增长了16410人，人民调解在国家建设当中的作用也越来越得到重视。1989年至今制定和发布了一系列的相关法律法规，是当下人民调解工作进行的主要依据。

表2.3　　　　　　　　人民调解员规模变迁（1983—1988年）

年份	调解委员会数目（个）	调解人员数目（人）	律师数目（人）
1983	927134	5557721	15000
1984	939561	4576335	18500
1985	977499	4738738	20000
1986	957589	6087349	21546
1987	980325	6205813	27000
1988	1002635	6370396	31410

资料来源：季卫东：《调解制度的法律发展机制——从中国法制化的矛盾入手》，易平译：《比较法研究》1999年第3—4期。

表2.4　　　　　　　当下人民调解员工作的主要法律依据

年份	制定或发布单位	法律文件名称
1987	全国人大常委会	《中华人民共和国村民委员会组织法》
1989	全国人大常委会	《中华人民共和国城市居民委员会组织法》
1989	国务院	《人民调解委员会组织条例》
1990	司法部	《民间纠纷处理办法》
1991	全国人大	《中华人民共和国民事诉讼法》
1991	司法部	《人民调解委员会及调解员奖励办法》

续表

年份	制定或发布单位	法律文件名称
1991	司法部	《关于适用〈人民调解委员会组织条例〉第九条第二款有关问题的通知》
1994	司法部	《跨地区跨单位民间纠纷调解办法》
2002	司法部	《最高人民法院、司法部关于进一步加强新时期人民调解工作的意见》
2002	最高人民法院	《最高人民法院关于审理涉及人民调解协议的民事案件的若干规定》
2002	司法部	《人民调解工作若干规定》
2004	司法部	《最高人民法院、司法部关于进一步加强人民调解工作切实维护社会稳定的意见》
2009	最高人民法院	《最高人民法院关于建立健全诉讼与非诉讼相衔接的矛盾纠纷解决机制的若干意见》
2011	最高人民法院	《最高人民法院关于人民调解协议司法确认程序的若干规定》
2011	全国人大常委会	《中华人民共和国人民调解法》

三 结语

通过对史料和相关文件的梳理，可以得出乡村人民调解员和历史上的各种调解形式都是无法割舍的，它不是某一种调解模式单纯延续的产物，而是结合党的群众动员式国家治理方式产生一种综合纠纷解决群体，它和历史上的各种调解模式之间是孰近孰远的关系，而不是孰有孰无的关系。从它的产生和发展过程可以看出，它更接近于是一种民间调解员的变体，原因有二。

第一，与以往统治者在"旗帜"上的决裂。人民调解被共产党称为"东方一枝花""中国的优良传统之一"，这里的"传统"是指在陕北革命根据地建立的传统，和以往的传统是有质的区别的，它是与历朝帝国和民国的任何制度都划清界限的传统。① 正是共产党与以往统治者的这种决裂，导致了其对"旧法"的拒绝继承，② 形成其传统的调解是和历

---

① 柯恩：《现代化前夕的中国调解》，王笑红译，载强世功《调解、法制与现代性：中国调解制度研究》，中国法制出版社2001年版，第93页。
② 同上。

朝帝国官方的调解格格不入的，与儒家思想所深刻影响的半官方的宗族调解、管批民调等相悖的，所以依托于这种制度的人民调解员也是"独树一帜"的。

第二，处理纠纷方式的不可隔断性。共产党虽然在否认了"旧法"的可继承性，但是人民调解不是凭空出现的，在以往的历史尘土中我们是能够找到其痕迹的。共产党认为人民调解不是源于地主官僚欺压百姓的工具，而是人民群众在受压迫的历史长河中自己寻求的一条定纷止争的道路，从而这条道路是和民间调解具有了某种"天然"的不可分割性。与民间调解员所不同的是乡村人民调解员是有组织动员的民间调解员，历史上的其他调解模式对乡村人民调解员的产生和发展也有不同的影响，但相对较远一些。

第二节 人民调解员群体研究评述

一 研究视角的分类及研究介绍

虽然关于乡村人民调解员群体研究的相关文章较少，但还是有些相关的论述。有学者将有关中国调解制度的研究分为三种不同的理论路径，即纠纷解决的社会功能分析、文化解释分析和权利技术分析。① 我们在这里借用上述学者的分类，将有关人民调解员的研究归纳为三种视角，即功能主义的视角，工作机制的视角和历史传统的视角。

（一）功能主义视角

坚持功能主义视角的学者认为人民调解员的存在是对国家某种功能需要的体现，这种功能是政治功能，或者是社会功能。人民调解员是共产党价值观念的实施者，它与党的一些目标和信念是紧密联系的，比如说依靠这些人民调解员在其工作过程中的宣传来激发人民群众参与政治生活的热情；"党与人民大众保持一贯的紧密联系，通过宣传、讨论、

---

① 强世功：《文化、功能与治理——中国调解制度研究的三个范式》，《清华法学》2002年第2期。

说服、教育工作以考量群众对政策的反应并领导群众行动",① 人民调解员在其中起到了重要的作用。群众路线在中国的管理模式里面有着非常重要的影响,坚持群众路线并不是利用国家的强制力来保证广大群众对政策的支持,而是运用一些可行的渠道提高他们的觉悟水平和理解水平,使得党和国家的政策变成人们的自觉行动,人民调解员就是这个可行的渠道之一。我们以上所论及的是人民调解员政治功能的重要体现,随着社会的发展其功能也逐步地由政治功能向社会功能转变,这也是国家法治化进程的重要体现。与新中国成立初期为了更进一步地铲除旧的社会秩序建立新的社会秩序不同,当下的时代是为了稳定现有的社会秩序,经济发展为中心作为党的基本路线的核心内容也赋予了人民调解员以新的功能,对于人们行为的重视要超过对于思想的重视,对于人们之间纠纷解决的重视要大于对于人们意识形态的控制,维护现有的社会秩序和解决纠纷是人民调解员的首要任务,也是他们的职责所在。② 除了上述的政治功能和社会功能之外,人民调解员当然还有其他的很多功能,但是运用功能主义视角分析人民调解员的学者主要是从这两个方面的功能入手的。

(二)工作机制的视角

所谓工作机制的视角是指通过分析人民调解员在其调解过程当中所采用的权力技术和策略,来研究人民调解员的一种视角。人民调解员在调解每一个案件的时候都把自己置于一个特定的场景和特定关系之中,通过运用不同的权力资源、权力技术和策略来达到一定的预期效果。在人与人相互熟悉的乡村当中,每个人都是一张大网上的一个点,他们之间的关系是错综复杂的,人民调解员作为其中的一分子也不例外。人民调解员的经济条件、地位、辈分、文化程度、家族势力和其本身在村民心目当中的威望是他们动用自己权力资源和运用权力技术的前提,在调

---

① 陆思礼:《毛泽东与调解:共产主义中国的政治和纠纷解决》,许旭译,载强世功《调解、法制与现代性:中国调解制度研究》,中国法制出版社 2001 年版,第 177—203 页;丁敏、克千:《关于农村中人民调解委员会的作用》,《法学》1958 年第 6 期。
② 季卫东:《调解制度的法律发展机制:从中国法制化的矛盾情景谈起》,易平译,转引自强世功《调解、法制与现代性:中国调解制度研究》,中国法制出版社 2001 年版,第 1—87 页;范愉:《社会转型中的人民调解制度——以上海市长宁区人民调解组织改革的经验为试点》,《中国司法》2004 年第 10 期。

解过程当中他们谈话的语气、肢体的动作和表现出来的态度都是这种权力资源和权力技术运用的具体表现，调解所达成的协议也是上述所有这些因素合力的结果。① 另一些坚持工作机制分析视角的学者从人民调解员工作程序入手，对人民调解员的素质、工作要求和工作原则等进行全面的介绍。人民调解员的工作看似非常简单，实际上也是非常繁杂的，首先他们必须具备一定的政治素质、道德素质、心理素质、语言素质和法律素质；其次在调解的过程当中要知道必要的流程，比如说调解的申请、受理和必须掌握的一些调解技巧等；最后是调解文书的制作，虽然有很多的调解最后都没有制定书面的调解协议，但是对于调解笔录归档、保存还是必需的。②

（三）历史传统的视角

从历史传统的视角来分析的学者们认为人民调解员的存在是历史文化传统影响的结果，它有着深厚的社会和历史基础，其中最为重要的是受儒家价值观念的影响。中国传统社会当中，占统治地位的儒家思想所坚持的价值观念是仁爱、秩序、等级、和谐与责任，它比较注重对现有社会秩序的维护，儒家认为对稳定秩序的破坏是一种不好的行为，一旦社会秩序遭到了破坏，人们应该采用最为温和的方法来修复它。儒家讲究"仁"，从字面意义上讲，"仁"就是两人相处的意思，"人不能离开他人单独生存，必须与他人相搭档，相配合"，③ 这就要求人们在生活当中要"克己"，时时刻刻要"自省"。儒家对于人们有一种期望，那就是通过改造自己的行为，来获得对方的积极响应，从而使纠纷得以平息。在纠纷发生的时候，儒家提倡有理的一方要拿出自己的宽容，无理的一方要深刻认识到自己的错误，如果其中一方据理力争，把官司告到了官府的话，这会被认为是一件非常没有"面子"的做法，这不仅伤了对方的"面子"，也伤了生活在这个圈里其他人的"面子"，特别是经常充当村庄调解人的"面子"。虽然社会体制和人们的生活环境在发

---

① 强世功：《权力的组织网络与法律的治理化——马锡五审判方式与中国法律的新传统》，《北大法律评论》2000年第3期；[日] 高见泽磨：《现代中国的纠纷与法》，何勤华等译，法律出版社2003年版，第25页。
② 李刚：《人民调解概论》，中国检察出版社2004年版，第30页；陈娴灵：《当前农村涉地纠纷及其调解原则》，《湖北社会科学》2008年第3期。
③ 王处辉：《中国社会思想史》，中国人民大学出版社2002年版，第98页。

生着翻天覆地的变化，但是在乡村当中，这种传统并没有发生太大的改变，"非常有必要指出，共产党的地方警力、党员、共青团员、官僚、工会积极分子、调解委员会成员以及其他半官方的人物取代了解决村庄、宗族和行会大多数纠纷的士绅和权威人物"①。人民调解员的存在是有原因的，它是对以往调解工作主持者的继承，它是中国传统历史和文化使然的结果。②

二 研究视角的评述

以上三种视角只是笔者粗略的归纳概括，在学术界可能还存在着其他的视角分析，但是最为主要的就这三种，其中各个分析视角之间的区别也不是绝对的，有些学者同时用两种或者两种以上的分析视角来研究，这只是一个相对的分类。由于乡村人民调解员研究的相关文章数量有限，所以笔者在这里提到的都是相关的论述，但正是这些相关的研究为后来者提供了一套系统的研究方法和一个较高的研究平台，也为人民调解员研究理论体系的形成奠定了基础。这些相关的研究也存在一些不足，首先，现有文献当中的大部分都是在研究人民调解制度的同时一笔带过，并没有对人民调解员进行展开研究，有些文章只是对人民调解员的工作进行流水式的介绍，根本算不上研究性的文章；其次，大部分直接关于人民调解员的文章都是对一些"模范调解员"优秀事迹的报道，或者是对一些调解案例的报道，并没有对背后的问题作进一步的分析；最后，现有文献并没有对人民调解员进行角色定位，如果不解决人民调解员在纠纷解决机制当中的角色定位问题，那么就很难在理论上和实践上有重大突破。笔者在研究当中兼备了以上三种研究视角，并没有只局限于其中一个视角，因为研究视角只是给研究者提供了一个研究的路径，最为重要的还是我们所研究的问题：在中国社会的转型时期，乡村人民调解员在面临现代性问题挑战时以什么样的形态呈现。乡村当中的人民调解员问题并不是一个普世性的问题，它是中国乡村当中的一个特殊现象，这也是本研究的出发点和立足点。

---

① 柯恩：《现代化前夕的中国调解》，王笑红译，载强世功《调解、法制与现代性：中国调解制度研究》，中国法制出版社2001年版，第88—116页。
② 梁治平：《寻求自然秩序中的和谐》，中国政法大学出版社2002年版，第67页；张中秋：《比较视野中的法律文化》，法律出版社2003年版，第77页。

第三章

乡村人民调解员群体的静态描述

第一节 行政色彩的主导：镇政府人员兼任的人民调解员

笔者在调研中发现镇政府为了做好维护地方稳定的工作，有很多的政府人员参与到了乡村人民调解当中，其中最为主要的镇政府人员是乡镇司法所的人员，但是镇政府其他部门的人员也有参与乡村人民调解的现象。

一 镇政府人员兼任人民调解员基本状况描述

（一）构成状况

在这里笔者以 S 县 L 镇和 S 镇为分析样本，对镇政府人员兼任人民调解员的状况进行描述。两镇镇政府人员兼任的人民调解员数量共 17 人，这 17 人全部为乡镇级人民调解员。两镇镇级人民调解委员会共 17 人，全部都是由镇政府人员构成，其中司法所人员 5 人，占镇政府人员兼任人民调解员总数的 29.4%。女性调解员有 5 人，占镇政府人员兼任人民调解员总数的 29.4%。镇政府人员兼任的人民调解员全部都是党员。学历构成为：本科学历的有 4 人，占总数的 23.5%；大专学历的有 11 人，占总数的 64.7%；高中学历的有 2 人，占总数的 11.8%。年龄结构为：35 岁以下的有 3 人，占总数的 17.6%，35 岁至 40 岁的有 7 人，占总数的 41.2%；40 岁至 45 岁的有 4 人，占总数的 23.5%；45 岁以上的有 3 人，占总数的 17.6%。此外，他们的产生方式都是选举产生。

（二）状况分析

通过上述情况可以看出，镇政府人员兼任的人民调解员全部都在镇级人民调解员当中,村级人民调解委员会与调解员中不存在镇政府人员兼任人民调解员的状况,这在笔者调研的其他乡镇同样是这种状况。镇政府人员兼任的人民调解员当中,一般必然包含妇女主任、司法所、派出所和信访办的人员,对于其他部门的人员则因地而异。镇政府人员兼任的人民调解员一般都是共产党员,并且都是男性,他们的学历程度通常也要比其他人民调解员高,其中大专学历的人员占的比例最多,初中及以下学历的几乎没有。其年龄构成比较年轻化,40 岁以下的人员占到大部分,50 岁以上的人员基本比较少见,这也是对国家提倡干部年轻化的一种响应。由于每个乡镇的大小不同,所以他们的人民调解员总数也就存在很大的差异,镇政府人员兼任的人民调解员在人民调解员总数当中的比例也就因地而异,不存在参考价值。此外,从 L 镇政府提供的资料上来看,镇政府兼任的人民调解员的产生方式都是选举,但是在调研当中了解到的实际状况却是:大部分情况下都是指定产生的。

从镇政府兼任人民调解员的总体构成上来看,他们主要包括两部分,一部分是符合法律规定的司法所人员兼任的人民调解员,另一部分是不符合法律规定的其他镇政府人员兼任的人民调解员,但无论哪一种状况都是行政权的一种涉入,下面我们就从司法所方面入手,对镇政府人员兼任人民调解员的行政色彩进行分析。

二 乡镇司法所的现状

(一) 司法所的概况

司法所是司法行政机关在乡镇(街道)的派出机构,它是最基层的一级司法行政机构,其主要任务是负责直接面向广大人民群众的基层司法行政工作。乡镇司法所的建立是在 20 世纪 80 年代[①]。早期的乡镇司法所的工作人员都是一些没有什么法律背景的人员,他们所做的法律服务也只是简单地代写文书和诉状,解答一些简单的法律问题。在司法所内部设置方面,《关于进一步加强乡镇司法所建设的意见》指出:"司法所一般按行政区划单独设置,原则上每个乡镇(街道)设置一个司法所。根据工作需要,也可在经济技术开发区、农林牧区、大型集贸市

---

① 李湘宁、徐书鸣:《离婚纠纷中的情感、财产与"正义"——基于李镇档案的研究》,转引自苏力《法律和社会科学》,法律出版社 2013 年版,第 69—104 页。

场等区域设置司法所。司法所实行县（市、区）司法局和乡镇人民政府（街道办事处）双重管理，以司法局为主的管理体制。司法所应当由三名以上人员组成，实行所长负责制。司法所工作人员一般应具备国家公务员条件，热爱司法行政工作，具有相关的法律专业知识和一定的工作经验。司法所工作人员的录用必须坚持'凡进必考、省级统考'的原则，由省级司法行政机关会同人事部门按照规定程序和标准，面向社会公开招考。新任命的司法所长应当具有大专以上法律专业学历或相当学历。司法所有三名正式党（团）员的，应建立党（团）支部。"此外，还要求："司法所的机构和队伍在机构改革中只能加强，不能削弱，更不能撤并。已经普遍建立司法所的地区，要全力稳定和巩固司法所，保机构、保编制、保队伍，并力争得到进一步的充实和加强；尚未建立司法所的地区，要加大攻关协调力度，努力创造条件，力争尽快把司法所建立发展起来。凡司法所在县乡机构改革中与其他职能机构合并或合署办公的，应力争保留司法所的职能和司法行政单列编制及专职人员，继续履行基层司法行政各项职能，接受县区司法局的指导。"

2001年5月25日中央机构编制委员会办公室综合司、司法部改治部发布的《市县乡司法行政机关机构改革座谈会纪要》当中指出："司法行政机关是政法机关的重要组成部分。近年来，司法行政机关在打击违法犯罪、执行刑罚、改造罪犯、保护人民群众生命财产安全、维护社会政治稳定、服务城乡经济建设等方面做了大量工作，发挥了重要作用。"司法部《关于进一步加强乡镇司法所建设的意见》当中指出："乡镇司法所是基层政权建设的重要组成部分。2001年，中央工作会议强调要加强派出所、司法所、人民法庭等基层政法组织建设。2006年1月，国务院常务会议审议并原则通过了《中西部地区基层派出所、乡镇司法所、人民法庭建设规划》。《中共中央关于构建社会主义和谐社会若干重大问题的决定》明确要求大力加强公安派出所、司法所、人民法庭等基层基础建设。中央领导同志多次就加强司法所建设作出重要指示。各级司法行政机关认真贯彻党中央、国务院和中央领导同志的指示精神，在各级党委、政府领导下，在有关部门大力支持下，大力加强司法所建设，取得了显著成绩，为促进经济社会发展、维护社会和谐稳定、推进社会主义民主法治建设作出了积极贡献。"在基层政法机构体系中，司法所是基层政法组织机构之一，它与公安派出所、法庭共同构成我国乡镇（街道）一级的政法体系，成为我国基层司法运行机制中不可缺少的重要组成部分。在基层社会治安综合治理机构体系中，司法所是司法行政系统参与基层综合治理工作的重要成员单位，处在化解人民内部矛盾、预防和减少犯罪的第一线。

司法所虽然在我国的社会治理当中起着十分重要的作用，但是由于各种问题的存在，所以其重要作用并没有得到应有的发挥，比如《司法部关于加强司法所建设的意见》中指出："一些地区对司法所建设的重要性认识不足，重视不够，指导管理不力；已建司法所制度不够完善，机构、编制、财政保障体制等没有得到有关部门的认可或落实；司法所的管理体制不统一、业务不规范；司法所人员的政治素质、业务素质普遍需要提高等，有必要进一步加强司法所建设。"还有《市县乡司法行政机关机构改革座谈会纪要》中指出："市县乡司法行政机关存在着的与其他政府机关具有共性的如职能转变不到位、机构设置不规范、人员结构不合理等问题，妨碍着司法行政机关职能的履行和作用的发挥，必须在这次机构改革中加以解决。"2009年1月27日，《中共中央办公厅、国务院办公厅转发〈中央机构编制委员会办公室关于深化乡镇机构改革的指导意见〉的通知》中提到根据党的十七大和十七届二中、三中全会关于深化乡镇机构改革、加强基层政权建设的精神，中央决定，在总结试点经验的基础上，在全国推开乡镇机构改革。现就深化乡镇机构改革提出了指导思想和基本原则；着力推进职能转变；严格控制机构及人员编制；创新事业站所管理体制和加强组织领导等方面的意见。

（二）司法所的具体任务

《司法部关于加强司法所建设的意见》规定司法所主要承担以下职能：（1）协助基层政府开展依法治理工作和行政执法检查、监督工作；（2）指导管理人民调解工作，参与重大疑难民间纠纷调解工作；（3）指导管理基层法律服务工作；（4）代表乡镇人民政府（街道办事处）处理民间纠纷；（5）组织开展普法宣传和法制教育工作；（6）组织开展对刑满释放和解除劳教人员的过渡性安置和帮教工作；（7）参与社会治安综合治理工作；（8）完成上级司法行政机关和乡镇人民政府（街道办事处）交办的其他有关工作。司法部《关于进一步加强乡镇司法所建设的意见》当中提到司法所主要承担九项职能：（1）指导管理人民调解工作，参与调解疑难、复杂民间纠纷；（2）负责社区矫正工作，组织开展对社区矫正人员的监督管理、教育矫正和社会适应性帮扶；（3）协调有关部门和单位开展对刑释解教人员的安置帮教工作；（4）指导管理基层法律服务工作；（5）组织开展法制宣传教育工作；（6）组织开展基层依法治理工作，为乡镇人民政府（街道办事处）依法行政、依法管理提供法律意见和建议；（7）协助基层政府处理社会矛盾；（8）参与社会治安综合治理工作；（9）完成上级司法行政机关和乡镇人民政府（街道办事处）交办的维护社会稳定的有关工作。从上面两个文件关于司法所职能规定的对比可以看出，除了最后一条，其他的几条基本上没有太大的变化。最后一条与此前的文件规定相比增加了维稳任务，这也是近些年政府部门工作的重点。《中共中央办公厅、国务院办公厅转发〈中央社会治安综合治理委员会关于进一步加强社会治安综合治理基层基础建设的若干意见〉的通知》指出："深入开展平安建设、维护社会和谐稳定是社会治安综合治理的基本任务。只有切实加强基层基础建设，才能把社会治安综合治理的各项部署和要求落到实处，维护社会和谐稳定才具有坚实基础。"同时这也是近些年乡镇司法所改革的方向。

除此之外，基层司法所还负责信访和法律服务工作，以往法律服务方面的工作主要由法律服务所开展。近年来随着国家行政机关的改革，法律服务所逐步脱离了司法所，变成了一个为弥补律师的不足而专门提供法律服务的营利机构。现在的法律服务所不再是国家行政机关的编制，变成了和律师事务所一样的自负盈亏机构。以往由法律服务所负责解答法律咨询，代写法律事务文书和协助办理公证事项的任务就由司法所来承担。

在实践当中，司法所的任务与上面的叙述还是有一定出入的，上述司法所的九大任务之首就是指导和参与人民调解的工作，但是在实际的工作当中司法所的运行现状究竟是怎样的呢？下面我们可以通过一段访谈（MSSS56-2014-03-23），来了解一下当下司法所的现状。

  问：咱们司法所现在有几个人？
  答：两个，一个是我（司法所长），另外一个是以前法律服务所的所长。

问：现在咱们的主要工作是什么？

答：在下面包村和社区矫正。

问：包村的主要工作是什么？

答：负责和协助其他部门处理所包村的所有事务。

问：人民调解工作在你所有工作当中能占到多大的比例？

答：这只是很小的一部分，只有当村里有问题找到了我们才去调解，一般闹到乡里的矛盾纠纷也不多。

问：咱们乡镇里面的工作人员都包村吗？

答：除了副科级以上的干部、国土部门和派出所，其他大部分的人都有包村的任务。

包村现在不仅是司法所的主要任务，也是乡镇政府的主要任务。所谓包村，是指现在把乡镇的行政村分成若干小组，每个小组由乡镇政府的一人到二人负责，发生在所包村里的所有事务，包括计划生育、收医疗保险费和水费、发放粮食补贴和养老保险、调解矛盾等都由包村的人和村干部共同负责。司法所的人员除了负责全乡镇的司法行政工作之外，还要负责自己所包村的上述事务。包村是我国的一种治理方式，把所有责任具体到个人，哪个村里出了事情就由具体的负责人负责，如果包村人员对于发生的事情处理不了的话，可以报上一级的领导处理，这样就更有利于对乡村的管理。

从笔者对S县10个乡镇的调查结果来看，每个乡镇司法所的工作人员都不超过两人，甚至有些乡镇的司法所只有司法所所长一人。上述司法所的任务对于一个人来说是相当繁重的，在工作时间和精力有限的情况下，司法所的人员就会对任务有所取舍，相比而下人民调解工作在司法所所有工作当中的比例就不会太高。从表3.1当中我们可以看出，司法所人员SGX在2013年直接参与调解的案件只有两件，占总数的8.3%，包案负责的纠纷案件也不过13件，占总数的54%。按照乡政府的分工来说，所有这些纠纷案件都应该由司法人员参与调解，但是实际的情况并不是这样的。造成这种局面的原因是什么呢？第一，因为司法所的工作重点并不是在人民调解上面，司法部《关于进一步加强乡镇司法所建设的意见》当中提到的完成上级司法行政机关和街道党工委、办事处交办的维护社会稳定的有关工作才是他们的主要任务。《中共中央办公厅、国务院办公厅转发（中央社会治安综合治理委员会关于进一步加强社会治安综合治理基层基础建设的若干意见）的通知》指出："党中央、国务院历来高度重视社会治安综合治理工作，特别是党的十七大以来，中央多次就加强社会治安综合治理工作进行部署和安排，并就加强基层基础建设作出一系列重要指示。地方各级党委、政府和综治工作各部门按照中央要求，立足实际，积极探索，创造了许多加强社会治安综合治理基层基础建设的好经验好做法，为维护社会治安秩序、保持社会大局持续稳定发挥了重要作用。"A 市 J 镇的司法所门口就挂着综治维稳中心的牌子，可见维护社会稳定在司法所工作当中的地位。

第二，因为其他的包村人员替代司法所的功能对案件进行了处理。从表 3.1 当中我们可以看出，除了 S 所长直接参与的两个纠纷案件之外，其他的 22 个纠纷案件都是由包村人员和村干部直接参与调解的。

第三，因为责任分工导致了司法所人员的工作重心放在了包村的任务上。司法所人员对于所包村之外其他村里的事务是不负责的，他们所负责的是自己所包村的所有事务，不仅仅是司法所职责范围内的事务。

这种分工的结果就是其他村即使是司法所职责范围内的事务，司法所的人员对其处理结果也不负责任，自然其他村里的纠纷调解和自己也就没有什么关系。这种分工也有它自己的优点：（1）包村人员对于自己所包村里的情况比较了解，他们处理所包村的矛盾纠纷就会得心应手，司法所的人员反而不了解其他村里的情况，即使参与了调解，主要也是听取其包村人和村干部的意见，这样一来，司法所人员的参与也就变得多余。（2）同样对于司法所人员所包村的事务，其他部门的人员也不太了解，比如说计划生育，每个村里怀孕妇女的数量、适育年龄妇女的数量，包村的司法所人员都了如指掌，计划生育部门的人员如果绕过包村的司法所人员去开展工作的话，就会得不偿失。（3）这种再次分工使得责任更加明确，每个部门的人员只是对自己部门的事务起到统筹作用，但是并不一定具体过问，而是由具体的包村人员负责，从而也就大大提高了工作效率。

表 3.1　　　　　　2013 年 L 镇司法所人民调解统计表

序号	发生单位（行政村）	纠纷类别	调处责任单位责任人	乡镇领导包案责任人	督办回复或者处结时间
1	袁×村	土地纠纷	袁某某、朱某某	李某某、刘某某	2013-05-07
2	崔×村	家庭婚姻	蒋某某、郭某某	宋某某、陈某某	2013-05-10
3	张×村	婚姻纠纷	张某某	刘某某、马某某	2013-05-28
4	崔×村	家庭婚姻	廉某、宋某某	刘某某	2013-06-04
5	刘×村	家庭婚姻	廉某、李某某	刘某某	2013-06-16
6	周×村	拖欠工资	武某某、华某某	石某某	2013-06-23
7	包×村	家庭婚姻	廉某、宋某某	石某某	2013-07-10
8	袁×村	宅基纠纷	郭某某、武某某	李某某	2013-07-20
9	半×村	树木纠纷	许某某、许某某	石某某	2013-07-25
10	梁×村	树木纠纷	徐某某、郝某某	石某某	2013-08-10
11	袁×村	赡养纠纷	宋某某、袁某某	石某某	2013-08-20
12	包×村	婚姻纠纷	廉某、郭某某	李某某	2013-09-05
13	文×村	信息骚扰	郑某某、文某某	石某某	2013-09-30
14	贾×村	债务纠纷	任某某、张某	权某某	2013-10-12
15	帅×村	婚姻纠纷	宋某某、韩某某	石某某	2013-10-20
16	包×村	婚姻纠纷	宋某某、房某某	石某某	2013-10-26
17		婚姻纠纷	宋某某、陈某某	石某某	2013-11-12
18	奶××村	财产赔偿	石某某、胡某某	石某某	2013-11-16
19	陈××村	婚姻纠纷	胡某某、刘某某	石某某	2013-11-26
20	包×村	宅基纠纷	胡某某、郭某某	石某某	2013-12-06
21	贾×村	赡养纠纷	胡某某、任某某	权某某	2013-12-10
22	袁×村	土地纠纷	胡某某、石某某	李某某	2013-12-20
23	周×村	地邻树木	胡某某、华某某	石某某	2013-12-30
24	黄×村	地邻树木	陶某某、许某某	权某某	2013-12-31

资料来源：根据《S 县矛盾纠纷排查调处情况登记台账》整理而成。

（三）司法所的人民调解状况

乡镇政府记录在案的人民调解案件都是当事人找到乡镇政府的案

件，对于普通的案件当事人是不会找到乡里的，只有当村里不能够解决或者解决的结果一方不满意的时候才会找到乡里，所以记录在案的人民调解的数量与乡村实际的人民调解案件数量的差距是非常大的。我们可以通过对 L 镇 B 行政村支部书记 X 的访谈录中了解到上述情况。（MSCX2-2013-11-29）

> 问：咱们行政村每年大概有多少村干部参与调解的纠纷？
> 答：大概有五六起吧。
> 问：这案件咱们调解的成功率大概是多少？
> 答：基本都能够调解成功。
> 问：如果调解不成功的话怎么办？
> 答：不成功的话，就让当事人自己找乡里解决吧，不过回头乡里还是争取我们的处理意见，因为乡里也不了解咱们村里的情况，最后处理的结果和我们开始的处理结果也基本一致，所以他们一般也不会找到乡里。
> 问：咱们村近几年有几起案件是通过村里调解不成功而找到乡里的？
> 答：这几年没有一起这样的，但是有没经过村干部调解直接找到乡里的案件，最后乡里把案件又交给我来处理。

通过表 3.1 可以知道，在 2013 年记录的 B 行政村的人民调解案件只有一件，但是实际上的人民调解案件是 5 件，记录在案的只占总数的 20%，如果按照这个推算的话，《中华人民共和国法律年鉴》当中所记载的人民调解案件的数量可能要远远小于实际的数量。乡镇司法所相当于乡村纠纷的终审法院，它是乡村人民调解的最后一道防线，若镇司法所还调解不了的案件就会交到派出所等其他部门处理，或者是告知当事人进行起诉。通过 B 行政村的情况可以知道，在 2013 年经过村干部调解的 5 件矛盾纠纷当中，没有一件最后闹到乡里再次调解的，都是在村里解决掉的。就像上面对村干部的访谈中所提到的那样，即使闹到了乡里，乡司法所的人员还是依靠村干部的意见来处理此事，这样和村干部开始处理的结果就基本一致，大部分当事人对村干部的处理结果都比较信服，有不信服的就直接起诉了，也不报乡里再次调解了。

下面通过一段访谈（MASZ9－2013－10－16）来探讨一下《中华人民共和国法律年鉴》当中人民调解数据来源的途径。

> 问：咱们司法所上报的人民调解数据是对所有人民调解案件的记录吗？
>
> 答：不是，如果对每一个案件都进行记录的话，那个工作量是非常大的，那样我们就没有时间干别的工作了。我们没有这个精力和时间，最主要的还是人手不够，乡里又不愿意给我们增加人手，我们还有包村和其他工作。
>
> 问：咱们上报的人民调解数据是怎么得出来的呢？
>
> 答：我们会找一个面积大小和村民数量中等的村庄，对其过去一年人民调解案件的数量进行统计，然后以此村为平均数乘以全镇村庄数最后就得出了全镇过去一年大概的人民调解数量。
>
> 问：这样得出的数据会不会不太准确呀？
>
> 答：如果说非常的精准那是不可能的，但是和实际的情况差别也不大，因为关于什么样的调解才是人民调解这个问题就不是很清楚，我们现在把所有村干部参加的调解都定为人民调解，这显然和《中华人民共和国人民调解法》规定的不太一样，但是村干部确实就是在履行人民调解员的职能。

对乡村每一个人民调解案件都进行详细的记录也是不太现实的，我们所采用的最好统计方法就是上面受访者所提到的估算法。

三　行政权对乡村的辐射

在调研的过程中遇到了两个这样的案例，

案例一：J与T是邻居，双方因为宅基地纠纷发生口角，随着矛盾的激化，导致了肢体冲突。最后警察把双方都带到了派出所，派出所人员经过调查发现是因为一些琐事产生的矛盾，所以把此案件交给了司法所和村干部进行处理。司法所人员对此纠纷进行了调解，最后达成了调解协议，但是没有制定书面的调解协议书。因为调解达成的时间接近过年了，所以司法所人员提出等过了年之后再执行调解的情况，但是第二天 J 对于调解的结果又反悔了。事情就此发生了转变，司法所人员把双方又叫到司法所进行劝导、说服，并且告诉他们如果此事得不到妥善处理，很有可能被交回派出所处理，对双方都没有什么好处，最后双方达成并执行了协议。

案例二：F 家的羊吃了 S 母亲家的玉米，于是 S 的母亲就在街上谩骂，F 出来解释说羊是牲畜，它又没有人性，吃了就吃了，又能怎么样？S 的母亲听了这番话之后非常生气，由于原来她的身体就不好，一气之下住进了医院，这时 S 就让 F 赔钱，F 的态度也非常地强硬坚持不赔，于是 S 就报警了，派出所发现这是琐事，就把此事交给了司法所和村干部进行处理。最后处理的结果是没有达成调解协议，司法所又把此案件交给了派出所，派出所对双方进行了拘留，由于 S 的母亲年龄较大，只对 F 进行了拘留，事情就此结束。

通过上面的两个案例可以得出，虽然人民调解委员会是群众性的自治组织，但是它的背后有隐形的行政权在起作用。这种隐形行政权的影响因素主要表现在以下几个方面。

(一) 司法所本身的性质

司法部《关于进一步加强乡镇司法所建设的意见》中提出："要把乡镇司法所组织建设同基层政权建设、社会治安综合治理基层组织建设紧密结合起来，在乡镇机构改革中，进一步健全司法所组织机构，不断扩大司法所工作覆盖面。要积极向党委、政府汇报，将司法所建设列入当地经济社会发展规划。尚未解决司法所机构设置的地方，要抓紧机遇，尽快予以解决；已经解决的地方，要按照'机构独立、编制单列、职能强化、管理规范'的要求，加强司法所规范化建设，提升司法所建设整体水平。要积极争取党委、政府和有关部门重视支持，进一步理顺司法所管理体制，实现司法所双重管理、以司法局管理为主。大力加强对理顺体制后司法所的组织管理，确保司法所依法、全面、正确履行职责，确保县区司法局与司法所形成上下协调、运转有序、灵活便利的工作运行机制和管理机制。加强对司法所的指导，进一步增强司法所和基层干部服务党委政府、服务人民群众的能力。司法所要立足基层、植根乡镇，自觉接受乡镇党委政府的统一领导和指导，自觉为乡镇中心工作服务，为基层党委政府服务，为人民群众服务。"司法所的任务之一虽然是指导管理人民调解工作，参与调解疑难、复杂民间纠纷，但是它首先作为基层的行政机构而存在。司法所人员在行使大部分职权的时候所表现出来的都是国家角色，比如说代表国家对刑满释放人员和监外执行人员进行管理等。在普通老百姓心目当中，它和派出所、派出法庭以及镇政府的其他机构没有本质的区别，它们都是公权力和国家的象征。村民认为把事情闹到乡里就代表着公权力的介入，与其说乡镇司法所对矛盾进行调解，倒不如说是对矛盾进行调处，司法所在调解矛盾的同时也在代表国家处理问题。上面的两个案例都是派出所首先介入，之后发现案件并不是想象的那么严重，所以就想用更为缓和的办法进行解决，就交给了司法所处理，在这个交接的过程当中，虽然部门发生了改变，案件的处理方式也发生了改变，但是在双方当事人的心里并不这么认为，他们仍然认为这是公权力强制下的一种处理方式。

通过访谈得知，村里的其他村民对于上述的看法和当事人相同，他们认为这是由公权力的介入来处理此事。虽然司法所在调解上述两件纠纷案件的过程中并不代表国家，只是作为没有任何公权力色彩的第三方参与调解，但是司法所参加人民调解的真实角色并不能改变当事人和村民对他们的看法。案例一中的双方当事人最后达成了调解协议多少要受到司法所国家权力色彩的影响，在与其中一方当事人的谈话中了解到，他认为司法所和派出所虽然不是同一个部门，但都是在镇政府上班，他们之间相互是通气的，如果就这样僵持下去达不成调解的话，最后可能真像司法所的人员所说的那样，对我们双方都没有好处。从表面上看双方最终达成协议都是自愿的，司法所的人员也没有做出什么违规的事情，但司法所作为国家行政机构的性质在背后起了隐形的作用。

（二）派出所等其他国家机构的威慑

司法部《关于进一步加强乡镇司法所建设的意见》中提出："各级司法行政机关要从全局和战略的高度，重视司法所建设，加强司法所建设。建立健全一把手负总责的司法所建设领导责任制，形成司法行政机关领导班子人人负责、上下级层层负责、环环相扣的落实机制。健全完善领导干部基层建设工作联系点制度，协调解决实际困难和问题。坚持把司法所建设工作成效作为衡量各级司法行政机关领导干部工作绩效的重要内容，进行检查考核。整合系统资源，加强各职能、各部门间的衔接配合，形成工作合力，共同推进司法所建设。要紧紧依靠党委、政府的领导，主动与有关部门沟通情况，加强工作协调，千方百计解决司法所建设中的实际困难，努力在理顺体制、完善机制、壮大力量、落实保障等方面实现新突破。"通过上文可以知道司法所在工作过程当中，并不是独立运作的，它与其他行政部门是相互配合的关系。

通过上述的第二个案件可以知道，没有达成调解协议的后果就是又被送回派出所，同时对双方进行了行政处罚。如果案例一当中的双方当事人没有达成调解协议的话，可能会有同样的结果。在这里派出所就好像一个最后的惩罚者，如果不能在上一个部门（司法所）得到处理结果的话，在派出所得到的将是当事人双方的共同处罚，这种行政处罚就给司法所的调解无形地加上了一种外在的压力。在人民调解过程中，司法所人员也会有意或者无意地提到如果达不成调解协议的后果，这种言语上的威慑或多或少都会影响到双方当事人的思想行为，司法所的意愿——即"达成调解协议"就成了对当事人引导的方向。这些国家机构除了派出所以外，还有人民派出法庭等其他部门，他们有着和派出所同样公权力的威慑力。司法所调解不成的案件起诉到了人民法庭，虽然人民法庭的法官会按照法律公平公正地处理此事，但是当事人双方也会隐隐觉得这是对公权力处理结果的冒犯。在现实当中也确实存在个别的棘手案件，乡镇政府的很多部门都介入处理过，但是都没有最终解决好，原因就是一方当事人过于顽固，这样无论是对方当事人还是乡镇政府都感觉到此方当事人不可理喻，就像《秋菊打官司》里的李公安表现出来的那样，经过很多次的处理，秋菊对于李公安的处理结果就是不满意，李公安就冷言冷语地讽刺："我把你们的事情都处理不好，以后只能干找牛这样的活了。"对于经过很多部门都没有处理好的案件，如果他们再次处理这个案件的话，就会先入为主地责怪顽固的一方当事人，这无形就是用公权力对他们进行威慑。

（三）其他公权力的主动介入

《中央社会治安综合治理委员会关于进一步加强矛盾纠纷排查调处工作的意见》中要求："各级党委、政府要高度重视矛盾纠纷的排查调处工作，把做好这项工作作为维护社会稳定的重要任务，纳入社会治安综合治理领导责任制。各级党委、政府的主要领导作为'保一方平安'的第一责任人，要经常过问矛盾纠纷排查调处工作情况，对可能影响本地区社会稳定的重大矛盾和突出问题，要亲自动手，深入实际，做好深入细致的思想政治工作，认真化解矛盾，解决问题。分管政法、社会治安综合治理工作的领导同志作为维护社会稳定的直接责任人，要积极组织协调各有关方面，明确分工，落实责任，形成合力，营造齐抓共管的工作局面，为矛盾纠纷排查调处工作的顺利开展创造条件，提供保障。各级社会治安综合治理委员会及其办公室要充分发挥参谋助手作用，积极协助党委、政府，认真组织协调各有关部门，主动、扎实地开展矛盾纠纷排查调处工作。"我国的维稳工作是一项综合性的工作，不是某一个部门能够独立完成的，特别对于各级党委和政府而言，更是要做好领导作用。人民调解作为维稳的重要阵地，其他公权力的介入也是难免的。

人民调解委员会是村民委员会和居民委员会下设的调解民间纠纷的群众性自治组织，在基层人民政府和基层人民法院指导下进行工作，有基层人民政府的指导就不可能摆脱行政权对人民调解的影响。通过前面的分析可以知道，在实际当中，乡镇人民调解委员会委员的组成与法律的规定是存在出入的，如表3.2所示，J镇人民调解委员会的组成成员基本涵盖了乡镇政府的所有部门。如果说村人民调解委员会是在基层人民政府和基层人民法院指导下工作的群众性自治组织的话，那么乡镇人民调解委员会就是一个官方的纠纷解决组织。这样做有其内在的原因，如一位被访者（MASZ9-2013-10-16）所说的那样："通过镇级人民调解委员会调解处理的案件大部分都非常地复杂，其中很多都涉及两个以上的部门，甚至有些案件涉及三四个部门，每个部门的情况我们都不太了解，也不太专业，让他们参与进来对于案件的解决具有很大的帮助，这也是把其他乡镇部门的人员纳入到人民调解委员会的直接原因。"

表 3.2　　　　　　　　J 镇人民调解委员会成员一览表

人民调解委员会职务	姓名	政府及其他职务
主　任	刘某某	J 镇党委副书记 人大副主任
副主任	李某某	J 镇党委委员 纪委书记
	赵某某	J 镇党委委员 副镇长
	刘某某	J 镇党委委员 副镇长
	郑某某	J 镇副镇长
	王某某	J 镇临浯管区副主任
	谭某某	J 镇综治办副主任
	张某某	J 镇维稳办副主任
	张某某	J 镇信访办主任 司法所所长
成员	王某	J 镇党委组织委员
	苑某某	J 镇党委宣传委员
	李某某	J 镇党委人武部长
	李某某	J 镇党委计生办主任
	黄某某	J 镇派出所所长
	马某某	J 镇党委纪委副书记
	夏某某	J 镇党委纪委副书记
	王某	J 镇劳保所所长
	赵某某	J 镇财政所支部书记
	董某某	J 镇农机站站长
	马某某	J 镇农综中心副主任
	杨某某	J 镇农综中心副主任
	夏某	J 镇妇联主席
	杨某某	J 镇民政办主任
	杨某某	J 镇建委主任
	宿某某	J 镇教管办主任
	李某某	J 镇工商所所长
备注	调委会下设办公室，办公室主任张某某。成员：李某某、黄某某、刘某某、付某某、杨某某、杨某某、宿某某、李某某、孙某某、杨某某	

资料来源：此表由景芝镇政府提供。

从上面这位被访者的叙述中可以得知，他们是出于方便解决问题的角度才把乡镇政府其他部门的人员纳入到乡镇人民调解委员会当中的，这种考虑也不无道理，但是乡镇政府其他部门人员的介入会不会影响到人民调解委员会群众性自治组织的性质？无论我们的担心是不是多余，但是有一点是可以肯定的，乡镇其他政府部门对于人民调解持一种主动介入的态度。

综上所述,乡镇政府人员兼任的人民调解员是带有一种行政色彩的人民调解员,行政权以人民调解员为载体,以司法所为窗口,对乡村持续地进行着隐形辐射,而司法所人员就是这种行政辐射的直接宿主。

第二节 国家控制的末梢:村干部兼任的人民调解员

一 村干部兼任人民调解员的基本状况描述

(一) 构成状况

笔者以 S 县 L 镇和 S 镇为分析样本,对村干部兼任人民调解员的状况进行描述。这里的村干部是指在村里具有公职的人,下文有详细的介绍。L 镇和 S 镇两镇镇级人民调解员没有兼任村干部的,村级人民调解员当中村干部兼任的有 87 人,两镇共有人民调解员 173 人,村干部兼任的人民调解员占人民调解员总数的 50.3%。女性村干部兼任人民调解员的数量为 15 人,占村干部兼任人民调解员总数的 17.2%。从政治面貌上来讲,村干部兼任人民调解员的 87 人全部都是党员。他们的学历构成为:本科及以上学历的人为零;专科学历的有 5 人,占总数的 5.7%;高中学历的有 53 人,占总数的 60.9%;初中学历的有 28 人,占总数的 32.2%;小学文化的有 1 人,占总数的 1.2%。其年龄构成为:40 岁以下的有 8 人,占总数的 9.2%;40 岁至 50 岁的有 34 人,占其总数的 39.1%;50 岁以上的有 45 人,占总数的 51.7%。他们都是以选举方式产生的。

(二) 状况分析

通过对两镇的状况分析可以知道,镇级的人民调解员当中不存在村干部兼任人民调解员的情形,这与《人民调解工作若干规定》第十三条的规定显然存在出入。村干部兼任的人民调解员是乡村人民调解员构成的主要部分,他们的比例占到了乡村人民调解员总数的一半以上。他们当中的大部分都是男性,女干部兼任人民调解员的情形大部分都是妇女主任,这与女性村干部本来就少的因素不无关系。从学历上来看,大部分都是高中学历,其次是初中学历,大学学历和小学及以下学历的人员几乎没有,他们比镇级人民调解员的学历程度还要低些。从年龄构成上来看，50岁以上的人员占大多数，这也是乡村村干部年龄老化因素的影响，40岁以下的很少，35岁以下的几乎没有，从这里可以看出人生经验对于人民调解员的重要性。此外，根据笔者的调研，他们的产生方式也都是指定的，并不像文件上所显示的那样是选举产生的。

在乡村当中有很多的村级人民调解委员会全部都是由村干部组成，如表3.3所示，从对J镇133个村当中抽选的7个村的调查情况来看，其中3个村人民调解委员会的委员都是由村干部兼任的，其余的4个村人民调解委员会的委员大部分也是由村干部组成。那么没有列入村人民调解委员会委员名单的其他村干部是不是就不参加人民调解了呢？下面我们通过一段访谈（MACW18-2013-11-07）来了解一下现实情况。

> 问：咱们村有人民调解员名单吗？
> 答：有，上面要求我们要交一个人民调解员名单，咱们村里自己做了一个。
> 问：有几位村干部兼任咱们的人民调解员？
> 答：三位，村支书、计划生育专职和村会计。
> 问：咱们其他的村干部也参与人民调解吗？
> 答：参与，我们所有的村干部都参与过人民调解，名单只是个形式。
> 问：由人民调解员以外的村干部调解的矛盾案件属于人民调解吗？
> 答：属于。

《人民调解法》第十三条规定："人民调解员由人民调解委员会委员和人民调解委员会聘任的人员担任。"在现实当中，其他不是人民调解员的村干部也参与人民调解的工作，人民调解名单在基层就是个形式，村干部是以解决实际的问题为主，他们不在乎是谁在调解矛盾，只要能把矛盾纠纷解决了就行。乡村的人民调解员除了处理矛盾纠纷的任务以外，还承担着国家法制宣传和维护乡村稳定重要的政治任务，如表2.3所示，这7个村人民调解委员会的主任除了X村是由该村主任担任以外，其他6个村人民调解委员会的主任都是由该村支书担任，可见国家对于乡村人民调解员工作的重视。

表 3.3　　　　　J 镇部分村庄人民调解委员会委员统计表

序号	村名	调解员姓名	委员会职务	村职务	性别	年龄	出生年月	政治面貌
1	西××村	李某某	主任	主任	男	36	1975.2	群众
		刘某某	委员	支部委员	男	44	1967.3	党员
		李某某	委员	村委员	女	45	1966.6	党员
2	李×××村	李某某	主任	支书	男	43	1968.9	党员
		葛某某	委员	村主任	男	45	1966.4	党员
		葛某某	委员	文书	男	50	1961.5	党员
		葛某某	委员	计生主任	男	45	1966.3	党员
		郭某某	委员	村委员	女	44	1967.9	党员
		李某某	委员		男	74	1938.7	群众
3	后××村	王某某	主任	支书	男	49	1962.6	党员
		朱某某	委员	计生主任	男	59	1952.3	党员
		马某某	委员		男	32	1979.3	党员
		朱某某	委员	出纳	男	49	1962.1	党员
		魏某某	委员	妇女主任	女	43	1968.4	党员
4	班××村	陈某某	主任	支书	男	43	1968.11	群众
		王某某	委员	民兵连长	男	52	1959.9	党员
		韩某某	委员	计生主任	女	38	1973.2	群众
		韩某某	委员	会计	男	58	1953.1	群众
5	镇××村	任某某	主任	支书	男	41	1970.12	党员
		赵某某	委员		男	59	1952.7	党员
		孙某某	委员	计生主任	女	64	1947.8	群众
		刘某某	委员	会计	男	32	1979.6	党员
6	莱×村	李某某	主任	支书	男	58	1953.7	党员
		李某某	委员	会计	男	45	1966.9	党员
		李某某	委员	妇女主任	女	43	1965.6	党员
		郝某某	委员		男	37	1974.11	群众
		李某某	委员		男	62	1949.9	党员
7	镇×村	李某某	委员	支书	男	59	1951.1	党员
		孟某某	委员	村主任	男	60	1950.4	党员
		李某	委员	会计	男	58	1952.1	群众
		孟某某	委员	计生主任	男	57	1953.9	党员
		王某某	委员	妇女主任	女	56	1954.6	党员

资料来源：本表格摘自 A 市司法局提供的《J 镇人民调解员登记表》。

二 村干部的现状描述

（一）称呼与组成

村干部是区别于国家公务员的特殊群体，村干部是游离于国家行政干部体制之外的、不在编、不脱产的边缘化干部。① 乡镇政府和街道办事处是我国行政机构最基层的组织，所以村干部不属于行政机关的编制，他们严格来讲不属于国家行政机关人员，更不是什么"干部"。"干部"一词来自日语，现在"干部"一词是指国家机关、军队、人民团体中的公职人员；担任一定的领导工作或管理工作的人员。② 从严格意义上来讲村负责人不是"干部"，但是别拿村长不当"干部"，这是人们对这个群体习惯的称呼。

普通村民把村里的管事人员统称为"村干部"有其自己的理由，首先，无论在国家行政体制当中村庄管理者处于什么样的地位，但在普通村民的心目当中，他们就是村里的"人头"和"大老总"，也是人民群众能够直接接触的最大官方代表，他们就是整个村庄的"干部"；其次，村里的任何大事件都不可能绕开这个群体而存在，他们就像干部一样管理着村庄的每个角落，村民对这个群体"村干部"的称呼，也是一种作为被管理者的心理诉求，村民遇到问题以后确实要寻找一种庇护，作为"村干部"的管理者理应成为村庄的庇护者。除了村庄内部的村民这样称呼以外，外面的人也喜欢这个称呼，特别是作为国家基层行政机构的乡镇政府，"村干部"是他们在村庄的代言人，也是在村庄的"常驻机构"，对村子的管理必须要通过这些"干部"来完成。

通过上面的描述可以得出：村干部主要是指通过村民自治机制选举产生的、在村党组织和村民委员会及其配套组织担任一定职务、行使公共权力、管理公共事务、提供公共服务，并享受一定政治经济待遇的工作人员。关于村干部的选举问题我们可以通过两段访谈了解一下。

访谈一（FSPZ54-2014-03-22）

---

① 《村干部》，百度百科（http：//baike.baidu.com/view/2413878.htm？fr=aladdin#refIndex_1_2413878）。

② 同上。

问：你参加过咱们村里的选举吗？
答：没有。村里的妇女哪有参加选举的呀，选举这些事情都是男的参加。
问：你丈夫最近三年参加过选举吗？
答：没有，人家村干部当得好好的，为什么还要选呢，有很多年没有听说选举这回事啦。再说了其他人上去也当不了呀，他们都干了那么多年啦，都有管理经验了。

访谈二（MSQH74-2014-04-12）

问：咱们村干部每届都要选吗？
答：关于村支书的产生，主要是有村里的几个党员决定一下，但是也有指定的，其他的村干部一般都是指定。
问：为什么不组织选举呢？
答：选举的成本太高，主要是没有精力和经费去搞这些，除此之外，并不是每个人都能胜任村干部这个职位的，有些人当了村干部"镇不住"还是没用，从我们的角度考虑，有利于对村庄管理和有能力的人才是最适合的人选。

通过上面的两段访谈我们可以了解到，无论是普通村民还是乡镇政府的工作人员对于"指定村干部"的情况都有自己的理由，但是有一点是共同的，那就是对于指定村干部的情况都持默许的态度，没有太多的人去反对此事，乡镇政府人员觉得合理，普通老百姓也觉得过得去。如表3.4所示，行政干预选举，为选举画框子，定调子，搞指派、派选，不恰当强调组织意图，劝退候选人，选举后随意调整村干部等，或以"组织意愿"代表群众意愿，这些是选举组织面临的最广泛问题，虽然这些年得到了一定改善，但仍然是选举组织面临的主要问题。另一个重要原因是在调研的地方，经济不是很发达，村民都以务农和外出打工为主，作为村干部也没有太大的油水，没有人特别在意村干部的产生方式和谁当村干部，即使组织了选举，选来选去还是那些人。①

---

① 贺雪峰：《新乡土中国》，广西师范大学出版社2003年版，第1页。

表 3.4　　　　　　　　　选举组织面临问题表

序号	问　题	1995—1997	1998—2000	2001—2003	2004—2007
1	对选举不够重视，或认识不高形成阻力，或选举指导力度不够，或有畏难情绪，或宣传发动不够等。	9	10	9	山西、吉林、黑龙江、江苏、福建、江西、山东、湖南、广东、重庆、四川、贵州、陕西、甘肃、青海（15）
2	人为搞间接选举、等额选举或举手表决。	2	3	0	（0）
3	有意拖延选举，擅自停止选举，推迟公布选举结果，或不承认选举结果。	2	2	0	（0）
4	选举工作进展不平衡，难点村不能按期完成选举，遭遇自然灾害等无法进行选举。		10	7	9	辽宁、黑龙江、安徽、河南、湖南、海南、四川、陕西、甘肃、新疆（10）
5	行政干预选举，为选举划框子，定调子，搞指派、派选，不恰当强调组织意图，劝退候选人，选举后随意调整村干部等，或以"组织意愿"代表群众意愿。	16	17	10	天津、河北、福建、江西、山东、贵州、云南、青海、新疆（9）
6	以"暗示"等方式提出候选人，变相行政干预选举。	0	2	1	（0）
7	简化选举程序，敷衍了事，走过场。	5	3	0	（0）
8	选举工作人员素质不高，程序掌握不清，导致选举出现违规现象；或选举程序不够严密，导致选举违法现象产生。	7	5	9	河北、山西、黑龙江、江苏、安徽、福建、河南、河北、广东、贵州、云南、宁夏、新疆（13）
9	对选举违法事件不能及时依法处理。	3	4	2	江西、四川（2）
10	对突发事件处理不果断，不能及时解决上访等问题，或上访事件增多。	2	5	4	广东、海南、重庆、青海（4）
11	选前审计等不彻底，或"村财乡管"影响财务公开，村务公开未很好开展，影响选举。	0	1	1	北京、安徽、湖南、广东、云南（5）
12	选举法规不完善（早期主要表现是无选举统一规程、选举办法违反法律规定等，1998年以后主要是法规规定在选民资格认定、候选人条件、贿选界定、违法行为处理等方面无具体规定）。	5	9	9	北京、辽宁、黑龙江、上海、江苏、浙江、福建、河南、湖南、四川、贵州、云南、陕西、青海（14）

续表

序号	问　题	1995—1997	1998—2000	2001—2003	2004—2007
13	缺乏选举前后的培训。	3	1	1	青海（1）
14	选举经费遇到一定困难。	1	3	3	广西、西藏（2）

资料来源：《2005—2007年全国村民委员会选举工作进展报告》，转引自詹成付《全国村民委员会选举工作进展报告》，中国社会出版社2008年版，第47—48页。

每个地方村干部的组成和人员设置也各有不同，例如，有些地方既设置了治保主任的职位也设置了民兵连长的职位，并由两个不同的人担任，有些地方只设置了其中一个职位，但对于主要成员如村支书、村主任、村会计等职位的设置都是相同的。严格来讲，村干部除了上述我们提到的以外还有两类，一类是上级选派的机关干部到村任职的人员，比如驻村干部等；另一类是选聘的大学生村干部，这两类情况在经济发达的农村地区较为多一些，在普通的乡村中基本不存在。关于村干部的职位，在《中共山东省委办公厅、省政府办公厅关于做好村"两委"换届选举工作的意见》中提到国家的态度是"精简其职数，最大限度地实现村'两委'成员交叉任职和村党组织书记、村委会主任'一人兼'，最大限度地减少享受固定补贴和误工补贴的人数。……提倡村干部一人多职，鼓励和要求村'两委'成员依法兼任村委会下属委员会、村民小组和配套组织负责人，积极探索减少村干部职数的有效途径。……大力改善村'两委'班子结构，结合开展'一村一名大学生'工程，公开考选一定数量的高校毕业生到村任村党组织副书记或村委会主任助理。鼓励选调生、参与'三支一扶'人员到村任职"[①]。据《山东省村"两委"换届选举工作总结》提供的数据，在2005年的选举换届中，山东省共选出新一届村"两委"成员283581人，较换届前减少了109657人，其减幅达到了27.9%，换届以后的村"两委"成员交叉任职比例为74.8%，较上届提高了12.4%；村组织书记与村主任"一人兼"比例达到了88.6%，比上届提高了29.8%。[②]《中共山东省委办公厅、省政府办公厅关于

[①] 詹成付：《全国村民委员会选举工作进展报告》，中国社会出版社2008年版，第142—147页。

[②] 同上书，第327—332页。

做好村"两委"换届选举工作的意见》中提出了进一步改善村"两委"班子的年龄、文化、知识结构，以及提高村"两委"成员中妇女比例的要求。① 据《山东省村"两委"换届选举工作总结》提供的数据显示，2005年4月底完成的新一届村"两委"换届选举中，党员占到了84.8%，比上届的党员人数提高了19.1%；"双高双强"型人才占到了70.6%；其年龄在45岁以下的成员占到了65%，比上届提高了10.6%；具有中专（高中）以上学历的占到了62%，较上届提高了13.3%；具有大专及以上学历的达到了11.2%，比上届翻了一番；妇女干部比例占到了10.3%，较上届增长了4.1%。②

对于村干部的称呼，不同的地方也各有不同，在笔者调研的过程中，有的地方把计划生育的干部叫作计划生育专职，但有的地方叫作妇女主任，有的地方二者兼有并且是同一人。每个行政村村干部的数量都在5—9位，这些村干部基本覆盖下属所有的自然村，每个自然村一般都至少有一位行政村的村干部，比如我调研的S行政村，下属4个自然村，分别是S、Z、C和X自然村，行政村的村支书来自Z自然村；村主任、计划生育专职和一位村委员来自S自然村；另外还有两位支部委员，一位是来自C自然村；一位来自X自然村。关于村干部的经济待遇问题下面通过一段访谈（MSCL36-2014-03-05）来了解一下。

> 问：咱们村干部都有工资吗？
> 答：有，所有的村干部都有工资（此处应该是补贴）。
> 问：咱们村干部的工资都一样吗，多少钱？
> 答：不一样，村支书拿到的最多，大概每个月300元到400元之间，其他的村委员拿到的少一些，每月为120元。
> 问：这些补贴对你的生活影响大吗？
> 答：基本不起什么作用，现在每个月的零花钱也不止这个。
> 问：你感觉村干部的工作和工资成比例吗？
> 答：不成比例，当村里有事情的时候要随叫随到，虽然没有什么大事，但是这些琐事也非常费神，作为村委员不能去外

---

① 詹成付：《全国村民委员会选举工作进展报告》，中国社会出版社2008年版，第142—147页。
② 同上书，第327—332页。

地大城市打工,有些家庭负担比较重的村委员他们都辞职外出打工了,原因就是作为村委员只能靠种地挣钱,但是现在种地挣不了几个钱,国家给的工资又太少了,所以对于经济负担较重的家庭他们就只能辞职了。

从上面的访谈当中就可以得出,村干部的工资待遇确实不高,如图3.1所示,S行政村村支书的工资只占其家庭总收入的8%,村支书是所有村干部里工资最高的,其他村干部的工资在其家庭当中的收入比例可能更低。这也是上面的访谈当中提到的那个村委员辞职的原因。

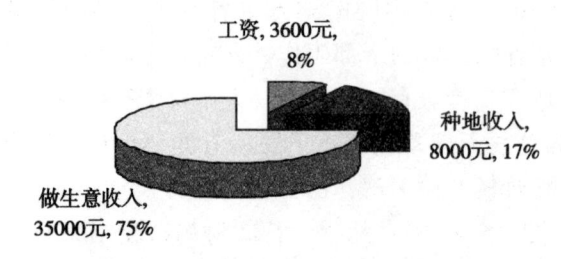

图3.1 S行政村村支书家庭收入组成

（二）心理的纠结与地位的尴尬

如图3.2所示,在对普通村民的问卷调查当中发现他们对村干部的满意度也不是很高的,这可能与中国老百姓都有仇官的心理情结相关,

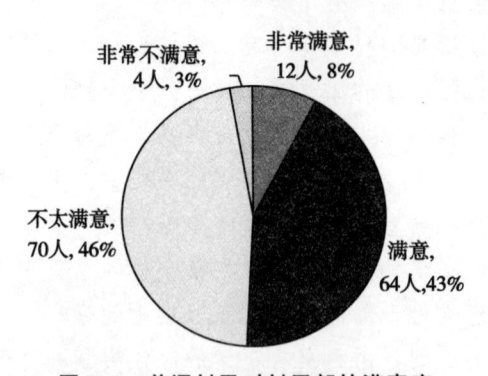

图3.2 普通村民对村干部的满意度

正如一位访谈者（MSPL68-2014-04-07）所说的那样:"再好的人当几年村干部都会变臭的,他们当了官以后就和老百姓不是一气的啦。"这可能是普通村民的主观认识。在调研的过程中也有很多的村干部诉

苦:"村子里总有一个人是要和上面打交道的,我们上面有乡里的压力,下面有些群众也不配合我们的工作。"

村干部有那么多的压力,为什么还有很多的人愿意担任村干部呢?甚至有很多的年轻人也想进入村干部的行列。主要有以下几个方面的原因:首先,作为村干部有经济利益可图。由于村干部和乡镇政府的联系比较密切,他们与乡镇政府人员比较熟悉,认识工商所和畜牧方面的工作人员对于自己做点生意和发展点副业都有很大的帮助。除此之外,乡镇政府人员一般与乡镇农村信用社的关系都比较密切,对于村干部的贷款问题乡镇政府的人员有可能会出面说合或者做担保人,这就很容易解决村干部发展的资金问题。在我接触的 L 镇的 20 个村支书当中,搞养殖的 3 个,开小卖铺的 3 个,做其他生意的 8 个,转包其他人土地的 2 个,其余的几个由于年龄都在 60 岁左右以务农为主,他们所做的这些或多或少要受到其村干部身份的影响。

其次,作为村干部有政治利益可图。如图 3.3 所示,L 镇派出所的工作人员共有 14 人,其中有 3 个是国家在编人员,其余的 11 个都是不在编的协警,这些协警当中和其辖区村干部有亲属关系的共 6 人,占协

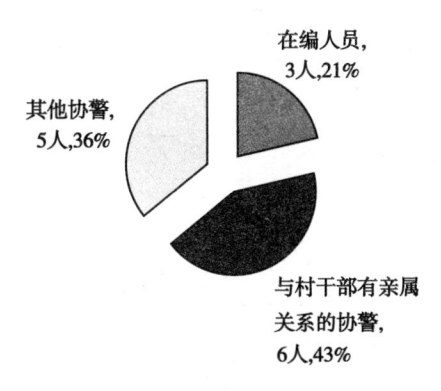

图 3.3 L 镇派出所人员构成

警总数的 55%,占派出所人员总数的 43%。派出所是普通村民能够直接接触到唯一的国家暴力机关,乡村中警车和警服在普通村民心目中的威慑作用还是很大的,他们所代表的是国家强制力和国家权力,派出所人员和警车进出村庄是个非常显眼的事情。乡镇派出所负责乡镇政府辖区内的治安、户籍和纠纷处理等工作,这些工作都与人们的生活息息相关,村干部的子女等亲属作为派出所的成员无疑增加了村干部在村里的

政治资本，他们在村里处理事务的时候也就更加得心应手，同时这也是乡镇政府所想要的状态。

最后，作为村干部可以提升家族在村庄的地位。中国有句俗话说，"一人得道，鸡犬升天"，在中国乡村当中家族观念还是非常强烈的，虽然村干部不是什么大职位，但却是普通村民能够经常接触到的唯一具有国家公权力色彩的人物。他们虽然不会特意为其家族争取多大的利益，但是却能保证家族的利益不会受到别的家族侵犯，子孙后代有做村干部的长者在村里的地位一般会备受尊敬。如表3.5所示，在选举的诸多干扰因素当中，家族、宗族势力的影响是最为广泛的，其次是派性干扰。综上所述，村干部看似是一个苦差事，但实际上并不是我们想象的那样，它有自己的灰色利益，这也许是很多人都想做村干部的原因。

表3.5　　　　　　　　　　干扰选举因素表

序号	问题	1995—1997	1998—2000	2001—2003	2005—2007
1	家族、宗族势力影响选举。	5	17	7	天津、内蒙古、浙江、安徽、福建、山东、湖北、湖南、海南、重庆、青海、新疆（12）
2	宗教势力影响选举。	0	3	1	浙江（1）
3	派性干扰选举。	5	16	6	内蒙古、浙江、海南（3）
4	村霸或黑恶势力控制选举。	1	1	1	吉林、湖南（2）
5	能人或富人等以不正当手段追求政治地位。	1	0	0	（0）
6	参选人请客送礼、串联，以不正当手段拉选票，或违规竞选。	2	5	4	河北、吉林、福建（3）
7	贿选	0	2	2	内蒙古、吉林、安徽、江西、山东、湖北、湖南、新疆（8）
8	有的选民不顾大局，无视法律，干扰选举。	2	5	2	江苏、江西、云南、新疆（4）
9	选民参加积极性不高，或随意委托他人投票，或无原则投票，外出民工多影响选举。	0	2	1	辽宁、吉林、安徽、江西、湖北、重庆、贵州、云南、陕西、甘肃、青海（11）
10	村干部及落选村干部待遇难以落实。	0	0	0	云南、西藏（2）
11	参选人缺乏竞争动力，村干部后续乏人，尤其是贫困地区候选人难以落实。	2	1	0	湖北、西藏、甘肃（3）

续表

序号	问题	1995—1997	1998—2000	2001—2003	2005—2007
12	选举后个别当选村民委员会成员不愿意任职。	1	0	1	(0)
13	有的村民委员会成员年龄偏大或者素质不高。	1	2	0	北京、广西、西藏（3）
14	妇女无法保证当选。	0	1	2	西藏、甘肃、青海（3）
15	"两委"矛盾影响选举，村党支部书记包揽一切或党支部涣散，村级班子不强或村民委员会工作没有独立性，村民会议和村民代表会议的作用被忽视。	2	4	3	北京、天津、陕西（3）
16	新老班子手续交接不规范。	0	1	0	(0)
17	村与乡镇的关系难以理顺。	0	1	0	(0)
18	选举引发农村社会矛盾，尤其是干群关系紧张、村民与基层政府关系紧张以及土地问题等带来的冲突。	0	0	2	(0)
19	民政部门处理违法权威不够。	0	1	0	(0)
20	选举成本过高。	0	0	3	甘肃（1）
21	村民委员会撤并、搬迁、征地等影响选举。	0	0	3	天津、内蒙古、辽宁、上海、浙江、安徽、广东、青海、新疆（9）
22	司法救济缺乏力度				福建（1）
23	片面理解"一肩挑"或难以落实"一肩挑"				山西、湖南、广东（3）

资料来源：《2005—2007年全国村民委员会选举工作进展报告》，转引自詹成付《全国村民委员会选举工作进展报告》，中国社会出版社2008年版，第50页。

（三）乡村的公共行为

为了增进对村干部的了解，下面从具体的公共行为来详细剖析。这里所说的公共行为并不是由村民共同参与的行为，而是国家主导的行为，比如计划生育、低保的申请和农村盖房的行为等。下面我们就通过一些具体的事例来展现村干部在公共行为当中处于一种什么样的地位。

1. 新农村建设

当前国家正在农村地区搞新农村建设，为了减少资源的浪费，乡镇禁止农村地区再盖新房，过几年以后进行统一的规划盖新房，乡镇里只是说过几年统一规划，但是并没有给出具体的时间，有些村庄已经开始破土动工，但是有些村庄还没有任何规划。在S县，正值结婚年龄的男青年如果家里没有新房子的话,媒人是不愿意给说媒的,即使有说的,女方家也以男方家没有新房子为由拒绝,当下又面临着婚龄男女严重失调的情况,所以家里有适婚男孩的家庭就面临着这样一对矛盾:一方面是为儿子娶媳妇必须要盖新房;另一方面是国家不让盖新房。当然问题出来了就会有解决的办法,上有政策,下有对策。村民和国家打交道的一般途径就是村干部,通常是村支书或者村长,在调研的几个村庄,准备盖房的村民通过给村长 3000 元到 5000 元不等的"罚金"和送一些"礼物",就能解决这个矛盾。

在 X 镇 H 行政村调查的时候,村里有接近 20 户的人家是通过这个渠道盖上了新房。他们在交了"罚金"之后,盖房子的过程就非常顺利,有些没有事前交"罚金"的就没有那么幸运。H 村的 W 就是不幸者之一,他在盖房的动工之初就有乡里的相关部门前来检查,把盖房子的搅拌机给锁死了,致使工程无法进展,最后 W 买了酒水带着"罚金"去了村长家,村长表示很生气地说:乡里怎么能这样做呢?你们把锁砸开继续工作就行啦,上面我给他们说,果然房子顺利地盖起来啦。W 告诉笔者这是村长给乡里打的报告,乡镇政府的人员基本不下乡,他们怎么会对每个村里的情况知道得那么清楚呢?这些都是通过各村的村干部控制的。村干部与乡镇政府之间是相互依赖的关系,乡镇里的工作人员必须依赖这些村干部对村民进行管理,村干部要依赖乡镇里的人来树立在村民心目当中的地位,时时提醒着村民不要拿村长不当干部。

当然村干部也有尴尬的时候,在对 L 镇 L 行政村的村支书访谈的时候,正赶上村里搞新农村建设,村里规划的新农村新址上面有几座坟墓必须搬迁。在乡村坟墓是祖先安息的地方,非常忌讳迁动,特别是对于人丁事业都非常兴旺的家庭,他们认为这是祖先坟墓的风水好,如果迁动的话会破了他们家的风水。在需要搬迁的坟墓当中确实还就存在这样的情况,有一家兄弟四个,每个都做生意发了财,下面的人丁也比较兴旺,他们的祖坟就在新农村的新址上,当村干部谈到迁坟地的时候他们坚决反对,新农村规划的事情还因为此事一度搁置。村干部对于此事也没有办法,找到了他们家族的长者,给他们分析讲解了国家的政策,最后在这些长者出面的说合下,这家勉强同意迁走了祖坟。有些时候村干部在农村固有观念和传统势力面前也无计可施,虽然他们有国家公权力在做后盾,但是他们永远也跳不出乡村的各种圈圈。

2. 司法机关执行公务的行为

电影《盲山》当中有这样一个情节，女大学生白雪梅被拐卖到某个山区给一个四十多岁的光棍黄德贵做老婆，从此她就过着暗无天日的性奴隶生活，由于村民的阻碍和村干部的不配合，警察拿这起拐卖人口刑事案件也没有任何办法，最后司法人员只能采用"偷偷摸摸"的方式救出了白雪梅。村干部对于国家司法机关执行公务的行为来说起着非常重要的作用，如果村干部不配合，司法机关人员甚至连当事者的家门都找不到，更不用谈执行公务了。在笔者调研过程中了解到这样一个案例，前些年 H 镇 L 村里发生了一起离婚案件，案件判决后，法院执行庭的人来男方家里执行判决的结果：取回女方的嫁妆，事先法院的执行人员也没有给村干部打招呼，在执行的过程当中，男方在村里召集了上百人把院子团团围住，导致法院不得不放弃执行灰溜溜地跑了，过了几天他们通过乡里找到了村干部，在村干部的带领下才顺利地完成了任务。不要小瞧村干部的地位，他们就是村里的首领，国家在村里执行大大小小的公务都不能绕开他们，否则就会出现意想不到的麻烦，听老人讲前些年就出现过很多村干部带领村民抗公粮的事件。从表面上看，村干部和乡镇政府是上下级关系，其实不然，实际上他们之间是相互依赖的关系，村干部利用乡镇政府树立自己在村里的权威，而乡镇政府利用村干部管理村庄的事务，乡镇政府心目当中理想的村干部就是既在村民当中有权威和威望，又能听从上级的决定，但往往二者并不可兼得。

3. 计划生育与其他公共行为

2015 年以前，我国的计划生育政策是一个家庭生一个孩子，但是农村违法生二孩的有很多，在笔者调研的 X 镇 H 村，九零后当中兄弟两个的就有十几家，这些生二胎的家属通过村长上交两万元到三万元不等的"罚金"，然后就能给超生的小孩上户口。村干部在中间就成了村民与国家之间的润滑剂和中介者，他们一方面代表着国家向村民征收着超生的"罚金"，另一方面又代表村民向国家要"超生名额"，生孩子的家庭对于村干部当然是既感激又讨厌。国家推行的合作医疗要通过村干部向村民收取费用，国家要通过村干部收取水费等各种杂费，村民的小麦补贴要通过村干部向国家领取，低保的申请要通过村干部向国家申请，身份证丢失要补办的话要向乡镇提交村里的介绍信，上大学助学贷款需要村里的贫困证明等等，这些公共行为都和村干部有着千丝万缕的联系。正如一位受访者（MSPX59-2014-03-28）所说的那样："嫁妆还是要从门里过，如果有什么事情绕开了村干部，就很有可能给自己带来不必要的麻烦，就连乡里也都买他们的账，有些乡里的新干部到任之后都过来给他们送礼呢，如果不买他们的账的话，就很难在本村开展工作。"若普通村民与村干部有矛盾的话，此人的正常生活可能会受到一定的影响。乡镇政府同样不可能跨越村干部这部分人，他们甚至要比上面来的人在村民心目中更有分量，① 俗话说：县官不如现管，村民生活在村子里就和村干部脱不了干系，因为任何一项公共行为都离不开他们。

三　村干部与国家控制

纵观中国乡村历史，乡村治理的结构主要分为两个部分，一部分是来自上层的中央政府设置了一个自上而下的官制系统，另一部分是来自下层主要由族长、乡绅和地方名流掌握的地方性的管制单位。② 因此乡村的生成也是二元的，一是行政嵌入，一是村庄内生。③ 当下乡村的治理仍然没有跳出这个模式，但是却发生了微弱的变化，来自上层的行政嵌入把村干部纳入了准官制系统，使得国家的控制能够直接地深入到了基层，来自下层的地方性管制也发生了微弱的分化，村干部和地方士绅、名流不再是完全相同的人员，他们可能有部分的重合，但也有一定的出入。村干部作为人民调解员在调解矛盾和政治法律宣传的时候是按照国家相关文件和精神进行的，但是他们对于这些文件和精神又不是完全的照本宣科，而是首先通过"消化"和理解转化成自己的一套理论工具，正是在这"消化"理解的过程中，他们淡化了来自上层的国家控制，加入了巩固自己地方性权威的成分。表面上，中央下达命令，有一个自上而下的正规渠道贯彻着国家的整体秩序，但实际运作中，经过各级人员的中介变通（intermediaries）处理，国家秩序并不能真正触及地方管理的事务，地方权威的"自主"管辖权并没有受到严重的挑战。虽然正式官制制度并没有承认这种分治的局面，但事实

---

① 赵晓力：《关系/事件、行动策略和法律的叙事——对一起"依法收贷案"的分析》，转引自强世功《调解、法制与现代性：中国调解制度研究》，中国法制出版社 2001 年版，第 463—464 页。
② 王先明：《近代士绅》，天津人民出版社 1997 年版，第 21 页。
③ 徐勇：《乡村治理与中国政治》，中国社会科学出版社 2003 年版，第 236 页。

是分治的局面"随处可见"。① 人民调解在这个过程当中只是一个中介手段，上层国家想通过人民调解来达到对乡村的治理，村干部想通过人民调解提高自己的地方性权威，村干部兼任的人民调解员是国家对乡村控制过程的直接实施者，但事实上，它又限制了中央权威进入基层治理。② 在这背后有一种不变的支配性关系，这种支配关系的一方面是具有半官方半民间的人民调解组织赋予的具有官方性权力的人民调解员，另一个方面是生活在乡村群体当中任何生活当中的大事情（比如婚丧嫁娶）都绕不过作为公共人物人民调解员的当事人，在这种关系当中，作为乡村中的人民调解员承载了国家正式的法律机构和村民沟通的桥梁，他们甚至成为了村民了解国家法律和政策的主要渠道，从他们口中吐出的话语似乎更具有某种"权威性"，他们一方面对村民有一定的支配性，另一方面也对外来的法律政策有一种再消化再传播的功能。正是上述的这种对村民的隐形支配和对法律政策的再消化再传播导致了对他们自身地位的强化，表面上看是有利于国家法律在乡村当中的推行，实质也起到了一定的阻碍作用。

村干部担任乡村的人民调解员有其必然的因素，首先，这是国家控制的需要，我们上面已经论述过，村干部在地方的权威性要大于国家，他们是村民的直接管理者，乡镇政府如果不通过村干部直接对村民管理几乎是不可能的，村干部兼任的人民调解员是村庄矛盾的主要处理者，有些村民甚至不知道村干部的人民调解员身份，他们只知道有什么事情的时候去找村干部。其次，村干部处理矛盾的过程也是积攒个人人格资本的过程，如果所有的矛盾多绕过村干部由乡镇政府或者其他村民解决的话，那么村干部在人们心目当中的地位会逐步地下降，所以村干部从个人的利益来讲是不会错过作为乡村人民调解员这个机会的。

第三节　基层民主的展示：普通村民担任的人民调解员

一　论基层的民主

《中华人民共和国宪法》第一百一十一条规定："城市和农村按居民

---

① Fei Xiao Tong. *China's Gentry*. Chicago：University of Chicago Press，1953, p. 84.
② 张静：《基层政权：乡村制度诸问题》，浙江人民出版社 2000 年版，第 19 页。

居住地区设立的居民委员会或者村民委员会是基层群众性自治组织。居民委员会、村民委员会的主任、副主任和委员由居民选举。居民委员会、村民委员会同基层政权的相互关系由法律规定。居民委员会、村民委员会设人民调解、治安保卫、公共卫生等委员会,办理本居住地区的公共事务和公益事业,调解民间纠纷,协助维护社会治安,并且向人民政府反映群众的意见、要求和提出建议。"在乡村中,这种群众性的自治组织就是村民委员会,村民委员会下设的人民调解委员会也具有群众自治的性质,它们的成员都是由村民公开投票选举产生的。普通村民担任人民调解员的选举是基层民主的集中体现,它是普通村民直接参与政治生活的一次契机,它是展示基层民主的重要平台。

  但是在现实中,这种民主大都流于形式,很难得到真正的实现。在经济不是太发达的鲁西南地区,村庄里的妇女参加选举的很少(除了妇女主任和计划生育专职),她们认为选举是男人的事情,和她们的关系不大。家里的子女如果没有成家立业的话,即使到了十八岁的年龄也不参加选举,一个家庭内部虽然可能有几个人都有选举权和被选举权,但是往往参加选举的只有户主一人。虽然基层的民主选举已经搞了若干年,但是所起到的效果并不理想,村民的"代表性自治"被"权威性自治"所取代,[①] 贿选的现象非常普遍。在我调查的 S 县地区,村干部当中通过选举产生的非常少,大部分都是委任的,有些村支书和村主任担任其职务的年限超过了 20 年,在担任其职务的 20 年间基本没有再举行过该职位的选举,除非出现一些意外情况,比如此人自动退职或因为其他原因强迫退职。造成这种现象的原因我们已经在上述章节中论述过了,在此不再赘述。贿选的现象主要发生在经济比较发达的地区,比如在山东胶东半岛地区。由于当地经济比较发达,村庄出现了很多的企业,土地的价格也随着近年房地产业的狂热一路飙升,作为村干部能够看到自己预期的经济利益,在竞选的时候就会明码标出选票的价格。虽然选民们能够得到实际的利益,但是他们对于贿选的事情还是抱有复杂的心理,因为考虑到所选人员关系到村庄和自己的长远利益。我相信上述的两种现象并不能代表中国乡村的实际情况,但是它们确实在某些地方真实地存在着。

[①] 张静:《基层政权:乡村制度诸问题》,浙江人民出版社 2000 年版,第 208 页。

当下的村民自治和基层民主呈现出以下特点：首先，虽然发展很缓慢，但是它确实在往前发展，从委任到贿选就是一个进步，这证明人们开始关注自己的权利，无论他们是出于什么样的目的；其次，基层民主和村民自治逐步走向了制度化、正规化，人们在这个历程当中虽然表现出一定的不理性，但是这也许是通往成熟的必经阶段；最后，实现真正意义上的基层民主和村民自治是历史的大方向大趋势，个别的逆流不可能阻挡历史的潮流。

二 普通村民担任的人民调解员基本状况描述

（一）构成状况

普通村民通过选举成为人民调解员的情形只存在于村级人民调解员之中，对于乡镇级人民调解员不存在这种现象。在笔者调研的 L 镇和 S 镇，普通村民通过选举担任人民调解员的人数共 11 人，两镇共有人民调解员 173，普通村民通过选举担任人民调解员的比例是 6.4%，他们都为男性，政治面貌也都是党员。其年龄构成为：45 岁以上的 4 人，占总数的 36.4%；35 岁至 45 岁的 7 人，占总数的 63.6%。学历构成为：专科以上学历的有 3 人，占其总数的 27.3%；高中学历的有 5 人，占其总数的 45.4%；初中学历的有 3 人，占其总数的 27.3%。

（二）状况分析

通过上述的分析可以知道，普通村民通过选举担任人民调解员的情形还是少数，他们是乡村人民调解员边缘化的组成部分，他们只是参与人民调解的个别案件，通常在人民调解委员会当中也不担任任何职务。普通村民担任的人民调解员大部分都是男性，这与乡村女性的社会地位不无关系，在乡村女性参加选举的情况非常罕见。由于人民调解的政治性特征，即使对于普通村民担任的人民调解员，他们的政治面貌也基本上都是党员。从其年龄和学历上来看，年轻化的高学历人才被选入的比例高一些。

《中华人民共和国人民调解法》当中并没有关于普通村民担任人民调解员情况的相关规定，在现实的实践当中，普通村民担任人民调解员的情形也比较复杂的，有些村庄有很多普通村民担任人民调解员的情况，但是在有些村庄可能根本没有普通村民担任人民调解员。通过表 3.6 可以看出，比如 J 镇的西×××村、小××村和小××村等就没有普通村民担任人民调解员；但是 J 镇的北××村除了村主任一人之外，其他的四位人民调解员都由普通村民担任，还有仁×村，七位人民调解员当中只有主任一人是村党支部的成员，其他的六人都是普通的村民。关于普通村民担任人民调解员的性别比例问题，在实际情况当中也并不严格，《中华人民共和国人民调解法》第八条三款规定："人民调解委员会应当有妇女成员，多民族居住的地区应当有人数较少民族的成员。"但是表 3.6 当中的小××村和仁×村就没有女性人民调解员。普通女性村民担任人民调解员的情形就更少，表 3.6 中共五位女性人民调解员，在这五位女性人民调解员中只有一位是普通的村民。原因可能如访谈（FSPZ54-2014-03-22）中的一位村民说的："妇女哪有天天在外面抛头露面的呀，这些都是男人做的事情，早晚也有个妇女在村委会，不过那些都是妇女主任或者计划生育专职。"《中华人民共和国人民调解法》第八条二款规定："人民调解委员会由委员三至九人组成，设主任一人，必要时，可以设副主任若干人。"但实际情况并非如此，对于一些面积较大的村庄，人口比较多（有的甚至达到三四千人），普通村民担任人民调解员的人数可能会超出这个限度，比如表 3.6 当中的戴××村，此村人民调解员的数量达到了 18 人，远远超出了法律规定的人数。

表 3.6　　　　　　　J 镇部分村庄人民调解员登记表

序号	村名	调解员姓名	委员会职务	村职务	性别	年龄	政治面貌
1	西×××村	李某某	主任	支书	男	51	党员
		宿某某	委员	村主任	男	56	党员
		张某某	委员	村会计	男	54	党员
		张某某	委员	村出纳	男	59	党员
		张某	委员	妇女主任	女	35	群众
2	小××村	赵某某	主任	村主任	男	41	党员
		赵某某	委员	支部委员	男	53	党员
		赵某某	委员	村委员	男	51	群众
		王某某	委员	村小组长	男	67	党员
		王某某	委员	村务主任	男	71	党员
		王某某	委员	村小组长	男	61	党员
		李某某	委员	村小组长	男	67	党员

续表

序号	村名	调解员姓名	委员会职务	村职务	性别	年龄	政治面貌
3	小××村	王某某	主任	计生主任	男	46	党员
		李某某	委员	村会计	男	67	党员
		孙某某	委员	村委委员	女	44	群众
4	北××村	孙某某	主任	村主任	男	51	党员
		杨某某	委员	村民代表	男	58	群众
		于某某	委员	村民代表	男	58	群众
		赵某某	委员	村民代表	女	50	群众
		李某某	委员	村民代表	男	55	群众
5	仁×村	孟某某	主任	支部委员	男	48	党员
		孟某某	委员	村民代表	男	65	党员
		李某某	委员	村民代表	男	53	党员
		王某某	委员	村民代表	男	67	党员
		李某某	委员	村民代表	男	65	群众
		刘某某	委员	村民代表	男	61	党员
		管某某	委员	村民代表	男	43	党员
6	戴××村	代某某	主任	支书	男	42	党员
		孙某某	副主任	村文书	男	67	群众
		郝某某	委员	计生主任	男	54	党员
		代某某	委员	出纳	男	28	党员
		孙某某	委员	村委委员	男	48	群众
		杨某某	委员	村委委员	女	52	党员
		代某某	委员	村民代表	男	41	群众
		代某某	委员	村民代表	男	61	党员
		代某某	委员	村民代表	男	65	群众
		代某某	委员	村民代表	男	50	党员
		代某某	委员	村民代表	男	62	群众
		肖某某	委员	村民代表	男	37	群众
		代某某	委员	村民代表	男	61	群众
		代某某	委员	村民代表	男	56	群众
		代某某	委员	村民代表	男	65	群众
		李某某	委员	村民代表	男	53	群众
		郝某某	委员	村民代表	男	47	群众
		杨某某	委员	村民代表	男	55	群众

资料来源：材料由 J 镇司法所提供。

关于普通村民担任人民调解员的情况，虽然法律没有作出明确的规定,但是在现实当中还是有些规律可循的。首先,在几个大姓氏组成的村庄,每个姓氏一般都有一位代表作为人民调解委员会的成员,其中也就考虑到在解决矛盾纠纷的时候,要有在每个姓氏族群里面都有能"说下话"的人(所谓能"说下话",就是这个人在某些人面前说话好使,能得到某些人的信服或者是尊重);其次,担任人民调解员的普通村民虽然不是村干部但是他也必须是村里的名流,在村民面前要有威望,不然也得不到村民的信服;最后,普通村民担任人民调解员进行人民调解的时候主动介入的情况很少,他们不像村干部兼任的人民调解员有其维护乡村稳定的责任,他们只是作为化解矛盾的专职调解员。

人民调解员名单上显示出来的普通村民担任人民调解员的情况并不一定是现实生活中的真实反映,在实践当中,德高望重的红白理事会的成员和问事人才是人们心目当中真正普选的人民调解员,他们虽然不在名单之上,也不是通过选举产生,但他们是在长期的生活过程中人们推选并拥护的人,有些时候他们的地位甚至超过了村干部。下面就对乡村人们"心目中"的普选人民调解员进行分析论述。

三 乡村的红白理事会与人民调解员

(一) 红白理事会与问事人

在调研的过程中遇到了一家办喜事,是笔者的一位向导的朋友生了个女儿,我和这位向导也一起去参加了这次喜宴。酒席的现场非常热闹,亲戚朋友都纷纷过来道贺,道贺的时候都会带一些礼物和喜钱,客人进门首先去的就是"礼房",所谓"礼房"不过是主人家大门口旁边的一间放杂物的小屋,我们到了"礼房"之后看到一位大概60岁上下的老者,带着老花镜,数着每个客人给的喜钱和礼物,并让另一个人详细地记录,并指挥其他人把礼物归类放好。这位老者就是习惯被村民亲切地称为"大老总"的村红白理事会会长,其他几位在"礼房"忙活的人也都是红白理事会的成员。经过对这位"大老总"的询问,得知周边几个自然村都有自己的红白理事会,成员数量一般都在三人到五人之间,大点的村庄人数可能要多一些。红白理事会是以自然村为单位的,它是真真正正的群众性自治民间组织,但是他们的成员并不是选举产生的,而是在长时间的生活实践当中被村民默认的,当然作为其成员也有一些不成文的标准,正如一位受访者(MSPM66-2014-04-04)所提到的那样:"作为红白理事会的人心眼必须要'平和'(善良),要能站在主家的位置想事情,不能给主家造成不必要的浪费和花销;此外,头脑必须要清醒,办事要利索,遇到事情的时候自己心里要有个谱,因为所有的人都在看着你和听你的指挥,出了娄子的话会遭到大伙谴责的。"理事会的成员一般都是村里威望比较高的老者,因为年轻人没有足够的处事经验,在老的一代理事会成员慢慢退去的同时,他们还会培养新人加入,继续着这项事业。对于红白理事会成员特别是会长的要求还是很高的,并不是一般的人所能轻易做到的,正像前面我们提到的村民对于理事长"大老总"的称呼那样,必须要具备老总一样总览全局的能力。

红白理事会,顾名思义,就是红事(喜事)和白事(丧事)的管理机构,他们的主要任务就是在办理红白事的时候代表主家安排坐席,代收礼物和礼金,照顾客人(主要是陪客人聊天喝酒),帮主家送客,如果是喜事的话送客的时候一般都要给客人回礼。白事的任务要比喜事复杂,一般白事从开始到结束要五六天(如果夫妻当中的一人死亡就五天,若是夫妻都已经亡故就六天),有的甚至更长(如果家人在腊月的除夕夜那天死亡,人们都会秘不发丧,把死者当作活人对待,让死者躺在床上,除夕夜的宴席也要有死者的席位,第二天的大年初一和前一天一样,只有等到初二才报丧,然后再等两天出殡,前后大概要七天以上),在这期间每天都有不同的事情要安排。首先做的是替主家给所有的亲属"报丧",这是一个非常复杂的工作,"报丧"是要讲究顺序的,按照亲属关系先近后远依次送信。报丧结束以后就是接礼,亲属接到丧讯后会在接下来的几天前来吊唁,吊唁的时候要带上礼金和礼物(通常是鞭炮、纸钱和香烟),理事会的人员会把这些记载清楚,以备日后主家结算,最后的程序是出殡。当然这其中有很多具体工作并不是理事会的成员亲自去做,他们作为管理者会指挥其他参与此事的村民去做。红白事是理事会的主要任务,但是他们的任务并不仅限于此,有人会找他们负责分家事宜,一般办完丧事之后如果还有另一位老人在世的话,会组织安排这位老人的赡养问题,如果两位老人都去世的话可能会组织几个兄弟分家。立嗣的时候红白理事会的人一般是主要的见证人,他们有时候还会参与村民之间某些矛盾纠纷的调解。除此之外,红白理事会的一个非常重要的任务就是制定乡规民约,下面我们通过一段访谈

（MSPM66-2014-04-04）来了解一下相关的情况。

问：听说你参与过咱们村红白事的改革，有这个事情吗？

答：呵呵，算不上什么改革，只是近些年红白事出现了很多的浪费现象，我作为这方面的负责人看不惯，所以就组织大家立个规矩，以后再有红白事的时候大家都按规矩来。

问：主要的内容是什么样的呢？

答：在以前的红白事上，让某人去办一件具体的事情就会发给一盒烟，等整个事情结束的时候就会发出去很多的烟，这样会给主家带来不必要的浪费，现在立的规矩是无论事情要办几天，无论有多少事情要做，每个参与者前后只给4盒烟，只管中午一顿饭。这样会给主家节省很多，也没有人不愿意，因为谁家都会有事，等别人给你办事的时候也替你节省。

问：除了这个还有其他的吗？

答：除此之外就是喜事统一用酒的问题，这几年有些村民富裕起来了，在给子女办婚宴的时候就想用好点的烟酒，以显示自己的优越。村民之间也是有攀比心理的，如果别人家都用贵的，自己家不用的话会被亲家或者其他村民说闲话。这样就会造成恶性循环，婚宴的档次和用酒的价格会越来越高，但并不是每个村民都能承受昂贵的酒席。现在我们统一了规矩，婚宴用酒基本都在30元左右一瓶的，用烟在15元左右一盒的，酒席在400元左右的为宜。对于个别的贵宾可以适当提高档次，比如说新郎外地的朋友或者某领导的坐席等，但其他的坐席都统一档次。

通过上面的访谈可以知道，红白理事会是当下乡规民约的主要制定者，他们用这些规矩统一着村民生活的方方面面，这些规约大部分只是在村民的心目当中存在着，并没有书面的记载，但是每一位村民却都在小心地遵守着这些规约。关于红白理事会对于所做事务的介入问题，一般情况下，遇到白事的时候理事会都是主动介入的，其他情况一般都是主家去请。红白理事会的一切劳动都是免费的，他们如果有什么报酬的话，就是主家在事情结束的时候会请顿酒席和发给几包烟，这些报酬也只不过是礼仪性的。

并不是每个自然村都有红白理事会，但是没有红白理事会的村庄一定存在着一些"问事人"，这些人所起到的作用其实和红白理事会一样，他们只是称呼不同而已。这种民间组织存在的时间无可考证，但是可以确定这是村庄里最为古老的组织之一，它见证着村庄里每一位村民的出生、婚礼、葬礼等重要仪式，它是一代又一代村庄精神的传递者。

(二) 组织的分离与任务的趋同

上面论述的红白理事会是区别于官方的民间机构，它和村委会、人民调解委员会等村民自治组织在村庄内并行存在着，但也存在交叉。它们交叉的是成员构成，有些人既是村干部兼任的人民调解员又是村红白理事会的成员，这样的成员还为数不少。从对50位红白理事会成员的统计分析来看，单纯作为红白理事会成员的有12人，占样本总数的24%，红白理事会成员兼任人民调解员的有18人，占样本总数的36%，红白理事会成员兼任村干部的有15人，占样本总数的30%，红白理事会成员同时兼任村干部和人民调解员的有5人，占样本总数的10%。其中红白理事会兼任的人民调解员在样本当中所占的比例最高，这部分人员在乡村人民调解员的大分类当中属于普通村民担任人民调解员的情形，红白理事会成员与普通村民担任的人民调解员身份的高度重合是有其原因的。

首先，作为普通村民的红白理事会成员在村里的威望一般都比较高，他们在红白事宜当中为自己积累了大量的人格资本，在矛盾纠纷的调解过程当中，村民对于他们都比较信服，相应调解的成功率也比较高。其次，有很多的矛盾纠纷都和红白事宜有关，比如说兄弟分家的矛盾、赡养老人的矛盾等，他们对于矛盾纠纷的来龙去脉可能要比其他的人民调解员更为熟悉，这些矛盾由同一班人处理起来也比较顺手。最后，是从村民的角度考虑，在选择调解员的时候，人们都偏向选择自己比较信赖的人员，而在所有的人民调解员分类当中，作为普通村民的红白理事会人员担任的人民调解员是最佳人选，他们平时不图任何回报地服务于全村村民，在村民心目当中留下了光辉形象。

我们虽然对上述人员进行了不同的区分，但是从他们的任务来看，并没有分得那么详细。在乡村，有很多事情并不一定按照他们严格的分工来分配，比如说关于矛盾纠纷的解决，矛盾的调解者到底是以什么样的身份参加我们也分不清楚，纠纷的双方当事人也不会关注，所有的注意力都是放在最后能不能把问题处理好，而不是他们什么样的身份。对于矛盾的调解者来说，他更不清楚自己是以什么样的身份参与调解的。在归类上，我们把以往乡村的地方士绅、精英和名流分成了属于不同组织的类别，但是他们的工作还和以前一样，并没有发生本质的改变。无论他们的成分是怎样的，有一点是可以肯定的，那就是他们在乡村人们心目中是"被普选"和认可的。

第四节 专业技术的需求：聘任的人民调解员

20世纪90年代，出于对农村和农民的关怀，出现了种种的"下乡活动"，有文化下乡、科技下乡、民主下乡和法制下乡等，乡村聘任的人民调解员就是在法制下乡的大背景下产生的，人民调解人员的职业化和群众自治性相结合是时代发展的一种趋势，职业调解人模式力图从机制层面破局，这无疑是一项创造性的探索。[①]

一 聘任人民调解员的基本状况描述

（一）构成状况

在笔者调研的 L 镇和 S 镇，镇级人民调解员当中没有聘任的人民调解员，村级人民调解员当中聘任的人民调解员有 58 人，占两镇人民调解员总数的 33.5%。他们的政治面貌除了一人是群众外，其他的都是党员，其中女性人民调解员 17 人，占聘任人民调解员总数的 29.3%。学历构成为：专科以上学历的有 4 人，占总数的 6.9%；高中学历的有 34 人，占总数的 58.6%；初中学历的有 20 人，占总数的 34.5%。他们的年龄构成为：50 岁以上的有 26 人，占总数的 44.8%；40 岁至 50 岁的有 25 人，占总数的 43.1%；40 岁以下的有 7 人，占总数的 12.1%。他们同普通村民担任人民调解员的情形一样都是专职的人民调解员。

[①] 马利民：《探索人民调解群众化职业化专业化相结合发展之路：郫县职业调解人制度运行半年渐成熟》，《法制日报》2009 年 10 月 19 日第 2 版。

（二）状况分析

通过对 L 与 S 两镇的状况分析可以得知，聘任的人民调解员只存在于村级人民调解员队伍当中，在乡镇级人民调解员当中一般没有聘任的人民调解员。聘任的人民调解员是乡村人民调解员群体的重要组成部分，他们是除了村干部兼任的人民调解员之外的第二大主力军，此外，考虑到人民调解的政治性，所以他们一般都是党员。由于他们都是聘任的，而不是选举的，也就不存在女性参加竞选的状况，所以只要是在调解方面有特长的人员无论男女都有可能被聘任（有些女性比男性更擅长调解），因此聘任的人民调解员当中女性的比例与前面其他三种人民调解员当中女性的比例相比算是比较高的。聘任的人民调解员以离退休的老干部为主，所以年龄就比较偏大，学历程度比较偏高，但是也不排除学历高年龄小的调解员，上述聘任人民调解员当中的一位大专学历的调解员只有 27 岁，这部分人群将来很有可能成为聘任人民调解员的主力。

《中华人民共和国人民调解法》第十三条规定："人民调解员由人民调解委员会成员和人民调解委员会聘任的人员担任。"法条当中并没有关于聘任人民调解员的硬性规定，人民调解委员会要不要聘任人民调解员视具体情况而定。在不同的地方，有不同的政策，经济发达一些的地方，聘任人民调解员的数量就会多一些，经济落后一些的地方，聘任人民调解员的数量就会少一些。即使在同一个地方，聘任人民调解员的情况也不尽相同，比如距离县城近一些的乡镇，聘任的人民调解员数量就会多一些，距离县城远一些的乡镇就会少一些。如图 3.4 所示，在县城旁边的 S 镇，聘任人民调解员的比例达到了 36%，原因是 S 县的很多企业都集中在这个乡镇，经济相对其他的乡镇而言要发达一些。

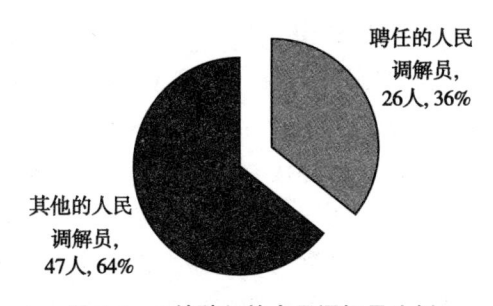

图 3.4 S 镇聘任的人民调解员比例

在访谈（MSSS56-2014-03-23）中得知，聘任人民调解员的主要构成成分是乡镇和村庄的一些退休干部，把这部分人纳入人民调解的队伍有多方面的考虑。首先，退休老干部有充足的时间参与此事。虽然人民调解所处理的矛盾都是一些鸡毛蒜皮的琐事，但是调解起来确非常麻烦，特别耽误时间。人民调解员对于某些案件的调解甚至要跑上十几趟，分别找双方当事人谈话、协商，最后才能达成协议，正如一位人民调解员所说的那样："当事人前台吵吵嘴，我们后台跑断腿。如果没有大量的空闲时间，这个工作是没有办法做好的。"其次，退休老干部有充足的经验。他们在乡村工作了一辈子，关于乡村的那些道道摸得一清二楚，上面对于国家的政策，下面关于农村的情况，可以说他们无所不晓。有了这些经验，处理起问题来就会容易多了，反而我们这些具有"高水平"的专业法律人员束手无策。再次，退休干部一般都有崇高的威望。乡村是个讲究人情、面子的地方，疏导劝解只是些技术性的问题，调解矛盾主要依赖的还是个人魅力，用村民的话说就是在当事人面前能"说下话去"，退休的这些老干部由于在这里工作了一辈子，没有功劳还有苦劳呢，村民对他们一般都很尊敬，这样就非常有利于矛盾的解决。最后，从空间上来讲方便快捷。聘请的这些退休干部一般都生活在矛盾当事人双方的本村或者是邻村，矛盾事发的时候他们能够及时地了解到当时的情况，对于纠纷后续的解决也比较方便，如果我们从县城或者其他的地方聘请一些专业的法律人才，从交通上来说就非常不方便，更不用说对矛盾纠纷的解决了。

二 聘任人民调解员的工作现状

聘任的人民调解员是对人民调解委员会的一个补充，他们参加人民调解的次数要比其他的人民调解员少一些，如图 3.5 所示，在 2013 年 L 镇登记的 24 起人民调解案件当中，聘任人民调解员参与的只有 3 起，占总数的 13%。聘任人民调解员参加人民调解数量较少的原因主要有以下几个方面。首先，我们设置聘任人民调解员的目的是解决一些专业的法律问题，但在村民实际生活当中涉及法律专业问题的矛盾纠纷并不太多，所以在一般的人民调解过程当中就没有必要让聘任的人民调解员参加；其次，虽然大部分聘任的人民调解员都住在本村或者邻村，但是也有一部分聘任的人民调解员并不是当地居民，他们一方面参与调解有空间上的不便，另外一方面他们也不是太熟悉村里的情况，所以参与调解的作用不是很大,自然也就减少了参与调解的机会;最后,处于解决专业法律问题目的聘任的人民调解员,在数量上就比其他的人民调解员少,所以他们参与的调解数量也就相应少一些。

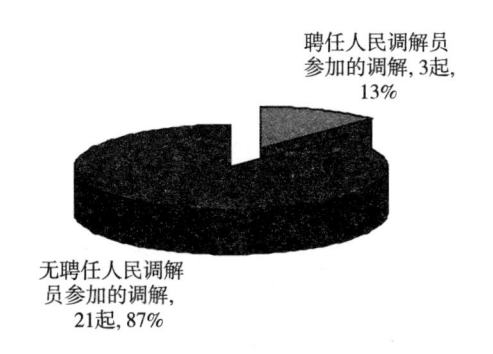

图 3.5　2013 年 L 镇聘任人民调解员参加调解状况

资料来源:此图根据表 3.1 当中的数据分析而成。

谈到聘请的人民调解员,很容易就会想到聘金或者补贴的问题,《中华人民共和国人民调解法》第六条规定:"国家鼓励和支持人民调解工作。县级以上地方人民政府对人民调解工作所需经费应当给予必要的支持和保障,对有突出贡献的人民调解委员会和人民调解员按照国家规定给予表彰奖励",第十六条规定:"人民调解员从事调解工作,应当给予适当的误工补贴"。但是人民调解员的实际情况是什么样的呢?下面通过一段访谈(MSSL51-2014-03-19)来了解一下。

问:对于我们聘任的人民调解员有聘金或者补贴之类的吗?
答:没有,按理来说我们应该给提供一定的补贴,但是司法所的经费实在是太有限啦,我们也是心有余而力不足。
问:误工补贴也没有吗?
答:没有,不只是聘任的人民调解员没有补贴,我们所有的人民调解员都没有补贴,主要是因为人民调解是免费的,我们也没有经济收益,有些当事人甚至连调解协议书的工本费都不愿意交。
问:对于优秀的人民调解员进行物质上的表彰吗?
答:我们所进行的表彰一般都是精神上的,都是发个证书之类的,但是物质上的没有过。

问：县里给过我们司法所人民调解方面的专项资金吗？
答：没有，哪有什么专项资金呀，就连人民调解办公用品方面的资金都是问题。

通过访谈得出，人民调解的必要经费和人民调解员的误工补贴很难得到保障，更不必谈聘任人民调解员的聘金问题了。究其原因还是地方政府对于人民调解不够重视，在地方政府部门眼中，人民调解是排在经济发展、计划生育等之后的工作。除此之外，参与人民调解的人民调解员大都是当事人非常熟悉的村民，即使没有任何补贴和经费的话，他们对于人民调解的工作也没有任何怨言。《中华人民共和国人民调解法》第十二条规定："村民委员会、居民委员会和企业事业单位应当为人民调解委员会开展工作提供办公条件和必要的工作经费。"在一些经济较为发达的农村地区，村民委员会有可能会拿出一部分的资金补贴给人民调解，但是这些经费都是十分有限的，并不是人民调解健康发展的长久之计。

随着国家司法改革和法制进程的不断推进，乡村对于法律的需求也在逐步增加，在2013年L镇登记的人民调解当中涉及专业法律问题的纠纷为6起，占总数的25%，这与前些年相比，比例有了大幅度增加。法治化的进程虽然对乡村造成了一定的辐射，但是乡村的矛盾纠纷解决还不能完全诉诸诉讼程序，一方面是因为我国司法资源的紧缺，另一方面是因为乡村仍然是一个熟人社会，村民对于传统纠纷解决方式的依赖程度并没有减弱，相反，随着近些年国家对于"大调解机制"倡导，村民对其依赖程度还有所增加。在这个矛盾的夹缝中，聘任的人民调解员就有了自己的发展空间，他们一方面是具有法律专业知识的人员，另一方面他们又不是国家的诉讼机构人员，同时满足了上述矛盾两方面的需求。

第四章

乡村人民调解员工作的影响因素与动态描述

第一节 乡村关系网络的解构

一 关系网络的横向剖析

(一) 血缘与拟制血缘关系网络

1. 家族与外亲

中国人的价值观包含六个方面：即家族主义、尊老、人情主义、礼貌、脸面和男性中心，① 家族主义在整个价值观体系中起到非常重要的作用。所谓家族是以父宗而论的，"则凡是同一始祖的男系后裔，同属于同一宗族团体，盖为族人。其亲属范围则包括自高祖而下的男系后裔。以世代言之，包含自高祖至玄孙的九个世代，是所谓九族"②。在乡村，有的生活在一起的家族人数达到数百人，这是一个非常庞大的集体，甚至有些村庄就是由一个单一的家族组成。家族有别于家庭，家庭是组成家族的最基本单位，"家是指同居的共同生活的人，它与亲属的范围相比，范围较小，通常只包括两个或者三个世代的人口"③。随着改革开放的推进和市场经济的冲击，农村的基层经济组织发生了微妙的变化，村民对于家族集体的依赖性不再像以往那样强烈了，另外熟人社会逐渐向陌生人社会的转变也在削弱着家族的影响力。虽然家族的影响

---

① M. C. Thelin, "Chinese Values: A Sociologist's View", in A. T. Tymieniecka (ed.) *Analecta Husserliana*, 1986, pp. 393–405.
② 瞿同祖：《中国法律与中国社会》中华书局1999年版，第2页。
③ 同上书，第3页。

和传统相比有所减退,但是它在乡村当中仍然起着非常重要的作用。比如说关于村干部的选举,村干部一般都产生在大的家族内部,特别是村长和村支书的职位,如果不是这样就很难对大家族进行管理,往往村委的职位都涵盖各个村庄的大家族,自然村内部的小组成员也覆盖自然村的所有家族,只有这样才能保证工作的顺利开展。农村很多的生成小队都是由单一的家族组成,这也是出于管理的考虑。除此之外,例如在婚丧嫁娶这样的大事上,同样体现出家族的重要性,用乡村人的话说就是遇到事情的时候有很多"架势的",人多好办事,都是自己家族内部的人,办事有了"娄子"也会有人(帮忙的)给兜着。通过对一位老人的访谈(MSPB58-2014-03-27)得知,在改革开放以前,村里经常有打群架的,那个时候打架的双方一般都是以家族为单位的,哪方家族的男丁多一些哪方就会占上风,并且这种参与并非是自愿的,在矛盾激化的时候,所有的家族男丁都一一被叫去,如果自己不参与的话,其后果可能就是被大家在心理上把你逐出家族,以后在村里的生活将是寸步难行。这类似于电影《老井》中的场面,为了村庄或者家族的公共利益,每个人都有义务并且也有责任与这个群体保持一致,这是人们在自然条件比较恶劣的情况下,为生存而竞争的一种方式。每个个体与家族的关系也是复杂的,一方面由于个体的弱小要依赖于家族这个集体,另一方面对于自己不愿意参加的家族行为(比如上述的群架)又无法摆脱。个体和家族的关系是乡村关系网络的重要组成部分,每个人都隶属于一个家族,即使是有些村庄内单独姓氏的人家,他们也有自己的家族组织,有的是在旁边的村里,有的是在外地。

　　与上面论述的父系宗族相对的是母系姻亲的外亲,乡村不同于城市,村庄内所娶的媳妇大都是旁边村子的姑娘,同样本村的姑娘也都是嫁到旁村做媳妇,在我调研的村庄,除了个别的情况(改革开放初期,鲁西南地区通过拐卖过来的外地媳妇也有很多),只要是在家说的"亲",女方一般都是本乡镇的,本乡镇以外的情况很少。近些年来,随着经济的不断发展,乡村人们的活动范围也在不断地扩大,村里的外地媳妇也开始增多,有的甚至娶了外省的媳妇,这主要是因为交通工具逐步地便利,空间上的距离逐步缩小,在我调研的村庄,有轿车的家庭已经不再是少数,从而人们择偶的空间也就相应地变大。但是这些并没有削弱外亲在乡村关系网络中的影响,在对一位退休村支书做访谈

(MSCL70-2014-04-08)的时候就发生了这样一件事情,在访谈之前,我首先找的是一位朋友的父亲,这位朋友和被访者并不是一个村的,他的父亲虽然认识这位退休的村支书,但是他并没有直接地带我去访谈,而是找到了本村被访谈者的"亲家",最后访谈的过程果然很顺利。这是被访者基于他的"亲家"对我们产生的一种信任,如果我们没有让被访者的"亲家"出面的话,可能访谈过程会是另一种情况。在乡村两家结成"儿女亲家"是形成了一种非常重要的关系,这种关系不亚于家族的关系,甚至有些比家族的关系更为亲近。在农村经常会有这样的事情,一个人要去另一个村办事情,但是又没有直接的关系,就会打听家族内有没有在另外村庄的外亲关系,有总比没有要强得多。有些家庭为了壮大自己的势力还会与同村或者旁村的异姓大家族结成"姻亲",在我调研的 S 镇上就有一个外地的生意人,他虽然做生意发了财,但是在镇上毕竟是个外地人,他为了巩固自己在镇上的地位,就与镇上的一个大家族结成了"亲家"。除此之外,可能两个家族之间没有任何直接的关系,但是他们都和同一个家庭有姻亲关系,有姐妹两个嫁到了同一个村庄两个不同家族的情况。

乡村的关系错综复杂,家族关系和外亲关系是整个乡村关系网络的基础,这两种关系的梳理对于研究乡村人民调解员的工作策略非常重要,作为人民调解员只有了解他们背后这些错综复杂的关系,才能更好地处理相互之间的矛盾纠纷。例如这样的一则案例:F 和 H 由于耕地相邻纠纷找到了本村的人民调解员,一位村民告诉我们这看似一件简单的调解案件,实际上人民调解员充分考虑了这背后的关系网络。F 和本村的村主任是连襟关系,人民调解员当中的一位和 F 又是本家,最后调解的结果以稍微偏向 F 一些而告终。

2. "干亲"与收养

"干亲"是指没有血缘关系或婚姻关系而结成的亲戚,又称寄亲,在乡村有时候也称为"干亲家""干老"等,这是一种被拟制的血缘关系。认"干亲"主要包括两种情况,一种情况是因为子女的生辰八字不好,通过认"干亲"来避免子女的灾祸,这种情况下被认的不一定是人,在鲁西南就有很多小孩在泰山上找棵大树认为"干爹"或者"干娘";另一种情况是两个人关系比较要好,为了使这种友谊能够延续而认"干亲"。第一种情况是古代封建迷信的产物,由于这种原因而认"干亲"的现象也在逐渐变少,第二种情况是在当下的乡村还普遍地存在着。中国传统社会是一种家天下的社会,在人的一生中父母是我们最亲近的人也是最直接的服从者,让自己的子女认别人作为父母,是对自己子女权的一种分享,这种情况虽然没有血缘关系存在,但是却胜于某些血缘关系。往往对于某些人的冒犯,特别是与其子女相关的冒犯,同样会冒犯到他们的"干亲家",通过子女与其他家族结成的姻亲同样适用于"干亲"。这种拟制血缘关系的存在,虽然是出于情谊延续的考虑,但是也涉及扩大自己在乡村势力的可能性,并且使得这种联谊得到类似书面文件的保障,那就是认亲仪式。"干亲"除了我们上述提到的干爹、干娘之外,还存在着像干哥、干姐等,干亲之间的交往要比平常的友谊之间的交往频繁,每年的过年、过节、生日、寿诞等重要事件,他们都要走动。在法律上虽然没有相互之间的权利义务,但是这并不影响其实际上的相互照应和扶持。随着社会的发展,这种现象已经越来越少,但仍在乡村当中存在着,它与家族和外亲的关系一样,在乡村的关系网络当中起着非常重要的作用。

收养与干亲一样是拟制血缘关系,收养在乡村当中也普遍存在,我们在此要论述的不是养父母与养子女之间的关系,而是收养者家庭与被收养者家庭之间的关系。收养不同于过继,过继是指自己没有儿子,收养同宗之子为后嗣,① 而收养的范围要大于过继,收养不仅限于对男孩,也包括女孩,并且所收养的并不一定是同宗的孩子。收养的情况有很多,有的是自己没有子女而收养;有的是自己没有女儿或者儿子,想要个女儿或者是儿子而收养,但是无论哪一种情况,收养者双方的关系都会很好。理清乡村背后的这些关系对于人民调解员来说是至关重要的,如果不知道这些关系,调解起来就会一头雾水。甚至有些人民调解案件就是因为收养关系产生的,例如在访谈(FSQL71-2014-04-09)中了解到的一个人民调解案例,20世纪的40年代,家住×镇×村的L有一女儿,但是膝下无子,经人介绍收养了旁边村庄J村一人家的儿子X作为养子,X长到十几岁的时候,由于和养父母关系不好被养父母赶回了亲生父母家,但是由于养祖母非常疼爱这个养孙,又把X领了回来,在其十九岁的时候让其成家。好景不长,在X成家的第二年养祖母去

---

① 《过继》,百度百科(http://baike.baidu.com/view/78416.htm?fr=aladdin)。

世，他和养父的关系一度恶化，1994年双方的矛盾实在没有办法调和，就提出断绝养父子关系，但是双方就分家的财产事宜达不成一致，当时主持接收养父子关系的人就是本村的人民调解员。如果对他们的过去不了解的话，就很难对他们之间的财产纠纷和关系进行处理，人民调解员对于他们过去历史关系和背后关系网络的把握是调解的前提。

（二）民间组织

"互助组织"在民间也大量存在，在调研的鲁西南地区自古就有兄弟结义的传统，在宋朝年间就有晁盖和宋江等英雄好汉聚结梁山结为异姓兄弟的故事。兄弟会有各种各样的形式，它是一个松散的组织，其成员以年轻人为主，有的兄弟会有自己的名字，通常命名为什么帮，但是大部分的兄弟会都没有自己的名字，而是一个无名的组织。"互助组织"不同于家族，他们的组织往往是跨村的，有些甚至是跨乡镇或者是跨县的，其成员数量一般都不是很多，大多在十几人，它成立的宗旨一般都是在生活上相互扶持，在事业上相互帮助。兄弟会没有明确的会规，他们都是以良心和道德来约束自己，也没有一定的惩罚措施，唯一的惩罚就是把某人逐出兄弟会，其他人不再与他往来等。村里的年轻人有很多都是某个兄弟会的成员，甚至有些还是好几个兄弟会的成员。兄弟会的成立和加入都有一定的仪式，有的是喝血酒、拜关公，有的是吃个饭烧炷香，但也有磕四方的（对着东南西北四个方向磕头），然后宣示兄弟之间有福同享有难同当，视其他兄弟的父母兄弟姐妹为自己的兄弟姐妹，视其他兄弟的事务为自己的事务。这种组织往往比前面提到的家族亲属和朋友情谊的连接更紧密，他们内部成员之间都是相互尊重的，并且有时候甚至把组织的利益放在家族之上。兄弟会是个讲人情和面子的地方，他们甚至有时候把人情和面子放在自己的安危之上，人民调解员如果了解村庄里的这些组织和相互之间关系的话，在调解的时候就会事半功倍。例如这样一则案例：矛盾当事人的一方是某兄弟会的成员，人民调解员在调解之前就请了一位此兄弟会的其他成员，最后矛盾在其"兄弟"的劝解下得到顺利解决。兄弟会成员之间的聚会也是不定时的，有时候几个兄弟赶巧了也坐一起喝两杯，沟通沟通感情，但是在某些成员家里有了事情或者困难的时候他们都会聚到一起，帮助其解决问题和渡过难关。随着社会的发展，这种组织在逐渐减少，但是它们在乡村起到的作用还是非常大的，甚至有些地方的兄弟会承担着村里的夜防（就是打更，以防晚上有小偷进入村庄偷东西）和治安。当然也有些兄弟会后来逐步变为黑恶势力的，称霸一方欺压百姓，扰乱了地方的社会秩序，① 这时候其关系网络以一种明确的方式表现出来，谁是圈内人谁是圈外人，分得非常清楚，掌握这些信息是把握地方乡村关系网络的重要方面。

这种关系网络和其他的关系网络相比在表现方式上通常是隐形的，即以一种不公开的方式出现，只有和他们熟悉的人才知道他们和谁谁是结义兄弟，除此之外其他人对其情况都不是太了解，更不用说村外的陌生人。但是作为乡村的人民调解员对于他们相互之间这种关系的了解是必需的，只有了解这种关系才会明白在解决矛盾的时候去找哪些"说得下话"的人去"说合"。

二 关系网络的纵向剖析

（一）传统仪式

本研究中所描述的传统仪式是个广义的概念，既包括庙会、神仙会等集会上的仪式，也包括婚礼、葬礼上的仪式。庙会是个普遍的民间集会活动，参加集会的人员都是庙宇附近村庄的农民，他们按照祖宗传下来的程序祭祀保佑他们的神灵。比如在调研的单县就有奶奶庙会、龙王庙会等，这些集会和"杠会"非常相似。② 庙会的开支由附近村庄的村民共同承担，村民对庙会的摊派也都乐于施舍，这与对国家收费的对抗形成了鲜明的对比，如果对庙会等公共仪式的开支拒绝摊派的话，就是对村庄集体的冒犯，没有人愿意做这个例外。庙会的公共仪式因为是自愿参加的，仪式本身的吸引力还是不够的，庙会的主持者有时候会请一些戏班唱大戏，这更容易吸引周围的村民过来围观。村民的围观与交流就是一种关系网络加强的过程，在庙会上会遇到很多的老朋友，特别是上了年纪的人之间的相遇与交流，上了年纪的人是不大走出村子的，庙会唱大戏等公共仪式把他们召集到了一起，以往处于沉睡状态的关系网络再次凸显出来，并且使得这种关系进一步加深。很多的年轻人还有可能结交新关系，乡村的媒人也会借着这个机会让男女双方在庙会上相

---

① 董磊明：《宋村的调解——巨变世代的权威与秩序》，法律出版社2008年版，第142页。
② 王铭铭、[英]王斯福：《乡村的秩序、公正与权威》，中国政法大学出版社1997年版，第210页。

见，小媳妇凑在一起也会议论那个是谁谁，这个是某某，并且还若有其事地讲讲某人的某事。当然庙会的组织者也会借此机会重塑自己的权威，有些组织者本身也是人民调解员的一员，传统仪式好像是矛盾纠纷解决的一次预演，在调解的时候双方当事人的心目中甚至会浮现他们作为传统仪式主持人的形象。除此之外，还有财神爷会、灶王爷会和火神爷会等，① 每年的大年初七，村民们都会聚集到村子的中央，各家带着各家的鞭炮和纸钱在聚集地燃放和焚烧，因为火对于村庄的威胁是非常大的，人们出于对火的惧怕而送走这位神灵，这可能是人们最不喜欢的神灵吧。这与其说是一种送神仪式，倒不如说是一种村庄聚会，在这里村民们有说有笑，谈论着上一年的状况和来年的打算，即使往常相互有矛盾的村民在这么欢喜的气氛中也"相逢一笑泯恩仇"了。

除了上述的公共大型传统仪式之外，还有婚礼和葬礼等次一级小型的传统仪式，这些传统仪式的主要参与者是当事者的本家人，但并不仅仅是其本家人的单独聚会，它的举行往往涉及整个村庄。比如说葬礼，主持者往往是本家人以外的长者，出殡当天要按照前来客人与死者的亲疏关系安排行礼（对死者的祭拜），安排坐席和哀乐团的演奏（由笙、唢呐和梆子等组成的演奏队，在演奏的过程中可能还会唱一段当地的戏曲）。此外挖"丧坑"和"抬丧"的人也都是家族之外的其他村民，这是整个村庄共同参与的行为。2013 年 12 月在 S 镇 W 行政村做调研的时候，遇上了一次葬礼，从送葬的队伍可以看出去世的是一位年龄高寿的老人，因为送葬的队伍很庞大，只有年龄高寿的老人才有那么多的送葬人，并且他家人丁兴旺。送葬队伍里面的人相互之间虽然没出"五服"，② 但有些也已经十分疏远了，据陪我一起下乡的一位乡镇工作人员说，只要有共同没出"五服"的老人去世，他们就会出现在同一个送葬队伍里，也许他们之间存在这样或者那样的矛盾。村子里有很多矛盾双方是没有出"五服"的"本家人"（"自家人"包罗任何要拉入自己的圈子，表示亲热的人物。所以这里说的"本家人"是一个模糊的概念，不同的人有不同的认识，范围有大有小，但共同点是他们都有一

---

① 赵旭东：《权力与公正——乡村的纠纷解决与权利多元》，天津古籍出版社 2003 年版，第 166 页。

② 瞿同祖：《中国法律与中国社会》，中华书局 1999 年版，第 1 页。

个共同的祖先)①。

也可能正是因为这种联系才产生的矛盾，没有瓜葛和交集也就产生不了矛盾了。矛盾的双方因为葬礼走到了一起，他们身上的孝服提醒他们还有共同的关系，他们是一个共同的集体，这种氛围会使矛盾的双方放下往日的恩怨与芥蒂，开始心平气和地重新思考相互的关系。也可能他们之间并不存在矛盾，葬礼的举行只是重新唤醒了原始的集体感，从而也更有利于他们以后的相处。抬棺木的人都是和老人生活在同一个村子里的其他人，他们和老人的关系已经出了"五服"或者是根本没有任何关系的他姓人（自己家老人去世，本家人是不抬丧的，这是本地的风俗），这提醒着村民，村子是个集体，没有任何人可以超越这个集体，即使是死了，也需要全村的人把你埋葬。就像在调研时，一位村民说的那样："都生活在同一个村子，谁还没有用到谁的时候？"这是乡村人们对人际关系的基本理解，也是乡村人民调解员进行调解的时候必须要考虑的大前提。这种抬头不见低头见和无法脱离集体的"生老死葬"把同村人捆绑在了同一根绳索上，这个集体是由村子里的每个个体组成的，但这每个个体都无法脱离集体而单独存在。

上述这些传统仪式都是集体参与的行为，仪式的举行就像黏合剂一样，它黏合了人们之间的相互关系，拉近了人们的距离。比如婚礼的举行是要有村里人参加共同完成的，女方家要有娘家村里人的送亲，男方家要有村里人的接亲，这些活动所需要的人不只是双方的亲属，还要有除亲属之外的其他人，这样才能显示双方的人缘和集体的认可。如果谁家的送亲和接亲没有用到亲属以外的其他人，那么就会被人们说闲话，这样的婚礼也是不体面的。请亲属以外的其他村民送亲和接亲也是一种对外的公示行为，向全村人宣示我们家的女儿出嫁了或者是儿子娶媳妇了。婚礼上所宴请的人也是有讲究的，除了随礼金的人之外，还要请村里一些有威望的人、村干部（俗称"问事的"）、每个大家族的代表。祭拜祖先的行为更是一种集体感的回归，无论平时身在何处，到过年的时候都会回到自己的村子，同家族的男丁共同到祖坟上烧把纸、磕个头，从而加强血亲之间的团结，唤起他们埋藏在心底深处的集体感。仪式是一种特殊的行为模式，与生活经验相关，也与当地的社会结构与社

---

① 费孝通：《乡土中国》，人民出版社 2008 年版，第 27 页。

会关系相联系，随之会发生各种变化。① 这些仪式虽然在慢慢地发生改变，也在慢慢地被人们简化，但是近期还不会消失，它在乡村当中还起着相当重要的作用，人们还会依赖这些传统的仪式对人际关系进行整合。这些传统仪式不仅从行为上而且从思想观念上影响着乡村的人民调解员，他们会把传统的仪式作为对村民教育的一个机会，每一次的调解都是人民调解员对传统仪式的一次重演。

（二）礼物与"来往"

与许多别的社会不同，中国的社会关系结构在很大程度上是由流动的、个体中心的社会网络而非凝固的社会制度支撑的，因而礼物馈赠和其他互惠交换在社会生活中扮演着重要的角色，特别是在维持、在生产及改造人际关系方面。②在调研中遇到了这样一个案例，H 镇 S 行政村 X 家儿子的婚礼即将举行，X 老两口正在紧张地筹备着儿子的婚礼，他们现在的重要任务就是接受村子里村民的礼金并且仔细地记下来。礼金的价码也在逐年地增长，据 X 的媳妇回忆，在十几年前给别人随礼金都是十元钱二十元钱居多，现在最少都是五十元，一百元的也不少见。各个家庭里面孩子的数量不同，相互之间随礼的价码也可能不同，孩子多的家庭给孩子少的家庭随礼的时候就会比孩子少的家庭给孩子多的家庭每次随礼多一些，一般情况最后的总数目都是一样或者差不多的。相互之间随礼金称之为"来往"，它是礼物交换或者互惠交换的一种形式，可能以前两家没有"来往"，通过这次的随礼变成了有"来往"，也有可能以前一直有"来往"，但是由于那次没有随礼而变得没有"来往"。随礼金只是"来往"的一种形式，除此之外还有"探望"，例如当某位村民生病住院了，村子里的其他村民都会筹钱买点营养品去医院看望一下这位病人，这位病人的家人也会记下前来探望人的名字，等他们中的某人生病住院的时候，他同样会去探望他们。这种看似非常简单平常的"来往"当中蕴含着极大的学问，这种"来往"并没有什么强制性，但是当别人给你随礼之后，别人家的孩子结婚你没有随礼的话就变得"不体面"。这种互惠交换是人们学会和不同类型人打交道的一种重要方式

---

① 邹琼：《仪式变迁：地方化与全球化》，《贵州民族研究》2012 年第 1 期。
② 阎云翔：《礼物的流动——一个中国村庄中的互惠原则与社会网络》，上海人民出版社 2000 年版，第 14 页。

和渠道，它不仅明确了社会所认可的人的界限，而且有助于创造那种"地方道德世界中社会来往的主体际媒介"的个体体验。①

从"来往"到"不来往"可能有很多的原因，比如 X 的媳妇讲的一个案例，村子里的 T 户家有四个孩子，在这四个孩子结婚的时候 X 都随了礼金，后来 T 户家的妇人一年内因生病住了两次医院，第一次 X 和村民筹钱去探望了，第二次 X 和部分村民就没有再次去探望，后来 X 因病住院了，T 户因为最后一次 X 没有去看望他们的病人，他们也没有去看望 X，再后来 T 户有了孙子，X 也没有给他们送礼物，现在 X 的儿子要结婚，对方也迟迟没有来送礼金。对于上述事情可能各有各的说辞，X 认为在一年内，第一次探望了他们的病人，第二次就没有必要再探望了，但对方可能把这种情况当成了"不再来往"的信号，X 对之前所有"来往"的一笔勾销表示十分不满。在"不来往"之后，相互之间在表面上也都不表现出来，但是他们会心存芥蒂，偶尔私下也会抱怨对方，以前两家的关系还算不错，但是现在已经变得非常"陌生"，据 X 说他们这辈子人不可能再有"来往"了，两家再次建立"来往"要等到孩子们组建了自己的家庭后和他们重新建立吧。互惠的交换在某种程度上已被用作一种谋求政治和经济利益的方式，它既是国家再分配体系的一部分，也是社会关系整合的一部分。②

村民之间通过礼金等类似形式建立起来的往来关系千丝万缕，村外的陌生人对于这些复杂的关系是很难理清的，甚至住在同一村子里的其他村民也很难理清另外两家之间的往来关系。礼金在这里是一种关系往来的介质，它演绎着村民相互之间的关系史，它也是村民关系的指向标，礼金的往来、多少变化昭示着相互关系的变迁。他们的祖祖辈辈都生活在这里，也许已经不记得从什么时候两家有了"来往"，从什么时候两家没了"来往"而后又从新建立起来，正是这种看不见的关系决定着人民调解的工作机制，乡村的人民调解员在调解矛盾的时候不可能就事论事，这背后有着像礼金一样引发的各种错综复杂的关系。

乡村的人民调解员也是村民的一分子，他们不是活在真空之中，而是乡村关系网络这张大网上的一个节点，在人民调解的过程当中他们不

---

① 阎云翔：《礼物的流动——一个中国村庄中的互惠原则与社会网络》，上海人民出版社 2000 年版，第 14 页。
② 同上书，第 15 页。

可能做到绝对的公平与公正，他们多少都要受到显性或者隐性关系网络大网的束缚。

第二节　乡村的人情、面子、道理与法律

一　人民调解员的调解资本：人情与面子

"关系、人情、面子是理解中国社会结构的关键性的社会文化概念"，① 上节我们对乡村的关系网络进行了纵横向的剖析，本节就人情，面子等问题展开详细论述。

（一）人情

《礼记·礼运》中讲道："何为人情？喜、怒、哀、惧、爱、恶、欲，七者非学而能"，人情应该是包括人的情感的方方面面，它通过另一个重要的本土概念"感情"来表达。② 人情在中国的语境当中具有非常复杂的含义，它包含感情的意思但是又不完全等同于感情，我们在日常生活中会说夫妻两人感情很好，但是就不可以说两个人的人情很好，朋友之间的感情可以用人情来表达。

本研究所提到的人情主要包括以下几个方面的含义：首先，人情是衡量一个人的标准尺度，某人很有人情味，表明这个人很懂得尊重他人的感受，在生活上乐于助人。人情是一种可以存储和预支的资本，两个普通人之间可能之前没有任何的来往，但是一方可以就当下的困难向对方预支一个人情，对于对方来说，就是对人情的一个积累和存储。这种预支和存储就像国家的银行发行货币一样，背后必须有一个稳定的"金融系统"——和睦共同的集体生活作为支撑。一个愿意预支给别人人情的人也是比较受大家欢迎的人，它体现的是一种美好的私人关系，这种关系如果不进行整体考量，在某些情况下有可能会触犯国家和社会的整体利益，比如说《水浒传》中的宋江就给落狱的兄弟走后门、通风报信，这人情只是他和各个兄弟之间的私人感情，它甚至会触犯国家的

---

① 金耀基：《关系和网络的建构：一个社会学的诠释》，《二十一世纪》1992年第12期。
② 阎云翔：《礼物的流动——一个中国村庄中的互惠原则与社会网络》，上海人民出版社2000年版，第15页。

法律。

其次，人情是一种附属物，它不可以脱离其他恩惠而单独产生，但是它可以脱离其他恩惠而单独存在。比如说A在非常困难的情况下借了B的钱，A和B在产生金钱上债权债务关系的同时也产生了人情上的债权债务关系，后来即使A把借款还给了B，但是他们之间的人情债权债务关系并不随着金钱的债权债务关系的消失而消失。

再次，人情是不可以用理性计算的事物。在田野调查中听说了一个这样的故事，Z的儿子十几年前在河里游泳溺水，被旁边洗澡的L给救了，从此Z就欠了L一个大人情，每年的过年过节，Z都会和儿子带着礼物到L家拜访，转眼十几年过去了，但是这种拜访从来就没有间断过，现在Z的儿子都已经成家立业并有了孩子，Z表示这种拜访还会继续。L却说："当时赶巧了救了孩子，这也不是多大的事情，再说都那么多年了，年年带礼物来看望我，人家的人情早就还清了，我每年都告诉他们不要再来了，但孩子很懂事，每年都过来"。从当事者双方的态度我们可以知道，人情是个主观的事物，每个人都有自己的价值衡量标准，Z认为L救了孩子的命，这个人情是还不完的，它没有一个具体的时间段和价格。从L的角度认为，举手之劳却得到那么大一个人情不值得，但他心里却认为孩子每年来看他是个懂事的表现，是得到他肯定的事情，最起码Z和他的儿子是有人情味的人。

最后，人情是道德和感情的复合体。它是群体性生活的必然产物，乡村不同于高度市场化的城市社会，熟人社会个体对于群体的依赖程度要比陌生人社会更大，就像我们前面提到的乡村的葬礼，此仪式对于他人的依赖要远远大于城市人的葬礼。乡村更需要人与人之间的人情关怀，它甚至从没有任何负担地自愿完成上升到了具有内在心理上约束力的道德。

关于乡村人民调解员与人情的关系要从两个方面分析，一方面是人民调解员本身必须是个非常重人情的人；另一方面是人民调解员在调解矛盾纠纷的时候必须要看重人情。如图4.1所示，在对150位普通村民的问卷调查中，认为情义和道德对人民调解员非常重要的有98人，占总数的65%，认为比较重要的有37人，占总数的25%，这两者的比例之和就达到了90%。看重人情世故，注重感情也是对人民调解员的基本要求，人民调解就是在共同感情的基础上对双方进行疏导、劝解，如果

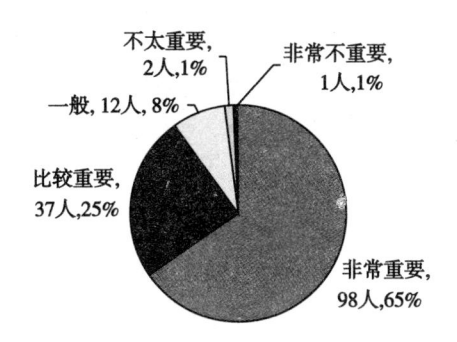

图 4.1　情义、道德对人民调解员的影响程度

人民调解员失去了这些基本的因素就不可能取得当事人的信任，更别说让双方达成调解协议了。

在 A 市 J 镇有这样一个案例，两家相邻田地中间有一口弃用的水井，由于常年雨水冲刷，两家的田地都有塌陷，但是双方都不愿意出工填埋这口老井，逐渐地还相互埋怨，后来矛盾激化闹到了乡里，乡里的司法所所长兼人民调解员 Z 了解到相关情况之后，带了一个司法所的助理员用土去填埋老井，这时候村里的村民都开始议论矛盾的双方，有些人甚至看不下去也前来帮忙，最后当事人双方实在觉得不好意思，各自承认了自己的错误，并握手言和。新闻、报纸上面类似情况的报道也有很多，人民调解员自己对于人情的看重也是对双方当事人一种无言的说教，自己若无情无义的话，给别人调解矛盾也是不可能的。另外一个方面是人民调解员在纠纷调解的过程当中对人情的倚重，如图 4.2 所示，通过对 57 个人民调解员的调查问卷统计可以知道，乡村的人民调解员在调解过程当中认为最倚重人情、道德的占总数的 37%，其比例也是最高的。上面我们也已经提到，乡村不同于城市，人们相互依赖的程度还是很高的，人民调解员往往首先给矛盾双方讲的就是"抬头不见低头见""远亲不如近邻"，特别是纠纷的双方是兄弟姐妹等亲属关系的时候，人民调解员更是抓住人情大做文章，试图使双方念及旧情而达成和解。

（二）面子

"面子"是任何一个在中国生活过的人或接触过中国人的人都能感

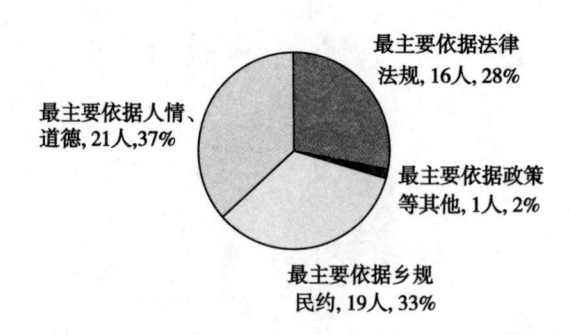

图 4.2　乡村人民调解员调解过程中最倚重的准绳

（饼图数据：最主要依据法律法规，16人，28%；最主要依据人情、道德，21人，37%；最主要依据乡规民约，19人，33%；最主要依据政策等其他，1人，2%）

受到的一种文化心理现象，① 面子之于中国人的重要性就像中国的俗语所说的那样：人要脸、树要皮。树要是没有了树皮是没有办法生存的，脸面有时候就是中国人的生命。什么是"面子"？没有人给"面子"下过确切的定义，就像林语堂在 My Country and My People 当中说的那样：关于"面子"的问题，举例容易，下定义太难，只能说它是中国人社会交往中最细腻的标准。胡先晋先生认为面子和脸是两种不同的心理和行为，脸涉及的是中国人的道德品质，面子则是由社会成就而获得的声誉；② 美国社会学家戈夫曼对上述的两种含义进行了合并，认为中国人的面子是人类共有的心理现象，它是在特定交往中，个人对他人也认可的一种公共行为准则的遵循。若一个人遵循了这一原则，他就会得到自己和他人的肯定，就算有了面子；③ 何有晖先生认为脸和面子不应该以有无道德来区分，也就是说脸和面子两者都含有道德和声誉，面子也不是行为准则，因为它的获得和失去不是通过一致性的行为标准来衡量的，而是带有较大的灵活性，面子是个人要求他人对自己表示尊重和顺从而得到的相应评价。④

虽然很多学者对面子进行了定义，但是都很难对其有个全面的概述，总体来说面子包括几个主要的方面：首先，面子的主人没有身份的贵贱之分，无论是穷人还是富人都非常注重自己的面子，比如在乡村办酒席，大家都是差不多的标准，家里再穷也不能丢了面子，有很多人因

---

① 翟学伟：《人情、面子与权力的再生产》，北京大学出版社 2005 年版，第 129 页。
② 同上书，第 131 页。
③ 同上。
④ 同上。

为不丢面子而欠了很多债务。

其次，面子是具有观众性的表演，往往围观的观众越多越陌生，主人公对于面子越是看重。调研当中遇到了这样一个案例，A 的辈分比 B 的长一些，经常私下里对 B 骂一些脏话（在当地农村长辈对晚辈骂一些脏话当成取乐的方式，并且习以为常），有一次 A 当众又在羞辱 B，但这次不同以往，B 恼羞成怒地和 A 对骂了起来，并且从此与 A 断绝来往。可能在平时没有观众或者观众很少并且都是熟人的情况下，这件事情就不算什么，而这次不同于以往，当时在场的人不但很多，而且还有几个贩卖粮食的外村人，B 认为这是一件很丢面子的事情，A 平时这样对待自己的方式是可以容忍的，但这次触犯了 B 的底线。

最后，面子有时候可以胜过生命。下面我们还是通过一个案例介绍一下，Z 常年在外打工，其妻子 X 与本村的 L 有不正当关系，Z 知道此事后非常地恼怒，但是自己的妻子就是不承认，Z 假装出外打工实际却是躲在村庄的周围观察妻子的情况，一天中午他发现 L 走进了自己的家里，于是将房门从外面锁上，然后去叫 X 的娘家人和 L 的家人，后来有很多人过来围观，真相大白。X 的娘家人看到这种情况后觉得很没面子，于是说：这是你们家的事你们愿意怎么处理就怎么处理吧，然后就走了。X 觉得自己实在是太丢人了，在事发两个小时之后喝了农药不治身亡。这是一个把面子看得比生命还重要的事例，面子有时候胜过自己的生命，犹如案例当中的 X，她自己认为在村里丢了人没有面子，也就没有活着的勇气了。除此之外，面子还具有一些虚伪层面的特征，如鲁迅所说的，"向来，我不相信国粹家道德家之类的痛哭流涕是真心，即使眼角上有泪珠横流，也许检查他手巾上可浸有辣椒水或生姜汁"。[①]

无论怎样，面子对于乡村的人民调解员来说是非常重要的，是他们在调解的时候不得不考虑的重要因素。我在 X 镇 Z 行政村调研的时候了解到了 W 和他调解的案例，第一个案例是这样的，家住 S 县 X 镇 Z 行政村（包括 6 个自然村）的 X 是个小施工队的包工头，Z 村在搞新农村建设，村民 D 将自己家的新农村居住房的工程包给了 X，楼下三间楼上三间，在房屋快封顶的时候，新农村办公室的工作人员对其房屋的高度进行了丈量（新农村房屋的外型都要统一），发现他们的房屋比规定的

---

① 鲁迅：《马上支日记》，《鲁迅全集》（第 3 卷），人民文学出版社 1973 年版，第 312 页。

高了 10 厘米，由于不符合规定，X 想拆掉 10 厘米，但是在当地农村有个风俗，在没有盖好的房屋上拆除不吉利，这时候 D 就不让拆除，他说这个责任在 X 而不在他，于是矛盾就出现了，一方面是不符合规定的建筑，另一方面是当地的风俗。他们找到了村里的人民调解员，调解员考虑到他们都和 W 的关系不错，所以就让 W 参与了调解，W 也知道当地的风俗是不可以破的，这是当地每个人都信的东西，当然国家的规定也是不能触犯的，最后 W 提出了一个解决办法：把 20 厘米的圈梁（承载屋盖的墙的顶部）建成 10 厘米，把多建的 10 厘米充当圈梁的一部分，最后双方达成了协议，其实在这中间真正的人民调解员并没有起到什么作用。W 说这是 D 给自己的一个"面子"，从而对 X 作出了让步，X 也明白这是 W 的"面子"才解决了问题，弥补了这次失误，在这里"面子"成了一种类似货币的东西在流转，也可能有一天 D 也需要 W 的"面子"，W 也需要 X 的"面子"，到时候 W 就会想起这次的事情，从而给 D 这个"面子"，X 也会毫不犹豫地给 W 这个"面子"，W 就像一个贩卖"面子"的商人，他活跃了当地的人情市场，从而也促进了各种矛盾的解决。

  在上面的事情发生后不久，又发生了一件事情，在 Z 村的新农村建设当中，Z 把自己的房屋工程也承包给了 X，X 在房屋的建筑过程当中由于缺乏人手于是告诉 Z 说：你也给我帮个忙吧，虽然盖的是你家的房子我照常开给你工钱，于是 Z 就加入了 X 的工程队给自己家建房子，在建筑的过程当中 Z 不小心从建筑架子上摔了下来，当时被送往镇上小诊所（医术不高明），经镇上小诊所的检查没有多大毛病，于是就拿了点药回家了，随着时间的推移 Z 摔伤的地方长起了一个大疙瘩，当工期结束的时候，X 扣除了 Z 给他打工的工钱和中间已经支付的工程款后还应该向 Z 要五千元，但是 Z 不想再支付这五千元，原因是他在被雇佣的过程中摔伤，现在变得严重了，并且起了一个大疙瘩，虽然现在没有去医院检查，但也不是什么好现象，于是矛盾产生了。他们找到了村委会的人进行调解，村委会的人再次找到了 W，原因是 W 和 Z、X 的关系都不错，W 调解的建议是 Z 的五千元也不要给了，他现在的伤自己去看医生，这时 X 给了 W 一个"面子"，同意了 Z 的要求，这恰恰是上次 W 为 X 的事情赊给 D 一个"面子"的原因。这种"面子"的"贩卖商人"并不是每个人都能做的，他最起码是个"要面子"的人，对于无赖也没有人愿意给"面子",但这次 Z 又会欠 W 一个"面子",是 W 的"面子"使得自己的要求得到了满足,生活在一个村庄里的村民可能相互之间存在像上述这些千丝万缕的"人情""面子"关系,正是这些人情、面子关系构筑了"熟人"社会的约束规则,维持了这里的祥和。这种因素是人民调解员在调解过程中必须要考虑的,也是不可或缺的。

二 人民调解员对"理"的依托

中国人都信一个"理"字,小到"讲道理",大到"有天理",理和法不同,它是人们对于事件最为直观的判断,特别是乡村的人们,他们可能不懂法律,有时候也不愿意去理解法律,但是他们会说:事情还是要说理的吧。老百姓所说的理有时候和法律是一致的,但是有些时候他们之间是相互抵触的,下面通过一些具体的案例来说明一下理的存在状态。案例一,G 常年在外打工不回家,听说他老婆 W 和同一个行政村的村民 D 存在不正当关系,但由于没有直接的证据,所以 G 也就只能忍气吞声。一天 W 和 D 私奔了再也没有回来,G 非常地气愤,于是带领一帮人到 D 家要人,D 的父亲是村干部,态度表现得很强硬,并且关于儿子的丑事也没有什么说法,G 一气之下将他们家砸了,D 的父亲报了警,最后警察将 G 抓到了派出所依法进行处理。关于此事的处理结果村民们非常不理解,认为这世道简直没有天理了,从法律上来讲,W 和 D 的私奔属于道德问题,并不是法律管辖的范畴,但是 G 对于他人财产的破坏就触及到了法律,这种破坏无论出于什么样的原因都会受到法律的惩罚,这与老百姓心目当中的理出现了偏差,这种偏差可能造成案例二中的惨案。案例二,S 是一位老实巴交的农民,出外打工的时候搞了个对象 F,领到了本村过日子,但是好景不长,同住在一个村的小混混 X 就与 F 搞到了一起,对于此事 S 是敢怒不敢言,于是 S 就带着 F 搬到了旁边的另一个县城打工,过了一段时间 X 知道了 F 的下落,于是也跟着来到了这里打工,并继续与 F 保持着不正当关系。对于此事 S 恼羞成怒,一天当又看到 X 来找 F 的时候,他拿起菜刀将 X 砍死了,事情的结果是 S 被判了死刑枪毙了。很多人听说了 S 的事情后都对其表示同情,虽然他被判了死刑,但是人们认为他的做法是对的,很多人都支持 S 的极端做法,这种做法虽然触犯了国家的法律,但是它却符合了普通老百姓心目当中的理。很多熟悉 S 的人都认为他不可能杀人,他是一位非常老实并且和蔼的人，但是当 S 认为外在的世界和自己心目当中的理相违背的时候，他毅然选择了信仰心中的理。

社会学家严景耀先生在实地调查的时候，曾记录下了一位农民理解的"理"同一位法官理解的"法律公道"之间的差别：一个东北的农民家里经济条件不好，去城里打工一时又找不到合适的工作，所以没钱吃饭，就到一家饭店偷拿了两捆葱，在法庭上他被控以盗窃罪，但他自己认为只不过是拿了点葱，根本没有偷，法官根本没有听他讲理，审问了三次以后被判了三个月。最后这位农民道出了自己心目当中的理与国家法律的冲突，他说："在我们老家，我可以到别家院子里吃点果子和菜，别人家也可以到我的院子来吃点东西。这都不算什么，哪里算得上是偷呢？"但站在法律角度的法官却坚持说："不要再狡赖啦！这就是法律，这就是公道！"① 人们心目当中的理和法律的公道显然不是一回事，理要对讲理的人说才有意义，而讲理的人必须要理解理的内涵，而这种内涵又和具体当事人的理解有很大关系，所以理具有不同于法律普遍性的地方性特色。

理在有的时候是和官方相对抗的理论依据，有这样一个案例：某天傍晚，H 经过 B 村的时候准备对 B 村的姑娘 L 实施强奸，但是被 B 村的村民发现，B 村的村民毒打了 H，最后 H 被打成重伤住进了医院，从法律上来讲，H 虽然犯了法，但是 B 村的村民对他的毒打行为也是犯法的，派出所的人员准备对动手打人的村民进行处理，这激起了全村人的公愤，全村人集结起来阻止警察进村，最后此事不了了之。"在没有宪政约束的条件下，限制中国地方政府滥用权力的力量，除了地区竞争和地方官员的'晋升锦标赛'之外，另一种重要力量是民间社会的理。这些广为人知、普遍接受的理，虽然很可能与政府法律相冲突，却在一定程度上约束了政府运用权力，并迫使政府出于自身利益的考虑，对这些'理'给予一定程度的尊重和承认"。② 上述案例就是与政府对抗的一个典型，虽然这种对抗是违法的，但是他们从某些方面来说是合理的，这里的理就是村民与警察对抗的基础，他们认为警察的行为违背了

---

① 严景耀：《中国的犯罪问题与社会变迁的关系》，吴桢译，北京大学出版社 1986 年版，第 71—72 页。
② 曹正汉、史晋川：《中国民间社会的理：对地方政府的非正式约束——一个法与理冲突的案例及其一般意义》，《社会学研究》2008 年第 3 期。

自己心目当中的理。在乡村任何违背理的行为都有可能遭到阻止,民间社会的理是人们理解这个世界最为直接的方式,不说理、不讲理的人被称为"无赖",甚至比"违法者"更被人们唾弃。理是人们在生活中慢慢沉淀下来对事物的基本理解,它不像法律那样被人们改来改去,虽然经过了千年但是它的变化是非常微小的,理和道德在某些方面有同质性的东西,但是它也不同于道德,它比道德更为简单和恒定,是人们更为原始的信仰。

人民调解员调解的过程其实就是说理的过程,人民调解员通过说理的方式对矛盾的双方进行疏导劝解,矛盾的双方当事人也是根据自己内心的理来达成或者接受调解协议的,如果双方认为人民调解员的调解符合自己心目当中的理他们就会接受,否则不会同意调解的结果,他们会去寻找说理的地方和方式,这有可能会与法律背道而驰,最后激化矛盾。调研到这样一个案例,村民 Q 骑着摩托车去另一个村庄办事情,由与另一个村庄村民 L 的原因发生了车祸,Q 和 L 均受伤住院,最后交警认为事情也不是很严重,就交给了该乡的司法所处理,司法所把该案件交给了村里的人民调解员进行调解。《中华人民共和国道路交通安全法》第八条规定:"国家对机动车实行登记制度。机动车经公安机关交通管理部门登记后,方可上道路行驶",第十九条规定:"驾驶机动车,应当依法取得机动车驾驶证"。Q 的摩托车属于机动车,因为没有相关的证件和牌照而上路行驶属于不合法车辆,虽然事故的原因都是因为 L 造成的,但是 Q 的法律责任却占大部分。人民调解员从当地的具体情况考虑,如果摩托车的手续都办全的话,费用大概在一两千元左右,考个驾照的费用大概在三千到四千元左右,这对于当地的村民来说是个不小的开支,所以当地的摩托车基本都没有什么证件和牌照,驾驶者也大都没有机动车驾驶证。《中华人民共和国道路交通安全法》第七十六条当中规定:"机动车与非机动车驾驶人、行人之间发生交通事故,非机动车驾驶人、行人没有过错的,由机动车一方承担赔偿责任;有证据证明非机动车驾驶人、行人有过错的,根据过错程度适当减轻机动车一方的赔偿责任",根据法律的规定,机动车驾驶人即使没有过错,也必须承担一定的责任,更不用说其机动车没有证件、牌照等有责任的情况了。最后调解的结果是各自负责各自的伤病,事故原因是 L 造成的,另外 L 给 Q 疗养费 300 元,双方达成协议。这样的调解结果显然与法律的处理不同，但是它却符合当地人们认同的理，双方对于调解的结果也都欣然接受，这完全符合人民调解的初衷。

人民调解的目的是消除矛盾、维持和谐，它不像法律那样，任何事情都要分出个对错、合不合法，"审判是强制使人服从，而调节是自愿使人服从"。[①] 人民调解员的主要任务是维护人们心目当中的正义——理，"其纠纷的解决是由通过说理来解决纠纷的第三者（说理者），和被劝说后从心底服从的当事人（心服者），一起来演戏的场景"，[②] 所以人民调解员对于理的把握非常重要，这是其开展调解工作的依托，如果人民调解员对乡村人们心目当中的理没有充分把握的话，就很难知道乡村的人们想要什么，也就不可能很好地开展工作。

三 人民调解员对国家法律的"误解"与传播

我国市场经济体系的建立要靠国家的法制建设来作为保障，但是事实证明习俗惯例比国家法律更有利于交易的顺利完成，[③] 如果法律的制定与习俗惯例相悖的话，会增加市场交易的成本。上有政策，下有对策，国家的法律到了乡村推行不了的时候，就会出现一些变通，这种变通不是形式上的，而是实质内容上的变通，人民调解员在调解协议书上写的可能仍然是法律的具体规定，但是在运用过程当中对其实质内容进行了修改。例如这样一个案例：A 由于生活比较困难就向 B 借二千元钱，B 出于面子考虑，几年过去了也没有找 A 要，但是后来两者的关系恶化，B 提出让 A 还钱，现在 A 想赖账，最后 B 找到了人民调解员调解此事。A 想赖账的原因是他了解到根据法律规定财产诉讼是有时效的，超过了法律时效的诉讼在审理阶段是不被法律支持的。但是人民调解员在调解此事的时候不这么认为，"杀人偿命欠债还钱"是自古就有的道理，哪有法律不保护人们财产的，想赖账是赖不掉的，到哪里法律也会追究。在调解的过程当中，虽然人民调解员要按照法律的要求进行调解，但是有时候他们对当事人讲解法律的时候可能会按照自己的意思"篡改"法律。上述案例当中的人民调解员可能自己也明白法律的时效问题，但是他并没有按照法律的原意给当事人讲解，而是按照促成矛盾

---

① 谢觉哉：《谢觉哉文集》，人民出版社 1989 年版，第 595 页。
② ［日］高见泽磨：《现代中国的纠纷与法》，何勤华等译，法律出版社 2003 年版，第 73 页。
③ 苏力：《法制及其本土资源》，中国政法大学出版社 1996 年版，第 6 页。

解决的方向理解法律，目的是使得与地方习俗惯例相违背的法律在这里能够存在。

这是一种隐性的"篡改行为"，这种"篡改"并不反映在表面上，而是反映在纠纷的实际解决过程当中。这种"篡改"有时候是有意的，但有时也有可能是无意的，在上述 Q 与 L 的交通事故案例中，人民调解员在调解的过程当中，一直认为驾驶没有任何手续的摩托车上路并不是什么违法行为，也没有提到双方违法的事情，只是觉得事故原因是由 L 造成的，由其向对方赔偿一定的费用即可，这是人民调解员对法律无意"篡改"的情况。

法律被人民调解员有意或者无意"篡改"是什么原因造成的呢？首先，人民调解员的首要任务是调解矛盾、化解纠纷，而不是主持法律的正义，他们并不关心法律是如何规定的，他们所关心的是事情得到圆满处理，乡村原有的和谐稳定能够得到维护，这样对于法律的解释就会按照利于矛盾解决的方向进行，而不是法律固有的本意；其次，乡村人民调解员的文化水平都不是很高，他们对于法律本身的理解可能就存在偏差，再加上对一些法律解释的不熟悉，很可能就会"篡改"法律的原意；最后，乡村的人民调解员都是兼职的，他们大部分时间都在忙自己的事务，也就没有太多的时间和机会去学习专业的法律知识，除此之外，我们上面也提到关于乡村人民调解员的培训也是徒有规定，所以他们对于法律有意或者无意地"篡改"也是难免的。

随着 20 世纪"送法下乡"活动的开展和现代各种传播媒体的发展，乡村人们对于法律的了解较之以往有了很大的进步，但是与城市相比还是存在很大的差距。下面通过一段访谈（MSSZ78-2014-04-08）来了解一下法律在乡村传播过程中人民调解员所起到的作用。

问：你认为本辖区内的普通村民了解法律的渠道都有哪些？
答：通过看电视、看新闻、在纠纷的解决过程中咨询专业法律人士、调解员的讲解和我们的法制宣传，除非有些事情涉及了法律问题，否则大部分人平时也不太关注法律。
问：人民调解员在调解过程当中关于法律的讲解和咱们的法制宣传对于人们了解法律起到多大作用？
答：怎么说呢，这个作用还是非常大的，特别是在调解过程当中对双方当事人的法律讲解。虽然现在的信息渠道比较发达了，但是人们对于法律知识的了解还是比较困乏，特别是一些上了年纪的人，比如对于一些子女不孝顺的问题，老人们根本不知道用法律来维护自己的权利，有些即使知道子女违反了《中华人民共和国老年人权益保障法》，但是他们也没有维护自己合法权益的法律意识。

问：人民调解员对当事人的法律讲解会改变当事人的决策吗？

答：有的时候会，矛盾双方违反法律规定的地方有时候也会成为我们对其施压的根据，我们会告知他在哪里违反了法律的规定，如果不按我们提出的方案解决，可能在未来的诉讼中也会败诉。

问：在本辖区内经常开展法制宣传工作吗？

答：每年开展一次，有时候一年两次。

问：我们宣传的方法、对象和内容主要是什么？

答：主要是在旁边的莱河中学，以开大会的形式向学生宣传一些关于少年犯罪的法律问题，其他的消防安全和生活安全常识也讲一些。除此之外，就是社区矫正这一块，我们定期会召集辖区内的被矫正人员到乡镇来上课，内容除了让他们汇报近期的状况以外，还有就是对他们进行法制教育。

通过上述的访谈可以看出，人民调解员对于法律在乡村的传播还是起到了非常重要的作用，乡村的人们和法律直接的接触机会是非常有限的，就像一位被访者（MSPW50-2014-03-18）所说的那样："村民平时哪有闲工夫去了解法律呀，都是涉到了法律问题才临时想起找个懂的人咨询一下，村里的人民调解员有时候就会成为咨询的对象"。人民调解员对于法律的解读更容易得到村民的信任，外来的专业法律人士的法制宣传不如他们"篡改"过的法律更符合乡村人们的思维，这可能也是他们对乡村"法律话语权"控制的一个深层次原因。

第三节　关系/事件、行动策略的个案分析

一　案件的场景分析

本节重点是通过对乡村人民调解员纠纷解决活动的观察，分析出其纠纷调解背后的关系/事件，即一个纠纷事件并不是一个封闭体，它是有一系列复杂的关系构成的，并且这种关系也不是一个凝固的结构，它是处于不断地变化之中的关系，所以该纠纷事件也不是事先存在的规则和结构的体现。① 每一个纠纷事件都是一个复杂关系的组合体，不同的纠纷事件其关系的构成存在着巨大的差别，甚至同一个纠纷事件在不同的阶段也表现出不同的关系差别，我们对这种关系/事件的分析不是想从中得到普适性的规则，而是想观察乡村当中的人民调解员在事件的展开过程当中利用了怎样的策略来化解纠纷，以及这种策略的运用需要具备哪些必须的条件？对一个纠纷事件的解决可能影响着其他纠纷事件的进展，从而也就推动各方关系的变化，关系的变化反过来又促使新的事件的发生。由于乡村人们生活群体的单一性和相对封闭性，人和人、事和事之间有着这样那样千丝万缕的联系，每一个纠纷事件几乎都有其历史性因素，当然此纠纷事件也会成为新的纠纷事件产生的历史因素。背后的东西是关系/事件，反映到台面上的东西就是对这种关系/事件分析和处理的策略，乡村的人民调解员是各种不同关系/事件的终结者和开始者，是各种纠纷的表面实体交叉点，他们在整个关系/事件当中的位置和行动策略的运用是我们研究的焦点。

除了关系/事件分析之外，还兼用了法人类学传统的延伸个案分析法，延伸个案分析法又称为情景分析法（situational analysis），它是使用一种将社会关系和社会情景考虑在内的断案方式，从研究过程来说它是法人类学者从"当地人观点"或"主位"的角度，来研究非国家法的

---

① 赵晓力：《关系/事件、行动策略和法律的叙事——对一起"依法收贷案"的分析》，转引自强世功：《调解、法制与现代性：中国调解制度研究》，中国法制出版社2001年版，第463—464页。

"司法过程"或者研究"社会过程"。① 它模仿的是一种反思性科学模式,这种反思性科学模式与实证方法相对,将研究者与研究对象的主体间性视为基础。② 我们在运用延伸个案方法研究的过程当中,针对研究对象不仅要收集和调查所要研究的个案本身,还要将个案所产生的情景与脉络也列入我们的考察范围,尤其是个案的"前历史"和个案平息的社会后果。③ 延伸个案方法所强调的前"前历史"是理解历史的必要前提,它类似于对个人行动和社会生活具有监控作用的条件信息。

(一) 案件实情

在 S 县 X 镇调研的时候,一次偶然的机会参加了一起人民调解案件,调研的当天我们来到村主任家里,村主任了解我们的来意后,告诉我们正巧有个调解案件让跟着去听一下。由于其他几位"人民调解员"还没有来(这里我们提到的人民调解员并不是法律规定的严格意义上的人民调解员,因为其中有两个人并不在乡镇政府提供的人民调解员名单里,一个是年纪比较大的长者,另外一个是村里一个异姓家族的代表,但他们都是村里的"问事的"),我们在村主任家里等了一会,村主任忙着给我们沏茶(他事先也知道我们是从乡里过来的)。在当地的农村地区,给前来的客人倒上一杯开水是对客人的礼貌和尊重,如果有人说我去某某家连水都没有喝着,就表示这家人不懂礼貌,或者是对前来的人不欢迎。对于前来的贵客一般都会沏茶,由于当地不产茶叶,人们平时也就没有喝茶的习惯,但是逢年过节还是会买一些茶叶来招待客人的,平时他们认为非常重要的客人也会用茶水来招待。一杯茶的工夫其他几位"人民调解员"也都到齐了,村主任给我们一一引荐,特别是哪位长者,他是村里的"大老总",村里的大小事都离不开他,就连村主任也对他表示非常地尊重。

在见双方当事人之前,我们从这位老者这里大致了解了一下案情:矛盾的双方当事人是张姓兄弟两人,村里也不是第一次给他们调解了,大概十年前兄弟两人也因为家庭财产纠纷让村里调解过,当时是因为张老大家的院子比较小,想占用张老二家的一部分宅基地,老二考虑到自

---

① 朱晓阳:《小村故事:罪过与惩罚 1931—1997》,法律出版社 2011 年版,第 37—38 页。
② Burawoy, The Extended Case Method, *Sociological Theory*, 1998, 16 (1), pp. 4-33. 转引自朱晓阳《小村故事:罪过与惩罚 1931—1997》,法律出版社 2011 年版,第 38 页。
③ 朱晓阳:《小村故事:罪过与惩罚 1931—1997》,法律出版社 2011 年版,第 39 页。

已有两个儿子，所需要的宅基地也就多一些，不愿意白白地把部分宅基地送给大哥，于是双方就产生了矛盾，从那时候起两家关系一直不好。这次矛盾事发的原因是老大的女儿有了个男孩，选定好了一个日子去"送祝米"（音译，当地农村的一个习俗，产妇的娘家人在择定的日子为送来贺礼，传统上来说鸡蛋、小米和红糖是必不可少的礼物），当地的习俗是娘家的母亲、姑姊和其他亲属一起前往。张老二家人从早晨就一直在家等，他想如果老大不亲自来通知他，他是不会主动去老大家的，老大觉得这个事情不应该去专门再通知，本来两家就存在隔阂，老大等到快中午的时候见老二家没有人来，其媳妇、儿子和儿媳就先前往女儿家了，老二得知老大家的家人先走了的消息后，非常地生气，认为老大不会办事，这是故意让自己丢人，他一气之下决定不去了。老大认为二弟家人没有出席此次的"送祝米"使自己在"亲家"面前很没有面子，下午回来之后老大的儿子还有媳妇等就去老二家去闹，老二看到这种情况更生气了，他的两个儿子就和老大的家人扭打了起来，老大的儿子被打伤住进了医院，幸亏有邻居在场将双方拉开，否则可能会酿成大祸。最后警察到达了现场发现都是因为一些琐碎的家务事引起的矛盾，就对双方进行了劝解和警告（如果再次发生这样的事情就会按法律办事），但是这种处理方式根本没有解决问题，它只是暂时使得双方平静了下来。老大的媳妇是个强势的人，又是一个"长舌妇"，老大对于他媳妇的行为也束手无策，因为他平时比较"怕"自己的老婆。事发的第二天，老大的媳妇觉得事情非常的憋屈，就在大街上嚷嚷开了，老二的儿子听到了之后就到街上和伯母讲理，双方再次争吵起来，双方家人再次动起了手，最后在其家族一长辈的批评下才得以平息。这件事情在村里是个大新闻，村民们都在七嘴八舌地议论此事，事发第三天，就有村民在大街上公开指责老大家的"不是"（说某人的"不是"就是指责某人的错误），这个人也是村里的多事之人，他和老二的关系不错，这导致了老大对这个人的不满，于是风波再起，最后在众人的劝说下平息了。

村民现在主要分为三方：一方是支持老大的；另一方是支持老二的；最后一方是不发表任何言论的，上面我们也已经论述，乡村人与人之间的关系是非常复杂的，对此事不关心、不表态和不发表任何言论的毕竟还是少数。事发第四天，与老大老二关系都不错的另外一个旁门兄弟找到了村调解委员会，请他们出马来处理此事，这样人民调解委员会才参与了进来。

对于此事人民调解委员会的人员也都听说了，他们也各自有自己的见解，但是其身份决定了他们中立的成分要多一些。此次参加调解的人员共有四人，其中一个是村主任兼任的人民调解员，另一个是村小组组长兼任的人民调解员，另外两个是村里的"问事的"，他们并不是人民调解员，他们之所以参与进来有各自的原因：第一，其中一位是威望很高的长者，他调解过兄弟二人十年前因为宅基地而产生的纠纷，对于过去两兄弟之间的恩怨比较了解；第二，另外一位调解参与者是位异姓家族的代表，按理来说他是没有必要参与此次调解的，但恰恰在大街上公开指责老大的那个人就来自这个异姓家族；第三，所有这些调解员的参与都是那位本家兄弟找来的，没有人张罗的话，人民调解员和村里"问事的"是不会主动参与此事的。就像一位被访者（MSCX2-2013-11-29）所说的那样："这种事情只有双方当事人或者其亲属过来找我们才会参与，如果我们主动出击的话，调解得使双方都满意还好，若其中一方不满意，很容易落一身埋怨，别人也会指责其多管闲事，也影响自己在村里的声誉，现在大部分人都是多一事不如少一事。"

就案情来讲并不复杂，矛盾的双方当事人是兄弟二人，矛盾的起因是生活琐事，解决的方向是让双方都认识到自己的错误，然后相互道歉、握手言和。但是具体操作起来并不像我们想象的那么简单，俗话说"清官难断家务事"，就是这些生活的琐事让人理不清道不明，"公说公有理婆说婆有理"，我们和调解员共跑了五趟，每次去都会扯出很多"陈芝麻烂谷子"的往年旧事，前后用了大概一星期的时间，最后才达成调解协议，协议的结果是：因为张老大的儿子被打伤住院，老二的儿子带点礼物去给伯父伯母和堂哥道歉，然后老二将自己空闲的一部分宅基地送给大哥，老大儿子的医药费自己出，兄弟两人握手言和。人民调解员没有制作书面协议，协议是口头达成的，协议达成的第二天调解员就对宅基地的地界重新划定，事情才算告一段落。

（二）场景分析

常人方法学认为，在人们的日常实践过程中，行动、说明（即行动可被观察、被报道)和场景构成了复杂的整体,① 分析事件的场景对于理解事件本身具有十分重要的意义。"场景"一词来源于英语"scenes"的,根据"场景"一词在电影中的应用来看,它包括对白、场地、道具、音乐、服装和演员等影片希望传递给观众的信息和感觉。在场景中,各个元素的关系是相互有机关联,同质元素布局之间有必然的出现关系,异质元素布局之间将表达颠覆性的思想。② 场景不单单指权力关系展开的场所,还包括所有可以营造权力运作氛围的各种要素,比如场景成员在空间上的布局,程式化的礼仪和举止,客套的语言及进行交流沟通的独特的语言风格,专门化的装饰和服饰,甚至场景成员的面部表情等等。不同的权力关系所组织的不同场景是由不同的场景要素组成的,所营造的是不同权力运作的氛围。③ 现在法院的审判现场就是模仿《圣经》当中最后审判的场景,所表达的是一种法官居于中间主持正义,当事人双方居于两边陈述案情和理由,正是这些仪式化的场景使得法律具有了神圣性,人们必须遵守法律的规定和维护法律的尊严。调解的地点共涉及四个地方:双方当事人的家里、村主任家里和村小饭馆,对张老大的疏导、劝说和讲解共三次,对张老二的疏导、劝说共两次,双方坐在一起调解一次。由于涉及的场景比较多,我们只对其中的三次调解场景进行分析。

1. 场景一:张老大家的调解

我们到达当天首先去的是张老大家里,张老大当时不在家,他的媳妇在屋里的床上躺着,对于我们的到来她表示出乎意外,她马上去另外一个院子叫她的儿子过来招呼我们,然后出去找她的老伴了。张老大的儿子非常热情地招呼我们进屋坐,然后递烟,调解员假意一番推辞后接住了他递上来的烟,我们坐下后,张老大的儿子开始忙着沏茶,他拿出他父亲平时招待客人的茶叶,看了看好像不满意,就让女儿去自己的院里拿点好茶叶。过了一会张老大和他的媳妇、儿媳一起从外面回来了,张老大进门说:"你们过来了",然后就是掏烟让烟,调解员表示刚点着,假意推辞后又接着了。无论对递上来的烟卷需要还是不需要,假意

---

① 侯钧生:《西方社会学理论教程》,南开大学出版社2001年版,第263页。
② 吴军:《城市社会学研究前言:场景理论述评》,《社会学评论》2014年第2期。
③ 强世功:《"法律"是如何实践的——一起乡村民事调解案的分析》,载强世功《调解、法制与现代性:中国调解制度研究》,中国法制出版社2001年版,第436页。

的推辞好像成为了一种必须的客套，除非很熟的人，否则对这种仪式的打破会让别人觉得很不舒服，因为仪式作为一种沟通手段，传达了一套被高度压缩了的有关社会关系安排和文化状况的信息和知识。① 对于对方递上来的烟卷，除非你不抽烟或者有充分的理由推脱（比如生病了），否则如果不接的话就是看不起对方，或者是嫌弃对方的烟不上档次。从张老大的儿子让自己的女儿去拿好点的茶叶，还有他们的让烟行为，可以看出对于我们的到来还是表示非常欢迎的，村主任为了回敬这种欢迎主动地搭讪道："今年的冬天很反常呀，估计又不会下雪了"，张老大的儿子接过话茬说："是呀，今年好像就没结冰"。就这样你一言我一语地闲聊了起来，气氛也逐渐地得到缓和，如果不是我们事先知道去张老大家的任务，还以为自己是来做客的呢。

然后张老大让我们"往上座"（"往上座"在当地的意思就是请人往尊贵的位置上坐，表示对来客的尊重），这个位置一般都是远离门口左侧的位置。鲁西南乡村人们房屋的摆设大同小异，如图4.3所示，正对着堂屋门靠后墙的是一张大桌子，在大桌子和堂屋门之间摆着一张比

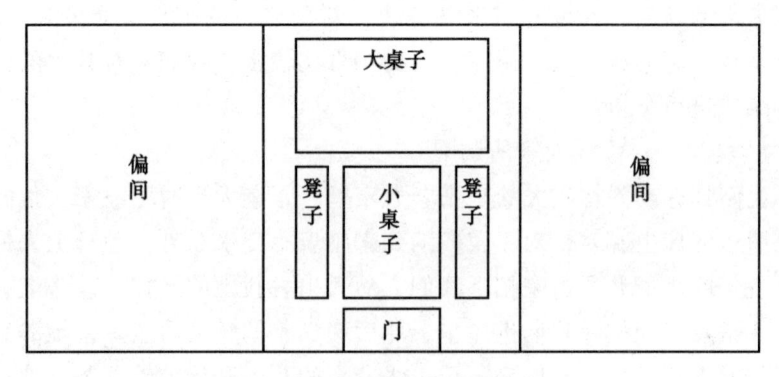

图 4.3　鲁西南乡村家居布局

大桌子矮点的小桌子，周围是沙发和凳子。山东自古是个礼仪之地，是个非常讲究座次的地方，平时的座次一般都是从喝酒的座次演化而来的，下面我们对于山东人酒桌上的座次做个简单的介绍。如图4.4所示，正面对着门口坐的是主陪，他是请客方的第一顺序人，也是东家的最高职位者，他总揽整个酒席期间的事务，包括喝酒的进度、宴请的时

---

① ［英］埃蒙德·利奇：《从概念及社会的发展看人的仪式化》，载史宗主《二十世纪西方宗教人类学文选》（下卷），三联书店1995年版，第506页。

间长短等,主陪一般都是请客方的男主人,如果男主人酒量不行、不善言谈或者前来的客人是新女婿等贵客,也会请专门的主陪过来作陪;背对着门口坐的是副陪,是请客方的第二顺序人,他传统上的任务是接菜,帮主陪打杂,如果在酒店等地方吃饭的话还负责结账;主陪的右手边是最为尊贵的宾客,也就是我们通常所说的主宾,有时候前来的客人之间为了表示相互的尊重也会推让这个位置,但最后都是由无论主宾自己还是他人都认为可以接受的人坐。如果前来的客人当中主宾比较确定的话,主人也可能事先安排好各位宾客的座次,若这个位置坐错的话,整个宴请就会显得比较尴尬;主陪的左手边是第二尊贵的客人,也就是我们通常所说的副主宾,有些时候实际的主宾因为酒量不行,也有可能坐在这个位子,而把主宾的位子让给酒量大的人,但实际上尊贵程度的降低并不一定少喝酒;副陪右手边是三宾,左手边是四宾;其他的"陪客者"和客人一般都夹在宾一与宾四、宾二与宾三的中间。上述张老大让我们"往上座",就是往远离门口方向的桌子另一头坐。关于最里面最尊贵的位置,村主任和哪位长者"问事人"相互推诿了一下,最后还是哪位长者坐在了最为尊贵的位置,这体现了虽然村主任是国家层面上的干部,但在乡村,他仍然要在村庄固有的自然序位中找到自己的位置对号入座,这是地方习惯超脱国家层面的表现。

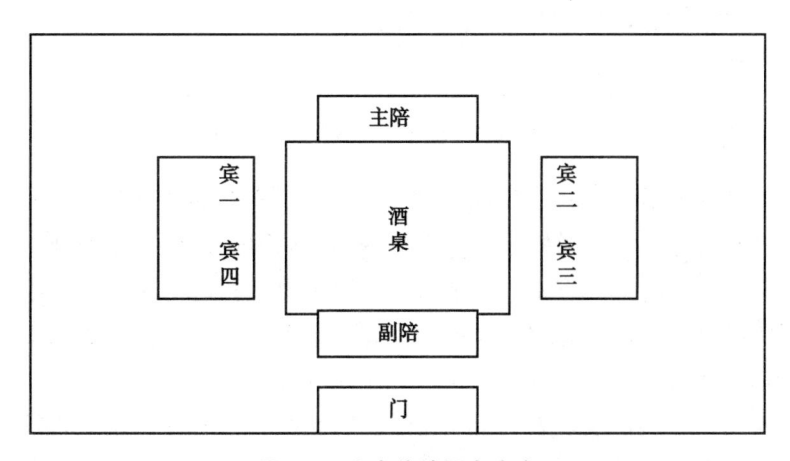

图 4.4　山东传统酒桌座次

场景一的人员分布如图 4.5 所示,张老大虽然是一家之主,但是他并没有坐到对着门口正中间的位置,原因是旁边还有位长者,况且今天主要的事件关系不是主人与客人之间的关系,而是调解员与当事者之间的关系，场景的主持者应该是这位长者"问事人"。从我和另外一个调研者坐的位置来看，主人和调解员们把我们当成了贵客，村主任还着重介绍："这是咱们乡里来调研的，乡里对你们的事情也非常地重视，希望咱们能够圆满地了结此事"，对于调研是怎么回事估计张老大和其家人也不知道，但是他们把我们当成了"公家人"对待。张老大旁门的兄弟是这场调解的组织者，处在一个不太受重视的位置（靠近门后的位置），但并不是说他没有威严，而是为了凸显其他调解员的地位，对于"本家人"坐那里都是无所谓的。他一方面参与我们的谈话，另一方面还与张老大的媳妇、儿媳等其他人聊着天，从他的表现来看非常关心此事，据了解他也是家族内部比较爱操心的人，在谈话中间可以体会到，

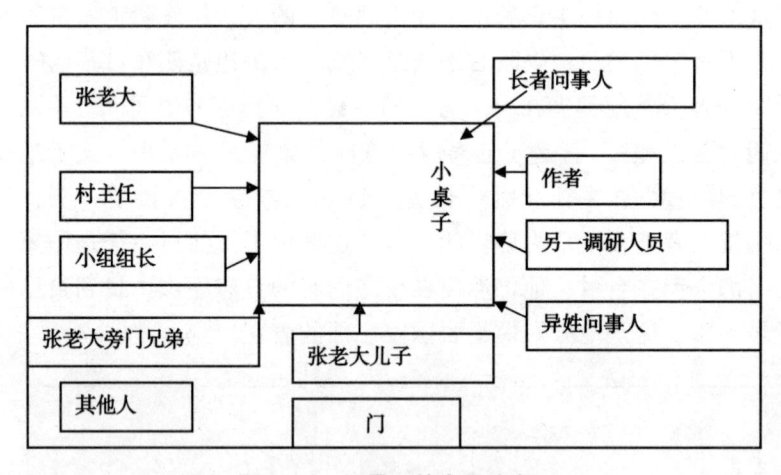

图 4.5 场景一的人员分布

他在张老大家里是个能"说起话的人"，时不时地会对张老大及其家人提出一些批评意见。异姓问事人参与调解的原因上面也已经提到，所以他并不是调解的关键人物，只是为了消除张老大和这位异姓家族指责人之间的误会，从他的座位上来说并没有得到重视，张老大对他也不是十分地热情。张老大的儿子在场景当中扮演服务者的角色，他不时地给我们递烟加水，偶尔也发表一两句言论。因为张老大的媳妇是个非常强势的女人，虽然他没有坐在桌子旁边，而是抱着孙子和其儿媳坐在远离桌子的位置，但是她发表的言论很多，还经常打断村主任和长者的谈话。从上面的场景布局来看，这类似于酒桌上的座次布局，虽然桌子上没有酒菜，只有茶水和香烟，但是调解员和张老大的家人按照各自所坐的位

置承担着相应的隐形责任,每个人按照自己的座次注意着自己的言行,张老大的媳妇虽然表现得很强势,但是她并没有打破在场人所能接受的底线,在我们开始到她家的时候,她自知是个女人家不能撑起场面,赶快去找自己的儿子和丈夫,在谈话期间她虽然一直在说话,但是并没有坐到桌子前面,这是一种话语力度的降低。

从场景分布上来看,张老大媳妇并不在主要的位置上,但是人民调解员心里都明白张老大媳妇的态度很重要,所以在劝解的过程当中,大部分都是人民调解员和张老大媳妇的对话。张老大媳妇在家庭成员当中,最依赖的应该是她的儿子,她儿子态度的转变是这次劝解成功的基础,虽然张老大是最后的表态人,但是起决定作用的并不是他。从语言上长者问事人一直对张老大的儿子说:"孩子,你是个明白人,你二叔毕竟是你的长辈,你在村里还有很长的路要走,闹很僵了对各方都不太好。"这位长者所运用的策略首先是给张老大的儿子定个位,那就是"你是个明白人",隐含的意思是:你要对的起村民对你的看法。给人一个高大的定位,是给对方一个面子,要点面子的人都会借坡下驴。其次用"长幼辈分的等级"和"在村里未来的路"来说服张老大的儿子承认对其二叔的错。此外,村主任对我们的隆重介绍是在强调一种"公权力"的背景,意思是有很多人在关注着你们的事情,如果在调解过程中不识大体的话,会让别人笑话,最主要的是让"公家人"笑话,即使最后"经了公",对其也不会有利。

2. 场景二:张老二家的调解

经过在张老大家一上午的疏导、劝说之后,下午我们又来到了张老二家里,到张老二家里的时候,他们还没有吃完午饭,张老二对于我们的到来非常地热情,马上给我们递烟,他一边给让我们往屋里坐,一边让其媳妇收拾饭桌,村主任忙说:"不急,你们先吃饭。"但张老二没有听从他的意见,解释道:"吃完了,你们里面坐"。从现场的情况来看,他们好像还没有吃完饭,但出于对我们的尊敬和重视,张老二还是招呼其媳妇收拾了饭桌沏上了茶水。张老二八十多岁的岳父住在他家里,那位长者问事人好像和他认识,忙着上去寒暄,与上午去张老大家一样,大家开始也是闲聊,根本不提前来的事情,等感觉气氛十分缓和的时候,村主任才从我们的调研扯到了此事,"这两位是咱们乡里派来调研的,主要就是想了解你们这个纠纷的情况,上面还是对你们的事情非常重视的,希望咱们也尽快解决了你们的事情,大家都痛痛快快过个年"。这是对"公权力"背景的再一次展示,调研者在这里成了人民调解员的策略工具,虽然"公权力"在乡村时有失灵的现象,但是把它作为行动的背景还是很有必要的。

张老二家主要的起居场所是在一个偏房内,在场人员的座次布局与上午的略有不同,如图4.6所示,偏房内有个大炕,冬天炕是个让人取暖的地方,所以靠近炕的位置就是尊位,显然张老二的岳父是布局内最为重要的位置,原因是那位长者问事人比张老二岳父的年纪小十岁左右,并且他们还是老相识,自然这个位置要让给其岳父。在这过程中长者问事人和张老二岳父叙起了旧,这种叙旧使得在场的气氛进一步得到了缓和,也拉近了人与人之间的距离。传统乡村生产力比较低下,需要集体协作完成的事情就会更多,比如说挖河,这样人与人之间的依赖关系就变得比较近,特别是六十岁以上的老人,不像现在的年轻人,即使是同村的都显得非常陌生。在乡村,越是上了年纪的人,越注重人情,他们经历了太多的人间冷暖,知道"人情"对一个人生存的重要性,长者问事人正是抓住了这一点,所以对张老二的岳父实施了人情攻击。

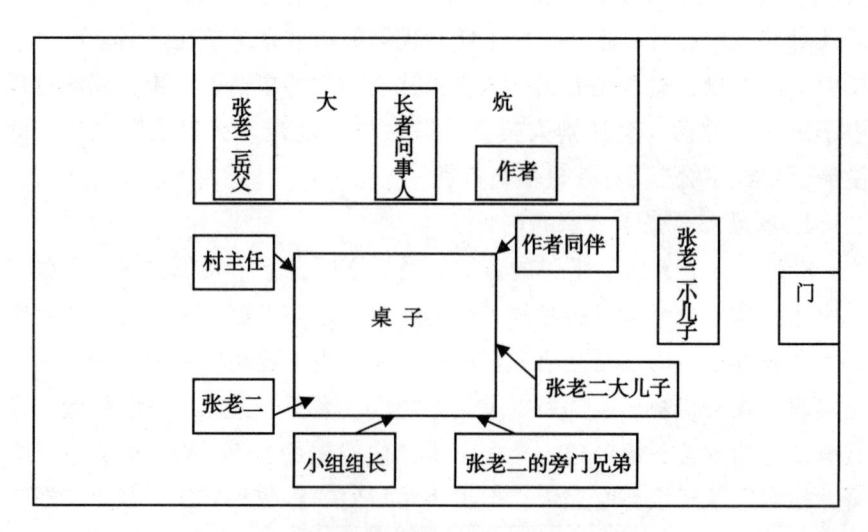

图 4.6 场景二的人员分布

其次是长者问事人也坐在了炕上,我是再三推脱后坐在了上面,村主任是靠着张老二的岳父坐在了桌子旁边,他在谈话的过程中不时地将头转向其岳父,一方面是为了征求长辈的意见以表尊重,另一方面是想让他能够以长辈的身份说服其女婿。在谈话的过程中无论是长者问事人还是村主任和小组组长，他们都试图在为矛盾的解决寻求道德上的合理性，他们让张老二的岳父坐在最为尊贵的位置，就是想让其履行一定的道德义务，这种道德义务是引导其女婿遵守"兄友弟恭、长幼有序"的优良传统，并且以长辈的身份对女婿说教。此外，人民调解员还对其岳父进行了说理："毕竟都是一家人，这样一直僵持下去只会让别人看笑话，绕一百圈他们也是亲兄弟，骨子里亲呀！"对于其岳父的说理其实是说给张老二听的，这种旁敲侧击的说理行为最后还真的起到了一定的效果，张老二对于大家的劝解表示基本认同，事情有了突破性的进展。

在整个过程中，场景、公权力背景、人情、面子、说理等策略都得到了运用，它们之间没有主次之分，人民调解员所运用的是一种综合的力量。上午一起去张老大家参加调解的异姓问事人下午有事没有过来，其实真实情况也不一定是有事没有过来，也有可能是因为上午去张老大家的时候感觉不太受欢迎的原因吧，后来才了解到，那位公开指责张老大的人就是这位异姓问事人的堂哥。

3. 场景三：村庄小饭馆最后的调解

从严格意义上来讲前几次的调解都算不上是调解，调解是指双方、或多方当事人就争议的实体权利、义务，在调解员的主持下，自愿进行协商，通过教育疏导，促成各方达成协议、解决纠纷的办法，调解所采用的方式通常都是面对面的。而上述的这些调解都只有一方当事人在场，实际上就是对双方当事人分别疏导、劝说。在实际的人民调解工作当中，人民调解员的主要任务就是这种无数次的说服，真正到双方坐在了一起调解的时候，其工作也就做得差不多了，只不过是走个形式，其各自的说辞和行为也是调解员事先安排好的，但正是通过最后的这一步，人民调解员的工作才算真正地做完。在村庄小饭馆的调解就是人民调解员的最后一步程序，事先这四位调解员商议好了让张老大的儿子自负疗费，张老二将没有用处的部分宅基地划给大哥，张老二的儿子给伯父和堂哥道歉，在双方见面之前，调解员给双方一再地强调上述的事宜，这好像是在准备一场演出，而上述的事宜就是演出的情节。最后这场调解演出在一天傍晚上演了，之所以选择在晚上主要有两个方面的考虑：一是因为白天大家都很忙，晚上处理起来不耽误其他事情；二是因为晚上出入村庄小饭馆的人比较少，这种事情越少的人在场越好。这与其说是场调解倒不如说是次聚餐，我和村主任到达调解地点的时候桌子上已经摆上了两瓶酒和几个菜，这些都是整个调解的组织者张家的那个旁门兄弟张罗的，他说大家也都帮着忙了好几天了，现在事情解决了，请大家吃顿便饭也是应该的。但后来了解到，请客的钱还是张家两兄弟平摊的，这好像是村里调解的惯例，大家对于此事也都心安理得地接受，能看得出来张家两兄弟对于此事也非常地赞同。

　　这次调解与前几次最大的不同是村主任代替长者问事人成为了主要的调解主持者，这是从民间私人层面到国家公权力层面的一次微妙转化，虽然私下疏导、劝说的时候以民间私人层面的威望、面子和人情为首要考虑的因素，但是对于最后的调解结果双方当事人更希望能得到国家公权力层面的保障，而恰恰村主任主持和调研者的参与满足了他们保障性的需求。从图4.7可以看出村主任坐在最远离门口的正位上，这里是最为重要的位置，关于这个位置好像没有任何的争议，村主任直接就坐在了那个位置上；长者问事人退居了辅助的位置上，处于次重要的位

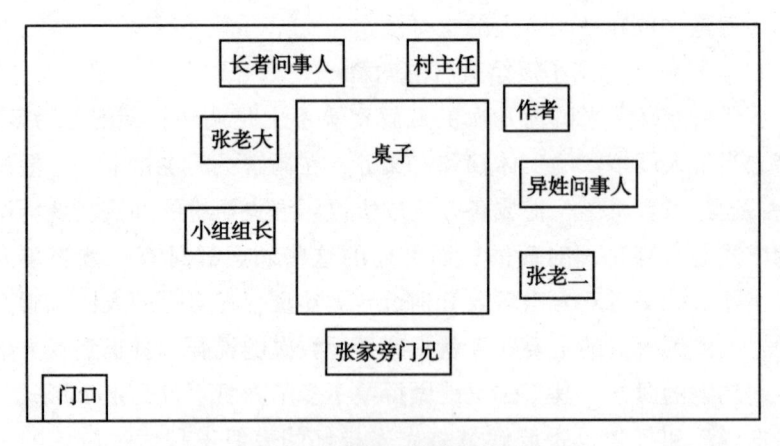

图 4.7　场景三的人员分布

置，但是出于他的年龄、威望和个人魅力考虑，对其威严也不可小觑；我作为调研者或者是旁听者应该坐在席外的，但是村主任坚持让我坐在了他的旁边，他的这种安排也存在一定的目的，他一直以来对于我的介绍都是"乡里过来调研的"（可能到现在他们也没有弄清楚调研到底是怎么回事），这似乎在某种层面上也增加了作为村干部的权威，对于这种具有"公权力色彩的象征"当然应该放在重要的位置上；矛盾的双

方当事人分别坐在了桌子的两边,虽然这是在酒桌上,和通常的调解场所不同,但是这毕竟是在调解,调解的基本场景布局还是可见的。另外两位调解人员看似随意地坐,但是也有刻意的成分在里面,他们分别坐在双方当事人的旁边,在酒席的进行过程中频繁地与身边的当事人交谈,好像是他们的代理人一样。张家旁门兄弟就成了酒席的服务者,他不时地递烟、倒茶、倒酒,负责调解期间的一切闲杂事宜。

在外人看来,这就是一场聚会,在坐的人员所谈论的话题也都和此纠纷矛盾没有任何关系,酒过三巡的时候,村主任话锋一转直奔了主题,"咱们今天就算把问题解决了,以后弟兄们之间要以亲情为重,上面俩老的都不在了,你们也都算是家里的长辈了,不要再让外人看笑话了,张老大你是做大哥的,先表个态吧",这时张老大脸色通红,小声嘀咕道:"麻烦各位爷们给操心了,好吧,此事就算过去了",接着长者问事人让老二也表个态,张老二半推半就慢腾腾地站起来给大哥倒了个酒,这时候村主任忙起身帮老二打了个圆场说道:"说一百圈还是恁亲,打断骨头还连着筋呢,以后你们年老了,老弟兄俩还要相互照应呢,以后见面了要相互打招呼,不准就此事再纠缠不放,那样可丢人着哩。"长者问事人接过话茬儿接着说:"记得恁家的我大哥去世得早,大嫂当年也很不容易把你们都拉扯大结了婚,她也没享几天福就去世了,记得小时候你们家庭条件也不好,有点什么好吃的兄弟之间也不都相互想着吗。"就这样你一言我一语地聊起了许多往事,大部分都是回忆亲情的,气氛逐步地变得和谐融洽。过了一会儿那位异姓问事人起身给张老大递烟,并非常客气地说道:"俺大爷回去就把那个刺头(公开指责张老大的那个异姓家族的人)给骂了一顿,俺们家里人特意嘱咐我要让你别往心里去,我们回去还骂他呢,你别和他一般见识。"其他的人也跟着附和:"就是就是,你还不了解他,咱们村里的'能豆',插上个鸡毛能上天",张老大看大家都过来说情也不好意思地说:"没啥,我那天说的也有点难听,你们也别往心里去。"又过了大概半个小时老大的儿子被叫了过来,给其二叔端了个酒,并道了歉,同样老二的儿子稍后也被叫到,同样给其伯父堂哥赔礼道歉。

一桌的酒菜代替了案卷的记录,"爷们"的称呼模糊了人民调解员的身份,相互的递烟让酒抹去了往日的不快,整个过程当中甚至没有明确提到最后的调解结果,更没有书面的调解协议,因为这已经心照不宜，同时这也显得不再重要，兄弟两人似乎回想起小时候在一起的情景，他们已经太陌生了，已经很久没有聚到一起吃饭聊天了。一场风波在这融洽的氛围当中慢慢得到了平息，这是任何其他纠纷解决方式做不到的，纠纷的解决容易，重拾感情太难，财产可以理清，陌路兄弟难团圆。

二 案件背后的关系/事件

每种场景安排的背后都有一定的权力运作在支撑，而权力运作的背后是一个个关系/事件，要想理清楚其权力运作的实情，就必须对其背后的各个关系/事件加以分析。通过上面对案情的描述，如图 4.8 所示，以当事人为中心，能够直视的关系脉络有以下几组：第一组关系是张氏兄弟之间的矛盾当事人关系，这是贯穿整个事件的主线，其双方是平等

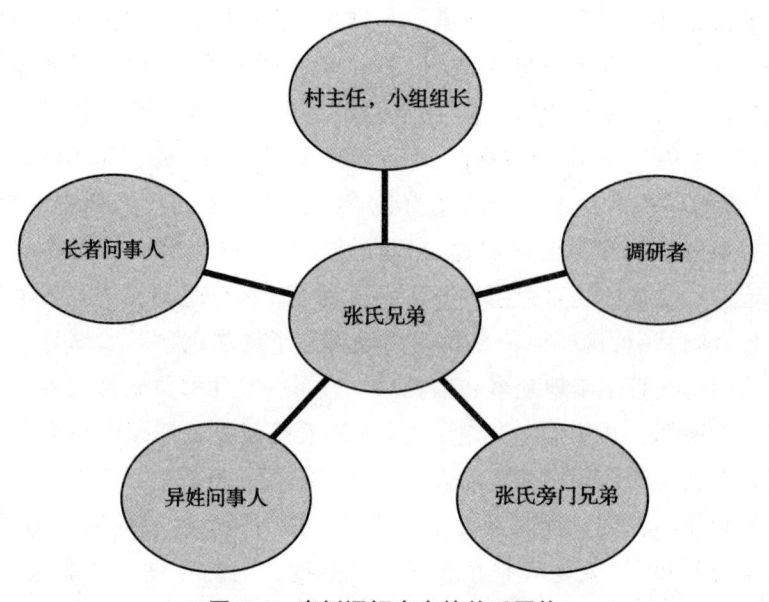

图 4.8 案例调解当中的关系网络

协商、谈判关系，他们除了这层关系之外，还存在兄弟亲情关系，这个关系被统一性的人民调解程序淡化，但是在人民调解员策略的运用过程中还是被凸显了出来。第二组关系是当事人与村干部之间的关系，这里主要是指的当事人与村主任之间的关系，因为小组组长的村干部色彩在调解过程当中并不十分突出，村干部拥有国家层面的权力资源，在日常的生活当中对普通村民表现的是一种管理与被管理的支配关系，另外村

干部和小组组长在调解当中还扮演着中间人的角色，所以同时存在对等的协商关系。第三组关系是当事人与长者问事人之间的关系，他们首先表现出来的是一种长辈与晚辈之间的尊卑关系，从辈分上来讲，这位长者问事人是当事人本家的一位叔叔，作为长辈对于晚辈的事情他有权利也有义务去解决，作为晚辈的也应当听从长辈的教诲，除此之外就是作为问事人的调解关系，但是在调解过程当中这种关系体现得不是十分的明显，长者问事人总是以长辈的身份教诲的成分比较多。第四组关系是当事人与异姓问事人之间的关系，这个关系分两个层面，第一个层面是两个家族之间的关系，第二个层面是调解人与当事人之间的关系，第一层面又分为两个部分，第一部分是其本人作为家族的代表与当事人之间的关系，第二部分是代表其堂哥和张老大之间的纠纷关系与张老二之间的友谊关系。乡村矛盾纠纷的解决往往会涉及整个村庄，在调解的时候每个家族的意见都要考虑到，这也是消除流言蜚语的最好途径，异姓问事人会代表其家族的看法表达意见，但也会抵制其家族内部对当事者的中伤。第五组关系是当事人与调查者之间的关系，实际上来讲我是一个局外人，最多算是一个提供法律专业知识的被咨询者，但是当事人对于调研者的理解可能存在偏差，他们认为这是乡镇公权力的代表，再加上村主任的添油加醋，更让当事人确信这是来自上面的人，我出于对村主任的人情关系，也没有对调研者的身份做彻底的解释，因为这样可能会伤害到其他人的期望。第六组关系是当事人与整个事件的张罗人——其旁门兄弟的关系，乡村像这位旁门兄弟一样的人，在每个家族当中都会存在，这种人被称为家族的"人头"，他们的年龄辈分不一定很高，但是对于家族的事情比较喜欢操心，他相当于一个协会的常务理事，这种人一般都是人缘比较好，沟通能力比较强，也比较受大家的欢迎，在家族内部也能"说得起话"，其实我们上面提到的那位"异姓问事人"在其家族内部也充当着这个角色。当事人与他之间首先是兄弟关系，可能从小关系就不错，当其中谁有了事情，作为兄弟理所应当地出来揽事，俗话说"不能让外人看了笑话"。虽然当事人没有委托这位旁门兄弟出来张罗调解的事宜，但是这种行为实质上也得到了双方的默许，其表现就是在整个调解过程当中，双方当事人对于前来调解的人都表现得非常热情，并且最后双方还自愿分摊了摆酒席的钱。

上述提到的只是些主要的关系，当然这背后还存在着很多的关系脉络，比如说每次单独调解中前来的人民调解员与当事人之间的客人与主人的关系，当事人与其家人之间的利益群体与发言人之间的关系，调研者与村主任之间的互惠关系，人民调解员之间的协作关系等等。无论关系是多么复杂，无疑当事人是所有关系网络的核心，作为一名人民调解员理清这些关系是解决矛盾的关键，这些关系当中的大部分并不以显性的特征表现出来，这对于一个生活在这个"圈子"之外的人把握起来并不是那么简单，① 即使这个外来人具有丰富的法律知识，也不会圆满地处理好此类矛盾纠纷。

上述这些关系的糅合、交织与叠加构筑了整个事件，而"每一个'关系/事件'都不是孤立存在的，它们往往跨越很多个事件系列。"② 人民调解员帮我们理清了上述案件的几组关系事件，第一个事件是十年前张氏兄弟因为宅基地而产生的纠纷，当时也进行了调解，可调解的结果是张老二没有把自己的宅基地划给大哥；第二个事件是"送祝米风波"，此事件也是这次矛盾激化的主要原因，在第一个事件和第二个事件之间的十年，也发生过很多的小纠纷，但都没有触及兄弟决裂的底线，恰恰是这些小纠纷的积累，催化了第二个事件的爆发；第三个事件是陆续发生的肢体冲突，这也可以看作是第二个事件的延续，如果后续事件没有发生的话，也不会冲破张氏兄弟最后的情谊关系；第四个事件是张老大与异姓问事人堂哥之间的冲突，这是作为普通村民对村庄平静生活被打破的一种反抗，这种反抗有各种各样的形式，有的是公开指责，有的是私下议论，异姓问事人堂哥事件的发生只不过是其中的一个代表，村民相互之间关于此事也在争论。这些事件之间的关系如图4.9所示，张氏兄弟十年前的宅基地纠纷事件引发了后续的一系列事件的产生，而这后续的一系列纠纷事件又反过来激化了张氏兄弟十年前的宅基地纠纷。

除了上述这些显而易见的事件之外，还存在着许多其他隐形的关联事件，比如说张老大与其家人讨论商议事件（并且因为最后达成的意见不一致，张老大与其妻子之间还产生了纠纷），警察介入事件等等。每个事件都是事先存在的结构、规则的体现，而这些事先存在的结构又不

---

① 费孝通：《乡土中国》，人民出版社2008年版，第28页。
② 李猛：《日常生活的权力技术：迈向一种关系/事件的社会学分析》，硕士研究生论文，北京大学，1996年，第16页。

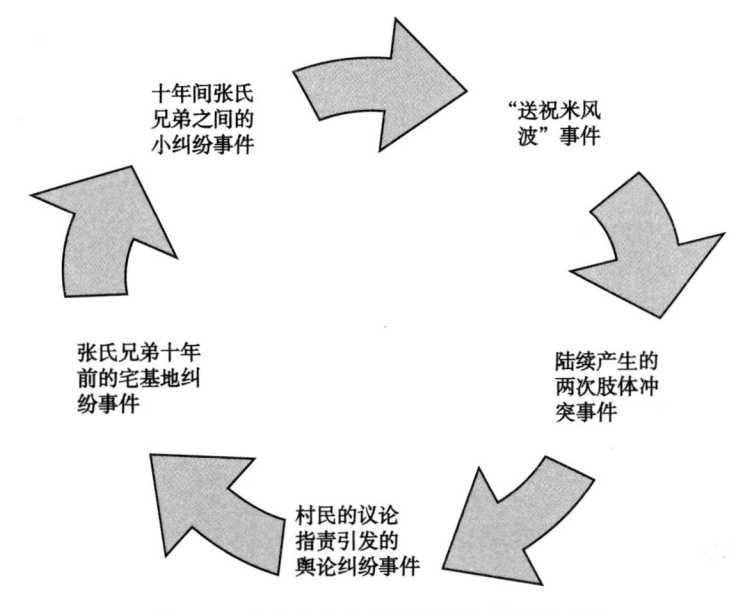

第四章 乡村人民调解员工作的影响因素与动态描述 145

图4.9 案件当中各个关联事件的相互关系

是凝固不变的，它在变化的同时也在影响着其他事件的发生发展，我们的生活就是由这些关联的事件交织而成的。作为人民调解员不但要理清相互之间的关系脉络，而且重要的是要理清这些关联事件，每个纠纷事件的发生都不是孤立的，它必然有些相互关联的事件在背后做支撑。我们弄清了这些关联事件就等于把握了矛盾纠纷的"历史因素"，然后解决问题就会事半功倍。

把握"历史因素"是乡村人民调解员的基本技能，在访谈的过程中能深切地体会到人民调解员就是乡村的"百事通"，他们像熟悉自己的生活一样熟悉乡村的一切，哪家出现了什么矛盾，他们能够一语中地找出矛盾的症结和根源。就上述案件来讲，人民调解员事先已经知道矛盾的关键所在，况且那位长者问事人在十年前就参加了当事人之间的另一个调解。在这次的调解过程当中，人民调解员事先就知道张老大想要什么，也知道张老二可以提供什么。十年前宅基地纠纷事件的余波一直影响到现在，所以长者问事人提出以张老二的宅基地抵张老大儿子的医疗费，当然在这之前长者问事人也知道张老二的部分宅基地确实也用不着。如图4.10所示，问题的症结宅基地纠纷的解决直接消除的就是兄弟之间十年来的隔膜，然后"送祝米风波"和老大儿子的医疗费纠纷问题就迎刃而解，村民关于此事件的议论稍后也就平息了，最后因村民舆论导致宅基地纠纷激化的因素也就不存在了。

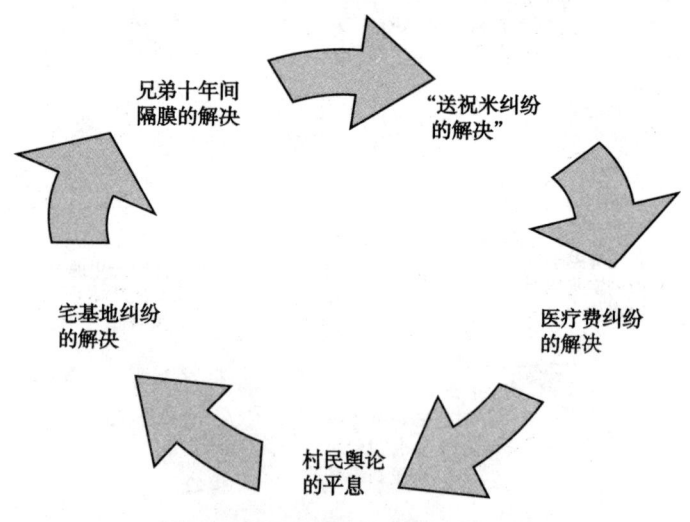

图 4.10 矛盾纠纷解决的连锁反应

从表面上来看，人民调解员所解决的是当下的"送祝米风波"，但实际上也是对十年前宅基地纠纷的再调解，世间没有无缘无故的"因"，更无无缘无故的"果"，一切看似都在意料之外，但实际都在情理之中。案件的完美处理是对所有关联事件综合考虑后所得出的经验判断，我们不能仅将这些经验当成一个缺乏现代法律意识的民粹主义的标志，而更应当理解什么样的社会制约使得他们得出了这样的经验。① 这种制约条件有很多，案件背后的关系和关联事件是我们要考虑的主要因素，除此之外，人民调解员自身的道德资本、互惠关系、村民的期望、自我的认同等等都应该是社会制约的因素。

三 人民调解员的行动策略

（一）寻求道德上的合理性

无论是矛盾的双方当事人在说理的时候，还是人民调解员在调解的

---

① 苏力：《送法下乡：中国基层司法制度研究》，中国政法大学出版社 2000 年版，第 189 页。苏力在书中通过一个"赡养案件"来说明中国基层法官为追求地方性的合理与正义"违法"处理案件的窘境，这同样适用于基层的人民调解员。

时候，往往都十分看重对道德高地的占领，好像有了道德上的支持，就有了正义的根基。在上述案情当中，人民调解员对道德合理性的寻求主要表现在以下几个方面：

第一，人民调解员必须确立其地位的道德性。在调解的过程当中，村主任总是强调："爷几个大过年的那么忙，跑来跑去是为了什么？"让当事人对调解员心存一种感激是调解的前提，这是当事人对调解员地位的肯定，如果调解员在地位上存在任何道德歧义的话，调解也就无法进行了。寻求地位的道德合理性除了语言上的表现之外，还有行动上的暗示，就像一位被访者（MSCL36-2014-03-05）所说的："有了矛盾纠纷我们没有主动找上门调解的，除非自己本家的事情，当事者家人都没有操心的话，别人谁闲得出这个头呀，人家没找咱，咱要是直接围上去问事，会招别人说闲话，再说有些时候当事者也不把咱放在眼里呀。若当事者主动找咱给问的事，问好问坏不落闲话，起码从道义上不指责咱。"

第二，人民调解员必须寻求其立场的道德性。长者问事人在调解过程当中提到了自己的一次经历：他侄子用他的机动三轮车去卖粮食，在途中出了车祸，还好人只是受了点轻伤，但机动三轮车基本报废了，侄子答应给他买一辆新的，这一等就是两年也没见到他买，最后这位长者问事人明确表示不再让他的侄子赔偿，并且最后补充道："谁让我们亲呢，都是自己的孩子怎么好意思争执这个呢"。通过这个事情，长者问事人想彰显的是自己的大度，自己在道德立场和道德层面上是无可挑剔的，这也是对张氏兄弟说服教育的资本。

若干调解员自己在道德立场上存在瑕疵，就很难得到别人的信服，在乡村，对一个人的道德评价是这个人在村里地位高低的重要尺度，与政治资源和经济条件没有任何关系。在调研的时候了解到这样一位村干部，他在村里有个木材加工场，经济条件算是相当富裕了，儿子在县里某个政府部门上班（据说是花钱买的），也比其他村民拥有更多的政治资源，但是他的名声地位却不是很好。原因是几年前乡里过来调查计划生育的"超生户"状况，有一家村民生了两个女儿，但是没有儿子，如果再要儿子的话就属于超生，这位村干部就把这家的情况报了上去，并且带乡里的人到他们家里去调查，要求这家怀孕的孕妇流产，就在事发的当天晚上，孕妇的婆婆在这位村干部家门口上吊自杀了。事后村民们把原因都归结于这位村干部，说他太无情，这个事情本来可以罚钱了事，但非要让人家流产，这不就是想让人家无后吗？从此这位村干部的道德立场就受到了怀疑，村里有什么事情除非必须用到他的时候才去找他，其他的情况村民尽量避开他，像人民调解的事情村民基本都不会去找他。

第三，人民调解员利用了传统道德作为其说理的根基。从法律上来讲，这是一起非常简单的法律案件，案件事实清楚，适用法律也比较明确，被打者的医药费由动手方负责，并对双方以打架斗殴进行拘留，张老二的宅基地使用权是他的合法权利，也没有必要将其没有任何回报地划给大哥。如果这样依法行事的话，案件表面是解决了，但是其私下的矛盾并没有彻底地解决，甚至还有可能进一步地恶化，这也是当事人各方和调解员所不想看到的结果，用道德说理虽然没有法律的运行那样简便快捷，但是它却能使当事人彻底的心服。人民调解员在调解的过程当中，对于法律如何处理的事宜只字未提，只是讲兄弟之间应当以亲情为重，作为手足兄弟相互帮助是应该的，这种应该没有法律上的任何义务，只是民间道德上的要求。

第四，人民调解员利用了可以利用的一切道德资源促使纠纷得到解决。上面我们也已经提到，在对张老二单独疏导的过程中，极力争取其岳父的意见，调解员把其岳父放到了一个"尊"的位置，这种"尊"是伴随着一种义务的，除此之外长者问事人与其岳父的亲切交谈，想唤起的是他们之间对于道德的共识，与其家庭的核心成员越熟悉就越容易唤起这种共识，道德在纠纷解决过程中所起的作用也就越大。

(二) 摆事实、讲道理与礼物技巧

人民调解员调解纠纷的基本前提就是了解案情，对案情的了解是对过去所发生事件的复原，事件从发生的那一刻起就开始远离其本身，我们所能做到的就是尽可能地接近真相，但是受"罗生门现象"的影响，永远也和真相达不成一致。《罗生门》是日本著名导演黑泽明在60年前根据芥川龙之介的小说改拍的一部电影，其主要的情节是强盗多襄丸与武士因一个漂亮女人决斗引发的故事，最后强盗多襄丸幸运地杀死武士。这整个过程，都被上山砍柴的樵夫看见了。樵夫趁大家都离开现场后，偷走了武士身上名贵的宝剑。后来武士通过巫师的招魂，和其他三个人都被抓到衙门问话，每人都有一套利己的漂亮说词，他们的叙述大相径庭。这是人无意识当中美化自己形象的本性所导致的一种偏差,奇怪的是无论从谁的角度出发,他们的讲话都是实话,但是这只能被认定为局限的事实,而不是真实。用电影中的那个汉子的评论就是:"人都自以为老实,都把对自己合适的话当作真话,而把对自己不合适的事情忘得一干二净,这才心里舒坦。"这种过程不是有意而为之的,而是一种无意识的现象。

在上述案例当中就出现了这种理解偏差的状况,张老大认为事先他通知了二弟,二弟最后没有来是想故意让自己丢人。但张老二却认为大哥虽然通知自己了,可是大哥家人却提前走了,这分明就是想让自己难堪呀。难道真的就如双方所说的那样都想让对方出丑吗?参与此事的人民调解员认为事情的真相并不是这样的,张氏兄弟如果很和睦,可能大哥根本用不着通知,张老二也会积极参加,反过来讲,大哥在出发之前无论如何也不会把老二家人落下。问题的症结是不和睦以及背后的原因,所以事实的争执点不是双方表面上所争议的有没有再次通知的问题,而是背后的隔阂问题,人民调解员认为解决其背后的隔阂比在这个事情上分出谁对谁错更重要。人民调解员在调解的过程当中抓住了这个重点,顺利地掌握表面事实背后的真相事实,双方当事人虽然都站在自己的角度叙述,但人民调解员却有选择性地听。我们在与张老大单独谈话的过程中,可能是碍于面子的问题,他没有一句话是涉及宅基地的,但绕来绕去的根结就是对弟弟十年前的行为不满。长者问事人第二次再去和他谈话的时候,直截了当地聊起了宅基地,张老大好像忽然之间来了兴趣,他表示如果这个可以达成共识的话,其他的都没有问题。而张老二的关注点并不在宅基地上,因为他的那块宅基地确实也没什么用处,他所关心的是其侄子的医疗费问题,以及自己儿子是否触犯法律的问题(因为警察在现场对双方进行了警告,如果调解不好的话那就只能按法律来处理了)。

我们试想如果此事发生在法庭上,法官所做的就是调查事情真相,按照法律的规定解决问题,可能最后的结果是当事人并不关心的问题得到了解决,而当事人所关心的问题却得不到解决。人民调解员所关注的并不是法律层面的问题,而是社会层面的问题,他们所维护的也不是法律的公平公正,而是乡村人们在长期的生活过程中所形成的自己心目当中的正义。乡村人民调解员不同于其他的纠纷解决主体的另一个原因是他们自己就可能是事件的经历者，这样就尽可能少地受到其他人"罗生门现象"的干扰，除此之外，他们还可以根据过去的"历史因素"找出隐藏在事件背后的真相。

乡村人民调解员在调解的过程当中可能不讲法律，但是他们必须要讲道理，前文对于乡村的"理"进行了分析，它是人们心目当中的基本价值观。不讲理的人被称作"无赖""屙屎赖""阿儿渣黑头粪"，如果说一个人被冠以上述称呼的话，这可能会被理解成恶毒的谩骂，有些时候比说其违法要严重得多。针对伊斯兰教的人们讲真主安拉，他们就会肃然起敬，对着真主的起誓胜似用法律去约束，人有了信仰才会有畏惧，对当事人只有讲他信的东西，才能使他从心灵上诚服。中国乡村人们所信的东西就是"理"，气急败坏的纠纷当事人往往会说："咱们去大街上，让大伙给评评理"，"到底还讲不讲理"，"还有没有天理"，用"理"去说服胜似用法律的标准去评判，"法律制定者如果对那些促进非正式合作的社会条件缺乏眼力，他们就可能造就一个法律更多但秩序更少的世界"。①

人民调解员的说理存在一定的技巧，如图 4.11 所示，说理的前提和基础是和被说理者建立共识，人民调解员和张氏兄弟单独谈话的开始

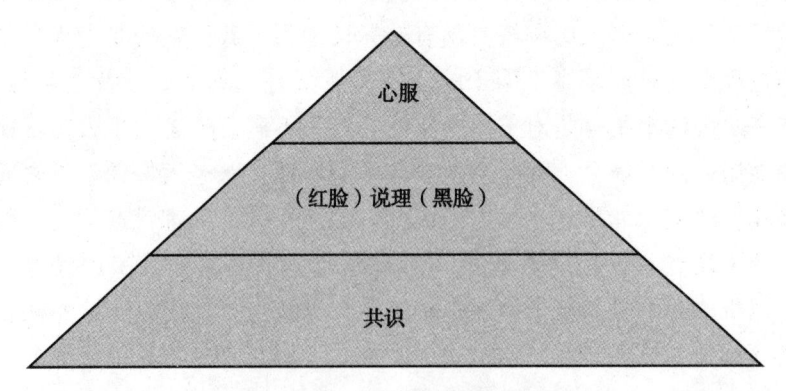

图 4.11 说理过程的框架结构

大概都是在讲：我也知道你有你的冤屈，我也理解你的心情，牙还有咬舌头的时候呢，兄弟之间难免会有些磕磕碰碰，最主要的是把这些小事

---

① ［美］埃里克森：《无需法律的秩序———邻人如何解决纠纷》，苏力译，中国政法大学出版社 2003 年版，第 354 页。

看开。让各方体会到人民调解员是站在他的角度考虑问题非常重要，有了一定的共鸣之后，谈话才能继续下去，然后再慢慢地开导。如果人民调解员跨过这个阶段直接对当事人进行批评，恐怕说理就难以进行，很有可能会造成当事人心里的误解，他们会以为人民调解员是在为对方当事人帮腔做事。说理不是最终的目的，说理最终想要达到的效果是使当事人心服，只有心悦诚服才能促成最后调解协议的达成，这也是优于法律的地方。

法律强调的往往是人的外在行为，即使当事人对法律的判决不服，但判决书一旦生效，当事人必须要按照判决的结果行事。调解不仅注重外在的行为，它更注重人的内心世界，一个利用权势或者其他的外力条件迫使当事人达成的调解不是一个成功的调解，这种调解很有可能是另外一场纠纷的开端，从而导致当事人双方矛盾的进一步激化。即使在谈话的初级阶段建立了共识，但是在下一步的说理当中也不能一味地"唱黑脸"，一般情况下都是两个调解员相互配合，一个"唱黑脸"，另一个"唱红脸"，也有时候一个人扮演两个角色。在对张氏兄弟的调解过程中，长者问事人主要扮演的就是"黑脸角色"，他以一位长辈的身份对这两个远门的侄子进行了批评教育，村主任主要扮演的就是"红脸角色"，以一个兄弟的身份给他们讲道理。

前文对礼物在乡村人际关系塑造中的重要作用也进行了论述，礼物除了物质层面的意义之外还存在着精神层面的意义，我们可以把这种精神层面的意义叫作"礼物之灵"（the spirit of gift），它是馈赠礼物的灵力（esprit），它承载着其所具有的巫术力、宗教力和精神力。礼物之间有一套精神的关联，礼物在某种程度上出于灵魂，是给予的义务与接受的义务，是一种持续的精神方面的流动，接受某人的礼物，就是接受了他的某种精神本质，接受了他的一部分灵魂。①

人民调解员同样非常重视"礼物"的作用，一位被访者（MSPM66-2014-04-04）讲述了一个这样的案例：S 的妻子与他母亲发生了婆媳矛盾，S 平时也不是个"过日子"的人，他妻子一气之下回了娘家，S 的父母找到了村干部调解此事。村干部首先做的就是去 S 妻子的娘家把她叫回来，于是就派了一位人民调解员和 S 一起去了其岳父家，

---

① ［法］马塞尔·莫斯：《礼物》，汲喆译，上海人民出版社 2002 年版，第 21 页。

共去了两次,第一次吃了个闭门羹,第二次虽然让进门了,但 S 的岳父还是没有同意其女儿回去。后来实在没有办法了,被访者和另外一名人民调解员出马了,他们这次没有直接去 S 的岳父家,而是到了旁边的集市上买了一个羊腿和两瓶酒,俗话说"伸手不打送礼的",S 的岳父看到这种状况之后让两人进了屋,并且中午非要留下两人吃午饭。事情就此发生了转机,在吃饭的过程中,气氛得到了进一步缓和,被访者连忙通知 S 过来给他岳父承认错误,他岳父对夫妻两人进行了批评教育,最后事情得到了圆满解决。

在此事件的处理过程当中,受访者就充分利用了礼物的作用,如果受访者和另外一位人民调解员最后一次的拜访是空手去的,恐怕事情会是另一种结果。笔者在调研当中发现了一个普遍的现象,就是男人与男人见面第一件事情就是掏出自己的香烟让给对方,有时候还会关于"抽谁的香烟"的问题会争夺一番,最后争夺的结果一般是趋于位"尊"的人接受对方的烟卷。烟卷在这里就是充当一种礼物的作用,接受别人烟卷的一方因为接受了别人的礼物会变得十分客气,送礼的一方因为有求于人或者处于"卑"位更会热情地对待"对方的客气",通过这个让烟行为,沟通会变得顺畅很多。人民调解员在张氏兄弟矛盾纠纷的调解过程中也充分运用到了礼物的作用,比如对当事人批评或者教育的时候都会给他们递上一支烟,这时被批评教育者一般都会对人民调解员的说理虚心接受。在调解协议达成后,人民调解员让老二的儿子带了两瓶酒去看望其伯父,张老大对于带着礼物前来的侄子也就没有再说什么,表示了原谅,事情得到了很好地解决。

(三) 治病治本的"酒桌艺术"

酒在中国人生活当中起着非常重要的作用,在酒中既有"借酒助兴"的喜悦,也有"何以解忧唯有杜康"的悲情,中国人有很多的事情都是在酒桌上办成的,与其说酒是一种工具,倒不如说酒是一种文化。人民调解员在调解当中同样看到了这一点,在调解结束的时候,他们往往都会召集双方当事人坐在一起摆桌酒菜,让双方从根本上把矛盾化解,这是解决纠纷的升华部分。对于这种策略的运用并不是必然的,人民调解员根据不同的纠纷情况来决定是否有必要在调解中运用上述的策略,有很多的情况并不适合,如一位被访者(MSCL36-2014-03-05)所说的:"我们根据调解的火候来决定是否在最后摆酒桌,双方当事人如果还心存芥蒂的话，摆酒桌的时候就很容易导致双方的矛盾再次激化。只有双方都认识到自己的错误，并且对调解的结果也都非常满意的情况下，我们才会把他们撮合在一起，复合原来的情谊。除此之外，我们还要避免贪图双方当事人报酬的嫌疑，现在不同于以往了，人们的生活条件也好了，没有人会'舍皮拉脸'地去吃当事人的一顿饭，如果双方当事人有这方面的想法或者表现，我们是坚决不会摆酒桌的。"矛盾的双方当事人越亲近，调解的最后摆酒桌的可能性就越大，因为只有感情亲近的人才有必要恢复他们的感情，对于陌生人或者不熟悉的人而言，也没有必要去恢复他们之间的情谊关系。人民调解员在调解当中运用酒桌策略的原因主要有以下几点：

第一，酒桌上的行为被赋予了某种特定的意义，比如给对方端酒倒酒的行为，这代表着对某人的尊重，被尊重的人也要给对方面子，这是熟人社会潜在的规则。感情的复原需要沟通，而沟通就要有平台，酒桌就是个最好的平台，前文也已经提到，在酒桌上喝酒就像是在举办一场仪式，每个人在这个仪式当中都要找到自己的定位，这种定位是人们在长期的生活当中所形成的某种期待，对于这种期待的打破就是对乡村固有秩序的挑战，所以人们一般都会选择遵守，这样就更容易得到共同想要的结果。在上述案例当中，张老二给其大哥，张老大的儿子给他二叔和张老二的儿子给其伯父堂哥的倒酒端酒行为，就是在完成这场仪式，这也是在坐的各位对他们的期待，他们小心地审视着自己的定位，履行着符合自己身份特征的行为，当事人双方成为了推杯换盏的对象，所聊的话题也越来越投机，最后调解似乎变成了一场聚会，兄弟之间的感情得到了恢复。

第二，很多纠纷都是由鸡毛蒜皮的琐事引起的，乡村是个熟人社会，由于双方当事人都拉不下脸面和对方沟通，所以这些小事就越积越多，最后导致了矛盾的激化。"酒壮怂人胆"，有时候酒可以坏事，但有时候酒也可以成事，在酒桌上几杯酒下肚之后，当事人的神经受到了麻醉，他们可能会放下平时的"架子"，主动和对方当事人坦诚沟通，人与人之间只要是敞开了心扉，就很容易达成共识，积累的矛盾也就顺理成章地得到解决。上述案例当中，张氏兄弟没喝酒之前表现得就比较拘束，并且他们也不愿言谈，等几杯酒下了肚，双方就开始诉说出自己的心里话，等他们把话都说开了，之间的芥蒂也就不存在了。有些话平时可能不可以说，但是到了酒桌上就可以说出来，俗话说"酒后吐真言"，每个人的内心深处都是渴望和平共处的，和对方说出心里话是件非常愉悦的事情。

第三，乡村的人民调解一般都没有书面的调解协议，口头调解协议的履行靠的是人民调解员的监督，这种监督没有什么强制性，但是它有面子成分在里面。人在酒桌上都是十分要面子的，大家聚集在一起在酒桌上说的话，更容易得到其他人的监督，如果对自己在酒桌上许下的诺言不履行的话，会遭到其他人鄙视。

第四，法律所注重的是外在的权利义务，情感所注重的是内在的沟通和理解，人与人之间法律上的权利义务容易分清，但是破裂的感情难以复原，这就像破碎的花瓶一样，虽然能够把碎片拼凑在一起，但是它永远也不能再像从前那样融为一体，而人民调解员利用摆酒的策略所要做的就是让破碎的花瓶重新回炉融化再塑，让破裂的感情重圆，这是人民调解员工作的出发点和归宿点，同样也是人民调解和其他纠纷解决方式的重要区别，比如在法庭上，法官根据案件的事实和法律的规定会作出符合法律正义的判决，但是这种判决会使双方的感情彻底地破裂，有很多这样的案例，甚至最后兄弟老死不相往来。经过小饭馆的酒局之后，张氏兄弟两家的关系开始变得亲近，近期了解到兄弟两人准备合伙做生意了。

第五章

人民调解员的角色定位：
乡村的"特殊法律人"

"我们必须抗拒审视巨型的客体社会和其他巨大的整体性之诱惑，我们同时也要避免这些诱惑所埋下的普遍架构和系统陷阱"①，在社会学的研究过程当中，不能预先制定一个隐含目的的假象社会，我们要避免将活生生的社会现象装进一个设定的牢笼里"定性"，② 但是我们也不可以就事件论事件，利用个别的特殊事件总结存在之中的普遍性还是很有必要的。本章当中笔者避免像解释一种机械性程序或者由学者构建的神秘性概念框架那样，事后构建的理论图解，而是从实践图式或者实践感出发，论述人民调解员在乡村的角色地位。

第一节 法律知识不及之处：地方性知识的载体

一 法律在乡村的"尴尬境地"

（一）计划生育与创收

上文已经对乡村计划生育的问题进行了描述，在这里我们着重论述一下国家计划生育相关法律在乡村的执行情况。《中华人民共和国人口与计划生育法》第十八条规定："国家稳定现行生育政策，鼓励公民晚婚晚育，提倡一对夫妻生育一个子女；符合法律、法规规定条件的，可以要求安排生育第二个子女。具体办法由省、自治区、直辖市人民代表

---

① Michel Foucault, *Power/Knowledge*, ed. By C. Gordon, Pantheon, 1980, p.11.
② 潘泽泉：《实践中流动的关系：一种分析视角——以〈礼物的流动：一个村庄中的互惠原则与社会网络〉为例》，《社会学研究》2005年第3期。

大会或者其常务委员会规定。"以调研地为例,《山东省人口与计划生育条例》第二十三条规定:"只生育一个女孩,母女均为农村居民且母亲居住在农村连续五年以上,以农林牧渔业收入为主要生活来源的,经夫妻双方申请、县级计划生育行政部门批准,可以生育第二个子女",在S县X镇X村调研的时候就有这样的案例,村里有一户人家在江苏徐州做建筑生意,家庭也比较富裕,他已经有了两个女儿,可是还想要一个儿子,通过村干部和乡里协调后,交了些"罚金",就又生了一个儿子。孩子的母亲一直在外地跟随丈夫做生意,只有过年过节的时候回来,基本没有在村里生活过,显然不符合"母女均为农村居民且母亲居住在农村连续五年以上"的法律规定,他们的主要收入也不是农业收入,所谓的"经夫妻双方申请、县级计划生育行政部门批准"只不过是通过村干部往乡里送点礼,打通关系而已。在村里存在三家上述的情况,除此之外,还有第一胎生了个男孩又生第二胎的情况,《山东省人口与计划生育条例》第二十一条规定:"具有下列特殊情形之一,经夫妻双方申请、县级计划生育行政部门批准,可以生育第二个子女:(一)夫妻一方为独生子女的;(二)经设区的市以上计划生育技术鉴定组确诊第一个子女为非遗传性残疾,不能成长为正常劳动力的;(三)曾患不育症,依法收养一个子女后又怀孕的;(四)夫妻双方均为少数民族的;(五)夫妻一方从事矿工井下作业连续五年以上,现仍从事该项工作,只生育一个女孩的;(六)夫妻一方从事外海、远洋捕捞作业连续五年以上,现仍从事该项工作,只生育一个女孩的;(七)夫妻一方为烈士的独生子女或者二等乙级以上伤残军人的;(八)夫妻一方因非遗传性残疾失去劳动能力,只生育一个女孩的;(九)再婚夫妻一方只生育一个子女,另一方未生育的。"笔者在X村调研的13户第一胎生男孩又生第二胎的情况没有一个符合上述的特殊条件,X村总人口500多人,100户左右,适育年龄的家庭大概有60户左右,违反计划生育的家庭占适育总家庭数量的27%,在当下没有违反计划生育的家庭当中,还存在将来可能违反计划生育的情况,所以说乡村违反法律生育的情况很多。

难道是乡镇政府对下面的状况不了解吗?还是国家的计划生育力度不够呢?现实当中的事情不会完全按照我们预先设想的状态发展,它受现实中各种因素的影响,如果把这一切看作一场交易的话,最后的结果一定是各方可以接受的最低交易成本的协议。在科斯定律所假定的零交易成本的世界里，人们可以通过交易来改变初始的权利界定，① 零交易成本的世界是不存在的，但它是每个交易的趋向。在计划生育问题上，乡镇政府在能够不受法律制裁的情况下创收，村民在能够给孩子上户口的情况下多生，村干部在乡镇政府允许和村民愿意的情况下牵线搭桥"捞外快"，这是一个各方都满意的交易。在整个交易过程当中唯一受到损害的是国家法律，久而久之这项法律就会失去在人们心目当中的地位，这是各方不太关心的事情。除此之外，国家政策的不连续性使得乡镇政府的工作人员也无所适从，就像 X 镇计划生育人员（MSQH28-2013-12-25）所叙述的那样：我们把计划生育抓好的时候，上面的考核标准变成了"创收"，我们因为计划生育罚了很多钱，但是考核的标准又变成了结扎、引产的数量，搞到最后我们也不知道该向哪个方面努力了。

　　除此之外，还有其他损害法律权威的计划生育行为，《中华人民共和国人口与计划生育法》第二十三条规定："国家对实行计划生育的夫妻，按照规定给予奖励"，第二十七条规定："自愿终身只生育一个子女的夫妻，国家发给《独生子女父母光荣证》，获得《独生子女父母光荣证》的夫妻，按照国家和省、自治区、直辖市有关规定享受独生子女父母奖励"。但是在调研的 B 村却存在这样一个案例：W 的妻子是被拐卖到本地的外地人，她生育一个男孩以后跑回了娘家（大概在四川或者贵州某地），从此就再也没有回来，后来乡里统一办《独生子女父母光荣证》，W 也去申请但是被驳回，原因是其妻子很多年都没有按规定到乡镇孕检，一提起这件事情 W 就气得直哆嗦，媳妇跑了很多年了，这也是村里都知道的事实，但就是不给办《独生子女父母光荣证》，用 W 的话说就是：他们不给办《独生子女父母光荣证》的原因就是想截留国家发给的钱。上述类似的情况还有很多，乡镇政府没有给他们发放《独生子女父母光荣证》的理由也有很多，是否都符合国家法律的规定我们也不做考证，但有一点是可以确定的，国家法律在他们心目当中的权威在下降，长此以往，法律在乡村的境地也就越来越尴尬。

---

① 王林彬：《国际法内在"合法性"的经济分析——以交易成本理论为视角》，《法学评论》2011 年第 1 期。

（二）土地的使用与管理

针对土地的使用和管理国家法律作出了明确的规定，《中华人民共和国土地管理法》第三十六条当中规定："禁止占用基本农田发展林果业和挖塘养鱼"，《中华人民共和国农村土地承包法》第十六条当中规定："承包方依法享有承包地使用、收益和土地承包经营权流转的权利，有权自主组织生产经营和处置产品"。但现实与法律的规定存在一定的出入，比如笔者调研的 S 县 F 镇，前些年乡镇的领导为了促进地方经济的发展，强制农户种苹果树，但是最后的结果却使苹果价格大降，农户受到了巨大的经济损失，此事后来也就不了了之。近几年乡镇又想树立"牡丹之乡"的名誉，开始强制农户种植牡丹，这些行为显然违背了国家的相关法律规定。除此以外，在笔者调研的过程当中了解到了这样一个事件：村里的田间地头有很多树木，乡镇为了改良农田的生产水平，通知农户砍伐掉各自地头上的树木，有些农户的农田由于靠近村庄或者林地，认为种植树木的收益可能更高，所以他们就表现不合作，对于那些不愿意的农户进行了强制砍伐，一度在村里造成了很大的意见。有些符合基层人们意愿的法律规定却遭到了违反，有些法律得到了遵守却又违反了基层人们的实际情况，长此以往的结果将是人们失去对法律的信心。

前文对于新农村建设当中的盖房问题已经进行了论述，其中也涉及了土地使用的问题，在调研 X 镇的 X 村就有这样的情况，由于 X 村的位置相对比较偏僻，X 村的村民把新房都盖在了村附近的一条主干道旁边，主干道两边的地都是相邻 B 村的，所以 X 村的村民大都是通过无限期租赁或者买卖的方式得到 B 村土地的，这显然违反了国家法律的相关规定。《中华人民共和国土地管理法》第十九条规定："严格保护基本农田，控制非农业建设占用农用地"，第三十六条规定："非农业建设必须节约使用土地，可以利用荒地的，不得占用耕地；可以利用劣地的，不得占用好地。"《中华人民共和国土地承包法》第三十三条规定："土地承包经营权流转应当遵循以下原则：（一）平等协商、自愿、有偿，任何组织和个人不得强迫或者阻碍承包方进行土地承包经营权流转；（二）不得改变土地所有权的性质和土地的农业用途；（三）流转的期限不得超过承包期的剩余期限；（四）受让方须有农业经营能力；（五）在同等条件下，本集体经济组织成员享有优先权。"X 村租买邻村的土地建房的行为改变了土地的用途，违背了田地流转的原则，但是这种情况却能够存在，其原因是什么呢？

第一，村民的意愿所使。像前文提到的当地男女比例失调的原因，男孩娶媳妇成了很大的问题，有一处地理位置很好的楼房是相亲的重要资本，靠近主干道盖新房成了村民的首选，即使让盖房者多出点钱，他们也愿意选择一处好的位置盖房，哪怕这个位置是在禁止盖房的田地里。

第二，乡镇政府前期的放纵与后期的无奈。开始的时候X村并没有在主干道两旁大面积的盖房，只是零星的几家在哪里做点小买卖，后来又有几家通过村干部在乡镇里打通了关系盖了新房，再后来就一发不可收拾，现在道路两旁基本盖满了。前期乡镇政府并没有考虑太多，盖房者通过村干部让上面得到了好处，上面也就睁只眼闭只眼，后来者同样效仿前面的人，乡镇里不可能让以前的人盖了而不让后面的人盖，所以将错就错造成了现在的局面。

第三，村干部在中间的斡旋。前文我们已经论述了村干部在乡村的作用，他们对于乡镇政府来说是地方的管理者，没有他们的话，乡镇政府在村里的工作是很难开展的，对于下面来说他们是村民能直接接触的官方代表和庇护者，村民认为所有的官方规定都能在村干部这里得到通融，况且村干部在和上面说情的同时自己也可以从中得到物质利益，在给下面村民办事的同时可以增加自己在村里的权威，这是一种双赢，何乐而不为呢？

对于当地一些违法拆迁开发的行为也有被揭发和检举的，① 那只是触及到了某些具体的个人利益，否则没有人会关心此事，上述这种违反国家法律的情况没有给任何一方造成伤害，所以国家的监督也就到达不了这个层面。除此以外，《中华人民共和国土地管理法》第三十六条还规定："禁止占用耕地建窑、建坟或者擅自在耕地上建房、挖砂、采石、采矿、取土等。"祖祖辈辈生活在这里的村民都是把坟地建在自己的耕地里，甚至有些在政府工作的当地人也把祖坟建在村庄的耕地里，这是世世代代的传统，并不是一条法律就能改变了的。

---

① 《山东省S县政府违法批地案被国土部挂牌督办》，新华网，2014年7月30日（http://www.sd.xinhuanet.com/news/2011-04/19/content_ 22554657. htm）。

综上所述，国家立法的出发点是好的，但是在乡村有些法律确实没有达到预期理想的效果，甚至还背离了当时的初衷，这与中国社会的特点有关，与权力运作的自身特点有关。① 法治越发达的社会，地方性知识所起的作用也就越小，正是法律在中国乡村的尴尬境地提升了地方性知识在乡村纠纷解决过程中的地位，从而也凸显了人民调解员的载体作用。

二 人民调解员心目中的"马桥词典"

韩少功从任何特定的人都有特定语言表现的角度出发为一个村寨编了一本词典——马桥词典，其实这就是地方性知识的一种侧面反映，笔者没有这个能力和精力去完成那么大的一个工程，但是我们可以借鉴韩少功先生的视角对人民调解员地方性知识载体的身份进行分析。本研究当中提到的"地方性知识"和吉尔兹的"地方性知识"也略有不同，吉尔兹的地方性知识虽然说是地方性的，但是他的分析脉络却赋予了这种地方性知识以同质性，具有某种意义上的普遍性，而本研究当中的地方性知识是指一些具体的知识，是指一些与地方性相联系才有意义的知识，它不具有普遍性的意义，是一种不值得批量文本化的知识，② 我们在这里借助的只不过是该理论。在这里沿用这一理论所讨论的是乡村人们生活中具体的知识，处于成本和收益的考虑这种知识是不会被整理后载入书本的。

长期生活在乡村的人民调解员不仅了解自己本村的纠纷历史、关系状况、生活和风俗习惯，甚至还掌握村子里每个人的性格、脾气、家境和品行等非常个性化个人化的知识，这些知识是长期"驻守"在城里的法官和其他纠纷解决主体所无法得知的。"知己知彼，百战不殆"，对这些地方性知识的掌握为他们解决纠纷提供了得天独厚的条件，远离乡村的法官甚至花上一两个月的时间到村子里调查证据也比不上他们一天的调查所获。地方性知识的地方性体现在与外界普世性知识的比较上，如果只限于乡村人们生活的小圈子，也就没有必要去识别不同于一般性知识的地方性知识。人们的生活和纠纷的解决方式一样是多层面

---

① 苏力：《送法下乡——中国基层司法制度研究》，中国政法大学出版社 2002 年版，第35页。
② 同上书，第30页。

的，随着社会和法治的不断发展，人们的生活突破了小农经济时代的活动范围，乡村的纠纷方式也呈现多样化的趋势，这样对于地方性知识的研究就有了重要的意义。与城市的陌生人社会偏爱于诉讼的纠纷解决方式相比，乡村的熟人社会则偏爱于非诉讼的人民调解方式，人民调解员顺理成章地就成为了我们研究地方性知识的载体。这种载体身份主要体现在以下三个方面：

(一) 基本概念的知识

人民调解员对于乡村基本概念和词汇的理解与其"情景"是不可分开的，这种理解是特定情景下的理解，孤立的词语所携带的信息大都是不确定的、抽象的，我们把孤立词语只能理解为"规范性语言"，即受社会普遍规约和规则支配的日常语言，也是从社会世界主体间的视角来加以理解的日常语言。[1] 乡村很多词语都有其隐喻性，人民调解员在调解过程中会自觉地绕开词语的意义即这个词语所指事物的指称论，选择与词语表达者心理意图密切相互的意向论，[2] 这也是人民调解员作为地方性知识载体的基础。理解具体词汇的含义要进入被理解词汇的情境——由主体选择或区分的高度组织起来的世界的一部分，[3] 与其相对应的是现实的世界，不是可能的世界，它区别于纯客观的自在世界，而是经过人的思想处理的世界。[4] 比如电影《秋菊打官司》当中秋菊的男人与村长发生争执后骂村长的话："下辈子断子绝孙，抱一窝母鸡"，如果告诉西方法学家这就是村长犯罪的理由，估计他们会摸不着头脑，也许换个地方换个对象，这句话对其他人没有什么特殊的意义。但这是处在传宗接代思想特别严重的中国西北地区，恰巧村长生了四个女儿而没有儿子，又刚刚被计划掉，这种情景下，"断子绝孙"就成了非常恶毒的伤人语言，若是当地的人民调解员来处理此事的话，他们就会非常理解村长的感受，甚至会因此站到村长这一边。

在调研过程当中遇到了这样一个案例，L 和 M 是妯娌关系，L 是本

---

[1] 于林龙：《隐喻思维与意义的不确定性》，《东北师范大学学报》（哲学社会科学版）2012年第6期。

[2] 黄碧蓉：《语言意义的哲学追问：从意义的指称论到意向论》，《求索》2009年第1期。

[3] Keith Devlin, *Logic and Information*, Cambridge University Press, 1991, p. 30.

[4] 王左立：《试论情境与语言意义之关系》，《南开大学学报》（哲学社会科学版）2004年第6期。

地人，M是贵州人，两人因为家庭琐事发生争吵，在争吵的过程当中L说了一句"外地的蛮子就是不讲理"惹怒了M，她一气之下跑到L家把她家的锅给砸啦，并且扬言自己要回娘家，在这里没法过了。后来她们的婆婆找来了人民调解员，调解的过程当中人民调解员和她们的家人一致对L进行了批评，结果是L给M道歉，并且L的财产损失自负。我们对于调解的结果也许心存疑惑，难道是因为L的原因导致的争吵吗？通过人民调解员我们了解到了真实情况，"蛮子"在当地是具有歧视性的语言，是对从外面拐卖来到这里女人的一种歧视，相当于骂人的话。此外，M扬言要回娘家是非常有威胁性的话语，家庭最担心害怕的就是外地媳妇的逃跑，L是本地人，娘家又是旁边村的，她理应对此事担待一些。让一位接受过正规法学教育的人士评价人民调解员的做法，估计会当场晕倒，这是因为外来的人不了解个别词语在当地生活中的实际意义。

还有很多的词语是专属某个村子的，比如有这样一个案例，有个卖猪羔子（小猪）的小贩路过Y村，他在Y村村口的大树下歇息，并且用喇叭一直吆喝着"买猪羔子"，每吆喝一声，坐在树下乘凉的村民都会大笑，过了一会，旁边住户家里出来了一个年轻人，并用严厉的语言呵斥小贩离开本村，小贩非常纳闷，于是就和这位年轻人吵了起来，后来由本村的人民调解员劝解开了，并且让小贩尽快离开了Y村。我们从人民调解员那里了解到了事情的真实原因，和小贩争吵的这位年轻人的父亲有个绰号就叫"猪羔子"，所以这位年轻人听到吆喝声之后非常地生气，并且呵斥让小贩离开。调研的过程当中发现了一个奇怪的现象，几乎生活在乡村的每个人在村里都有个绰号，人们甚至因此忘记了他们的"大名"（真实姓名）。对于外来的人，这些绰号所包含的意义可能是无法理解的，但对于生活在本村的村民和人民调解员来说，他们都心知肚明，有些时候某个人叫另外一个人的绰号比叫他的真实姓名更显得亲切，但有些时候可能就变成了一种侮辱。除此之外，还有许多人在日常生活当中形成的词语或者暗语，人民调解员在调解的过程当中，不得不对基本概念方面的地方性知识充分地了解，这种知识的掌握和理解是其他外界的诉讼主体无法想象的。

（二）圈子内生活的知识

每个人都是独立的个体，天下没有两片一模一样的叶子，同样也不存在完全相同的人,特别是人的脾气性格更是多种多样,甚至亲兄弟之间脾气性格的差别都非常大。人民调解员在调解的过程中必须要了解每个当事人的性格特征,只有这样才能对症下药,对于要面子的就给他面子,对于爱贪小便宜的,就让他沾点光,这样纠纷解决起来就会事半功倍。除此之外,还要考虑到当事人的品行和家境,对于家庭困难的当事人,就尽量在经济上对其进行照顾,对于品行特别好家境也不错的当事人,就让他在经济上吃点亏。

在 S 县 S 镇有这样一个案例:C 和 W 是菜地相邻的同村村民,W 趁 C 不注意的时候偷了他的一筐辣椒,但是此事被 C 的孩子发现了,于是 C 就去找 W 理论,W 当然不承认有此事,双方吵了起来,最后人民调解员劝解 C 最好忍气吞声,不要再追究此事了,事情就这样不了了之。对于人民调解员的调解策略可能非常纳闷,那是因为我们不了解 W 和 C 背后的故事,W 在村里是个传奇人物,高中毕业,曾担任过民办教师,也挨过批斗,后来从乡镇税务部门退休,他兄弟八个,其中大部分都定居在了县城,依仗着这些兄弟,在村里无人敢惹。在人际关系上一向很糟糕,就本村来说,与一半以上的人有过或大或小的矛盾。他游手好闲、爱占便宜,大到国家的公款、宅基地,小到花生、红薯,都是他关注的对象,脸面都是浮云,物质才是真理。

下面通过几个具体的案例全面了解一下此人,案例一:45 年前,在生产队时期,基本没有什么交通工具,W 步行去金乡县办事,路上遇到一个十六七岁的小姑娘骑着自行车,他提出要搭乘小姑娘的自行车代步,小姑娘说他太重驮不动他,于是 W 提出由他骑车驮小姑娘,小姑娘应允了。当行至一条河的对岸,W 凭着高高的河滩掩护,一把将小姑娘从自行车上推下骑车就跑。小姑娘的追赶、哭叫惊动了田里干活的生产队员,在逃跑的过程中被队员们截获并扭送至派出所,后来被判了刑,蹲了半年监狱。案例二:20 世纪 80 年代初,W 辞去民办教师的职务接替其父在乡镇税务所的工作,更是"威名"远播,每乡镇逢集,他就去街上逐摊收税,有不愿意交的就强拿摊主的东西借此占为己有(其实他正希望这样)。在自己管辖的集上是这样,在其管辖范围之外的地方有时也"履行职责",即使对于村里的流动摊贩也不放过,一度甚至没有摊贩敢去其村子卖东西。久而久之,家里"没收"的东西越来越多,有衣服、鞋子、锄头等,其媳妇常常帮他在村里把这些东西卖给其他村民。戴着国税的大盖帽，积着个人的小金库，在生意人的眼里它是个备受关注的人。案例三：十年前，村里来个收粮食的，在过秤的时候买主发现W家的麦子尤其的重，于是买主就仔细地检查了一下，发现袋子的上面是麦子，下面全是土，买主非常生气，于是把麦子退给了W，并且编了个顺口溜"W腌儿臜（耍无赖），麦子里面掺坷垃（土）"，后来这个顺口溜在十里八村人尽皆知。案例四：大约五年前的春季，村民都在栽树，W等到所有人都把树栽上了之后才栽的，就在W栽树的当天村民发现自家地里都少了一棵，于是怀疑是W所为，果然不出所料，村民各家买的树苗都不一样，W地里的十几棵树粗细高矮参差不齐，因一棵树大家都想着犯不着计较惹麻烦，此事也就不了了之。当我们了解这些之后，再看一下人民调解员的做法就会非常理解，在每个生活圈子里可能都会存在这样的人物，但是生活在圈子之外的人很难知道这些，这是不同于基本概念的地方性生活知识。

前文当中我们对于乡村的关系网络进行了介绍，人民调解员调解的过程就是对关系网络重新梳理的过程，梳理的前提是对以往的关系网络进行充分地了解。乡村是个关系大网，人与人之间的关系错综复杂，亲属关系、朋友关系、发小关系、干亲关系、会友关系、邻里关系等等，只有长期生活在这个圈子里的人才能真正地掌握这些知识。比如上文当中提到的张氏兄弟的案例，如果人民调解员不了解张老二和哪位公开指责张老大的异姓人之间的关系，就无法对这位公开指责人的状况作出准确的判断，也就没有办法做进一步的调解。而人民调解员了解到这种关系之后事情就变得清楚多了，这看似张老大和这位公开指责人之间的关系，其实是张氏兄弟和这个异姓家族之间的关系，他们让这位公开指责人的家族出了个代表对张老大道歉，事情得到了圆满的解决。这种生活中的地方性知识还有很多很多，平时它们都以隐形的方式存在着，只有当产生矛盾纠纷，并且以人民调解的方式解决的时候才被人民调解员考虑进去，这也是其他纠纷解决主体所不具备的"常识"。

（三）地方的习惯和传统

地方性知识的另一种存在形式是当地的传统、习惯和惯例，它们是人们在长期生活当中逐渐形成的，在外人看来可能并不容易接受，甚至有些违反了国家的法律，但是它们却实实在在地影响着当地人的生活。比如电影《被告山杠爷》当中杠爷针对一些"不安分子"

所采取的行为,由于村里的小媳妇强英不孝顺自己的婆婆,经常对婆婆打骂,被山杠爷当着全村人的面斥责了她,强英回去后不知悔改,反而把气都撒在了婆婆身上,因而激起了公愤,山杠爷一气之下命人将其绑了游街示众,结果强英无法忍受屈辱在当晚上吊自杀,山杠爷虽然对于强英的死有些意外,但是他并没有感觉自己做错了什么,反而觉得问心无愧。此外,山杠爷还催促在外地打工的明喜回乡种责任田,再三催促明喜并没有回来的情况下,山杠爷令人私拆了明喜写给自己妻子的信件,侵犯了别人的隐私权,还有对于拒交公粮的王禄,山杠爷私自命令民兵对其捆绑和关押等等。这一系列的行为在一个接受了正规法律教育的外来人看来简直不可思议,但是山杠爷的做法却得到了当地村民甚至被害人的认同,杠爷也认为对得起自己的良心。

　　人民调解员在调解的时候必须要考虑到这些习惯和传统,可能有些做法并不符合法律的规定,但是在乡村却得到了民众的支持。调研到这样一个案例:前些年国家搞丧葬改革,为了保护环境和节约耕地,政府决定废除以前的土葬,倡导人们采用火葬。改革初期受到了很大的阻碍,毕竟世世代代都是土葬,忽然让子孙烧掉祖先尸体,村民一时接受不了,并且他们认为这是一种不孝的行为,其中就有很多村民在家人去世之后实行偷埋(晚上偷偷地发丧埋葬),国家对于这种偷埋行为非常头疼,于是采用举报有奖的措施让村民相互揭发。事件就在这种矛盾对抗中发生了,L镇H村有位老人去世了,其子孙为使老人的尸体避免火化偷埋了,但事情后来还是暴露了,就在老人被埋葬的第四天,乡镇里的人来到村庄调查此事,并强制其家人将老人的尸体火化。事情过去之后,老人家人调查得知此事是村里的D告的密,以前两家就有矛盾,在掌握充足的证据以后,其家人就去找D算账,此事差点造成集体械斗。最后村长召集了几个人民调解员对此事进行了调解,土葬的行为固然违反国家的相关规定,但是在当地告发别人导致祖坟被刨的行为也不是什么光彩的事,让D给这家人赔了礼道了歉,事情就此结束。按照法律的规定,对于土葬揭发人员打击报复的,要受到相关的处理。如果人民调解员不知道这些地方性知识的话,完全按照法律的规定进行处理,可能会是另一种结果,不仅双方当事人之间的仇恨越积越深,而且还有可能导致和人民调解员之间的冲突。

上述谈到的这些知识，是在书本上所找不到的，这些知识不仅具有地方性，而且还具有特殊性，它因地而异因人而异，但是在乡村矛盾纠纷的解决过程当中又不能忽视这些知识的存在，甚至还必须要依赖这些知识。乡村纠纷解决的主要方式是人民调解，所以人民调解员就必然成了这些地方性知识的重要载体，并且也只有当人民调解员调解纠纷的时候这些地方性知识才能集中地得到体现。

第二节 "法律盲区"的填补者

一 乡村的"立法者"

这里所说的"立法"并不是国家意义上的制定法律，而是在有限空间范围内的习惯、惯例和规则的形成。国家法律在中国乡村存在一定的失灵现象，这时候就需要有一定的规则来代替法律的作用，通常情况下人们把这些规则称作"民间法"或者"习惯法"，它们实施的范围很小，有时候甚至只适用于一个村庄或者一个家族。这些规则并不是与生俱来的，它们是在人们长期的生活过程中，由矛盾纠纷的解决者"制定"而成的，乡村的人民调解员就是其中最为重要的"制定者"之一。

前文已经提到一个关于"红白喜事参与者报酬和烟酒标准规则"的制定案例，结果使人们既节约了成本，又维护了经济条件不好者的面子，从某种意义上来讲，维护了乡村和谐的秩序。下面通过另一个调研案例来说明一下人民调解员的"准立法行为"，X镇L村的村民大部分都是做木料生意的，他们通过在乡村中购买生长着的树木，然后自己砍伐后卖到木料场赚钱，整个过程是非常费力的，单凭一两个人的力量是难以完成的，这就需要几个人合伙。就在合伙的过程当中出现了一系列的问题，他们之间的合伙并不像法律上所规定的那样，有严格的程序和手续，合伙基本都是口头的，甚至有时候是默示的。比如今天几个人一起去砍树，那么今天可能他们相互之间就是合伙人，明天其中的某人没有来，可能这天他就退伙了。因为毕竟没有严格的合伙或者退伙界定，所以一旦涉及经济利益问题的时候，纠纷也就产生了。

一位被访者（MSPH75-2014-04-13）给我们详细地叙述了两个案

例,案例一:Y兄弟两人与F是木料生意的合伙人,在一起合伙了很多年,在这期间他们也因为一些小矛盾散伙了很多次,但过后都又凑在了一起,有一天Y对F说:"你现在的年纪也大了,除了能干一些丈量和会计的活之外,其他的活也干不了,所以我不想再和你合伙了",F听了Y的言辞后非常生气但也没有说什么,第二天当F去叫Y兄弟两人一起下乡伐树的时候,Y表示他们家里有事不去了,接下来几天他们都没有再合伙,后来F就与邻村的另一伙人合伙了。半个月后的一天,同村的H告诉F说:"听说北边的村庄这两天刮大风,吹断了很多的树,不如我们一起去看看吧",F这天正好和他的新合伙人也没有活干,于是就答应了,但是F并不知道H在叫上他的同时也叫上了Y兄弟两人,巧合的是H也不知道Y兄弟两人和F已经散伙了。他们是兵分两路去的,一路是Y兄弟两人开一辆农用机动三轮车先去了,另一路是H和F骑摩托车后去的。就在去买树的路上,Y兄弟开的机动三轮车出了车祸,撞到了一个路边玩耍的小孩,最后花掉了医疗费一万元,关于医疗费的问题,F与H、Y兄弟发生了分歧,F认为他与Y兄弟已经散伙,现在他们出车祸造成的损失和自己没有任何关系,况且他也不知道H还叫上了Y兄弟,如果事先知道的话,他是不会参与的,Y则认为H、F与自己就是合伙关系,因车祸造成的损失就应该由三方共同承担。案例二:X、B、Z三人是木料生意合伙人,一天三人共同做成了一笔生意,由于第二天X家里有事情没有去,树木由B和Z共同砍伐运输到了木料公司卖掉,X知道此事后向两人要自己的那份钱,但遭到了B和Z的拒绝,两人认为X虽然谈生意的时候在场,但是砍伐运输的时候没有参加也就意味着他已经退出了合伙,所以不应该分到钱。

村里的人民调解员考虑到类似的事情经常发生,他们针对上述的状况制定了一个不成文的规则:事发当天如果参加了伐木运输买卖等活动就视为合伙人之一,否则就不是合伙人,除非自己私下单独约定。对于上述两个案例的处理结果我们可能已经猜到了,案例一当中的F负担了他的那份医疗费,案例二当中的X没有分到钱。这种处理依据显然和法律有相悖之处,因为法律对于是否是合伙的判断标准并不像当地人民调解员认定的那么简单,准确来说应该是复杂得多,但是村民确都信服人民调解员所制定的这条规则,一方面是因为通过法律程序的话,程序太复杂,过程也太漫长;另一方面是因为这种判断标准简单明了,更能让人们认识清楚。除了上述规则之外,在笔者调研的地方还了解到了一些"前后邻居屋檐的滴水空间规则""田地灌溉就近接电规则""栽树远离边界一米以上规则""夏季院落排水规则"等等。

  法律的规定是普适性的,但是中国乡村的真实状况却具有很大的地方性特征,普适性的法律遇到了乡村地方性的案件难免会有不适用现象,这时就需要一些更贴切乡村地方性的规则来填补法律的不适用空白,而人民调解员是这种状况最有发言权的知情者,他们会顺应现实的需要为法律"鞭长莫及"之处的矛盾纠纷适用一定的规则,而适用这些规则处理问题的过程,恰恰也是这些规则的制定过程。①

二 国家法律在乡村的"执行人"

  法院判决的执行难问题可能是现在司法界最为令人头疼的问题之一,特别是在中国的乡村,比如前文当中提到的女方拿着离婚判决书来取嫁妆的行为,如果没有村干部的协助,他们是无法执行判决书的财产部分的。法院由于考虑到这个因素,所以一般情况下对于类似的案件都是劝双方当事人通过和解或者调解方式解决,免得最后拿到了判决书却得不到执行。

  乡村人民调解案件的一个重要来源是乡镇派出所、司法所和信访办交给的案件,他们之所以交给村庄人民调解员去调解的重要原因是考虑到对案件处理之后执行的问题。有位被访者(MSCG76-2014-04-15)给我们讲述了这样一个案例:C和H是婆媳关系,两家生活在一个院子里经常矛盾不断,积怨也越来越深,有一天两人又因为一些生活琐事吵了起来,儿媳妇H一气之下去集市上买了瓶农药一饮而尽,最后经抢救无效死亡。H的娘家人得知此事后,纠集了一大帮人到C家讨要说法,由于双方情绪都非常地激动,最后打了起来,C的家人报了警,警察赶到现场对事态进行了暂时地控制,但是接下来的处理让派出所费尽了心思,H的家人提出要对其进行精神赔偿,要厚葬其姑娘,并且由C的全家披麻戴孝为H发丧,对于前两条C的家人表示可以接受,但是对于最后一条他们表示无法接受,因为在当地只有晚辈为长辈才可以披

---

① 陈寒非:《从一元到多元:乡村精英的身份变迁与习惯法的成长》,《甘肃政法学院学报》2014年第3期。

麻戴孝，反过来是不可以的。由于事情没有得到解决，死者也不能够火化下葬，事情就这样僵持了两三天，当时又时值夏季，尸体在快速腐烂。由于情况紧急，派出所又没有办法，于是把此案件交给了镇司法所，司法所找到了村里的人民调解员，把这个艰巨的任务交给了他们，本村的人民调解员联系到了H娘家村的村长和人民调解员共同对此事进行了圆满处理。

有些时候国家机器在乡村存在运作失灵的现象，比如上述案例，仅仅依靠冰冷的法律和国家强力机关的力量是难以达到预期效果的，而人民调解员运用人情味十足的说辞和感情沟通会使得矛盾纠纷得到顺利地解决和执行，这背后纠葛的是千丝万缕的人情、面子、关系网络等法律所不具备的东西。此外，国家所能管辖的案件只能是法律范围之内的事情，对于上面的这个案例就超出了法律管辖的范围，因为双方的矛盾属于民间纠纷，国家没有强制执行的权力，但是类似这样的案例确实又威胁到了乡村的稳定，如果处理不当，很有可能酿成大祸，所以人民调解员的就取代了国家机关的地位，起着"法律执行人"的功能。

乡村人民调解员"法律执行人"角色的另外一个体现是对于应由法律管辖案件的处理，人们之所以选择让人民调解员而不是国家机关处理这些法律案件是有很多原因的，但是有一点可以肯定，他们的这种选择绝对是综合各方面的考虑后认为最为有利的方式。2001年在X镇的C村发生了一起强奸案，加害人和被害人都是同村的小青年，事情发生后，和女方一起居住的另一个女孩报了案，警察到达现场的时候，事情发生了一百八十度的大转变，被害人及家人一致对警察说此事是误会，并给警察赔礼道歉，最后派出所的民警无奈撤警。事情的真实原因是什么样的呢？原来这是一起强奸未遂案，由于被害人和其朋友（一起同住的女孩）的反抗，加害人根本就没有得逞；另外的原因是被害人是个还没有结婚的二十岁左右的女孩，此事如果张扬出去对于以后找婆家会有不好的影响，所以被害人及家人就对警察撒了谎。警察走后，此事并没有就此罢休，被害人的家人对加害人一顿毒打，结果把加害人打得昏死了过去，被害人的家人此时也害怕出了人命吃官司，于是找来了村里的人民调解员，人民调解员先是劝说被害人的家人消消气，不要再打了，一旦要是出了人命，谁也担不起，然后去找被害人的父亲。被害人的父亲听说了此事之后非常气愤，表示自己不要这个儿子了，让对方把他打死算了,人民调解员连嚷带劝地对被害人的父亲说:"你这是什么态度呀,孩子不是你亲生的吗?再说孩子还没有娶媳妇呢,事情真要是闹大了,你以后在村里怎么抬头,你要是让我管,我就给你们说个方案,如果不让我管,我也懒得罗罗(管)。"加害人的父亲一看人民调解员有点生气了,连忙答道:"恁叔,我不是这个意思,我是被这畜生气晕了,还得麻烦恁给操心!"最后人民调解员给双方提出了一个调解方案:由加害人的父亲支付给被害人一万元的精神补偿费,加害者被打的伤自己去看医生,从此不准任何人再提起此事。

这个处理方式对双方来说都是最好的选择,一来给了被害人的家人台阶下,二来加害人的父亲也使事情得到了收场。如果是通过法律途径处理的话,结果可能是这样的:加害人会被抓去判刑,名誉也会随之扫地,出狱后估计也只能打一辈子光棍了;女方的名誉或多或少都会因此事受到影响,婆家估计能找到,但是那一万元的精神赔偿金得到的可能性不大。作为"理性经济人"的原告股东处于特定的规则约束条件下,往往通过成本收益分析法来衡量是否应该提起股东派生诉讼,诉讼成本承担的规则能够直接影响股东提起派生诉讼的决策,理性行事的原告在预测提起股东派生诉讼的收益可能会高于成本的前提下,更愿意提起股东派生诉讼。① 同样,当人们通过其他途径所获得的收益远远大于法律途径时,他们当然会选择其他途径解决。在某些情况下,人民调解就是乡村人们处理矛盾纠纷的最佳选择,人民调解员也就成为了乡村的"法律执行人"。

三 乡村的合法性需求:存档的法律叙事

乡村的人民调解案件可能各式各样,但是如果要反映到国家统一制定的文件、文书当中,则变得规范、简单得多,其原因是案件在经过人民调解员记录的时候被其"规范化"了,这种"规范化"的过程是把当事人的个人行为纳入国家法制大环境的过程,我们可以把它看作是存档的法律叙事。

人民调解的文书主要是最后达成的调解协议和人民调解员关于调解过程的记录,《中华人民共和国人民调解法》第二十八条规定:"经人

---

① 朱芸阳:《论股东派生诉讼的实现——以"理性经济人"为假设的法经济学解释》,《清华法学》2012年第6期。

民调解委员会调解达成调解协议的,可以制作调解协议书。当事人认为无须制作调解协议书的,可以采取口头协议方式,人民调解员应当记录协议内容。"人民调解协议的书面文件是自愿制作的,在 L 镇司法所 2013 年记录的 24 件人民调解案件当中制作调解协议书的只有两件,其余的 22 件都没有制作书面的调解协议书,调解协议书的制作率 8.3%。

  乡镇司法所人民调解员制作调解协议书的比例率如此之低主要有两个原因:第一,有些调解达成之后当时就可以执行,比如说赔礼道歉和钱款纠纷等,即使当时不可以执行的,因为有村干部在场作证,当事人回去后也会尽快执行,反悔的几率很小,所以没有必要制作调解协议书;第二,通过我们的访谈(MSSS56-2014-03-23)知道,调解协议书是有工本费用的,这应该是当事人双方不愿意制作调解协议书的主要原因。据受访者说:"我们制作好了调解协议书,让当事人所在村的村干部通知当事人来取,他们一般都不会过来,估计是因为不愿意交这个工本费的原因吧。"只有双方或者一方害怕对方反悔的情况下,当事人才要求制作调解协议书,上面我们提到的两件制作调解协议书的情况一个是赡养纠纷的调解,另外一个是相邻土地纠纷的调解。即使制作了调解书,其记录也是非常简单,如图 5.1 所示,这本来是一个非常复杂的纠纷案件,但是纠纷简要只有"因土地承包发生争执"一句话,履行协议的方式、地点、期限更是省略为"村委会简单执行"一句话,但人民调解员就是通过这样的一页协议书,使得纠纷本身上升到了国家法律的正式层面。

  《中华人民共和国人民调解法》第二十七条规定:"人民调解员应当记录调解情况,人民调解委员会应当建立调解工作档案,将调解登记、调解工作记录、调解协议书等材料立卷归档。"人民调解记录是对人民调解员的硬性规定,调解的过程可能非常复杂或者各式各样,但是司法所关于人民调解的记录却非常简单。在调研的过程当中,笔者跟随乡镇政府的工作人员调解了一起宅基地纠纷案件,这个案件非常复杂,为了达成调解协议,前后我们共找双方当事人商议五次,时间跨度为一个月,在最后的记录中只有 11 项(发生单位、矛盾纠纷类别、发生时间、产生的原因、涉及人员、督办单开出时间、调处责任单位责任人、乡镇领导包案责任人、工作措施、督办回复或者处结时间、调处情况)简单的记载,这与其说是一个调解记录,不如说是一个调解登记表。因

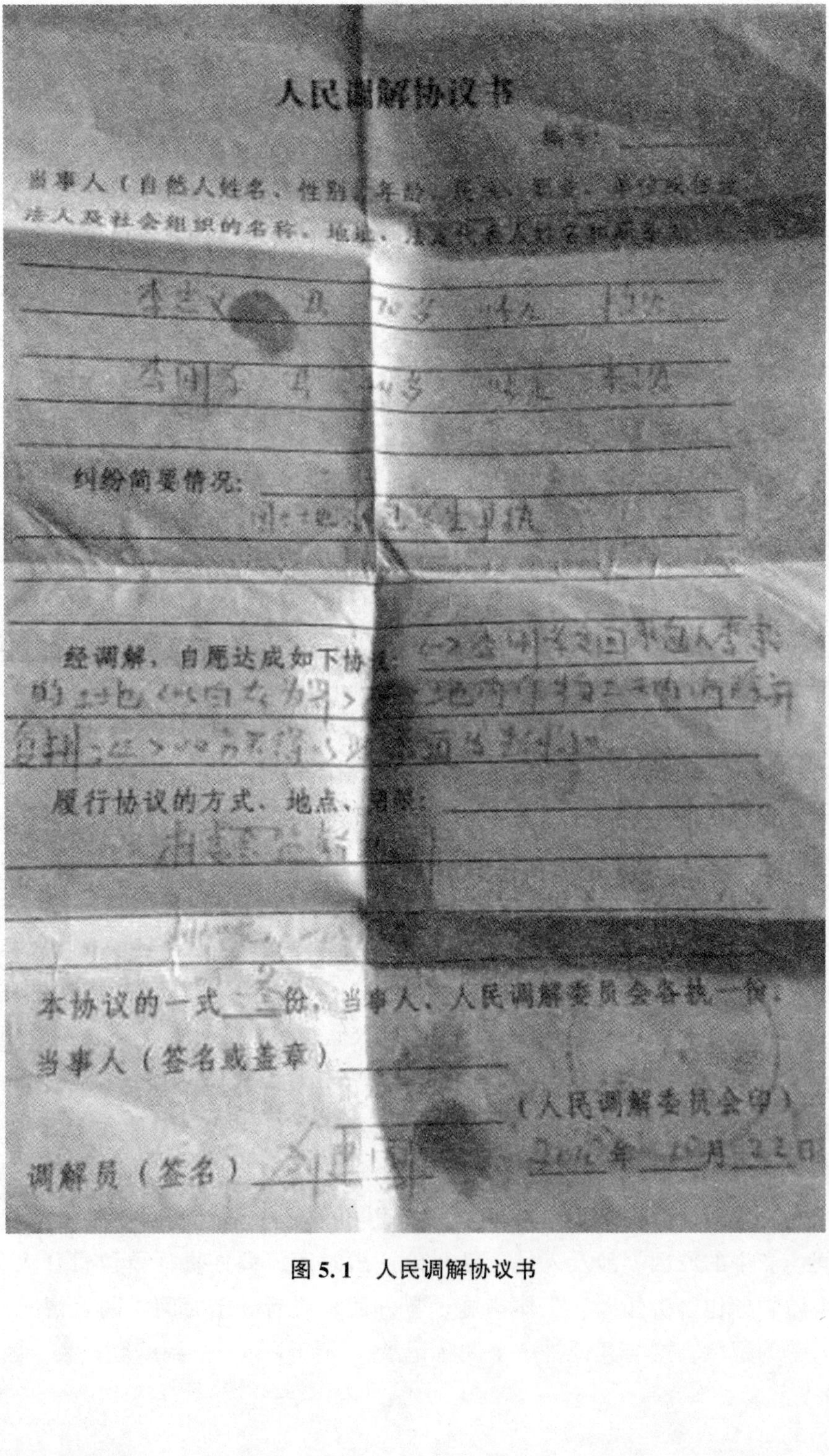
人民调解协议书

编号：

当事人（自然人姓名、性别、年龄、民族、职业、单位或住址，法人及社会组织的名称、地址、法定代表人姓名和职务）：

纠纷简要情况：

经调解，自愿达成如下协议：

履行协议的方式、地点、期限：

本协议的一式三份，当事人、人民调解委员会各执一份。

当事人（签名或盖章）

（人民调解委员会印）

年　月　日

调解员（签名）

图 5.1　人民调解协议书

为乡镇司法所主持的人民调解案件制定书面协议的情况较少，归档也只不过是对调解记录的再次整理，如图 5.2 所示，这是乡镇司法所对于人民调解案件归档的主要部分。

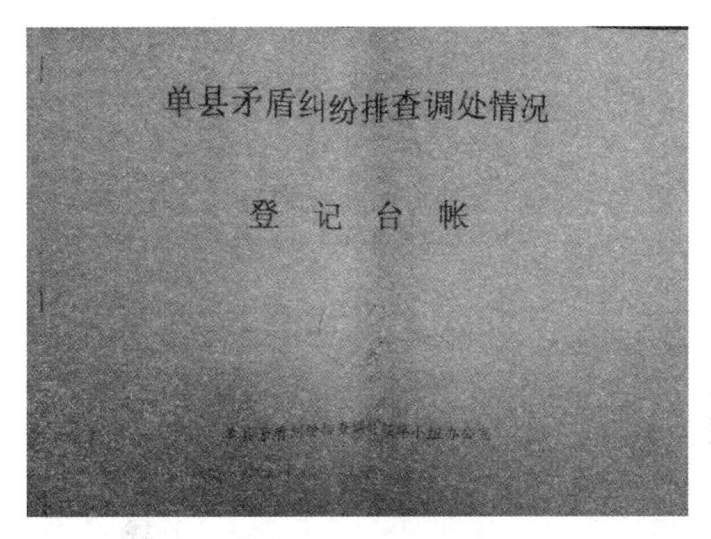

图 5.2　人民调解档案

对调解文书整理和归档的过程也是人民调解法律化的过程，乡村的人民调解各式各样，处理的过程也非常复杂，人民调解员在调解过程当中运用的很多手段和很多话语在存档当中都没有反映，甚至还会有些出入。人民调解员将案件归档的过程就是将人民调解规范化的过程，使调解的细节用法律术语描述出来，从而达到统一性，人民调解员这样做的目的在于获得上级和整个法律体制的认可。①

第三节　从"政治功能"到"社会功能"的复合体

一　乡村人民调解员的政治功能

人民调解员的发展历程与中国共产党的革命史是分不开的，他们是

---

① 赵晓力：《关系/事件、行动策略和法律的叙事——对一起"依法收贷案"的分析》，载强世功《调解、法制与现代性：中国调解制度研究》，中国法制出版社 2001 年版，第 482 页。

极具边区特色的一个群体，边区的调解制度是在政府的动员号召下，由国家和民众共同参与而形成的。在这一过程中始终强调国家对人民调解员的指导和控制地位，反映了试图将调解这种民间"遗产"加以规范，进而服务于国家的政治目的。[①] 人民调解员的政治功能似乎是与生俱来的，他们是国家对乡村控制和政治宣传的重要力量，下面我们主要从三个方面来阐述乡村人民调解员的政治功能。

（一）基层的动员

所谓动员是指发动人们参加某项活动，它与发动、带动、鼓动、启发、策动等词语是同义词。中国共产党最重要的行动策略之一就是动员群众，特别是动员处于底层的穷苦农民，在革命战争年代，中国共产党通过动员中下层阶级，促使他们参与到革命中来，从而取得了最后的胜利。中华人民共和国成立之后，这种动员能力得到了进一步地加强，并且形成了一整套的工作程序和方法，无论是阶级斗争还是生产建设，甚至包括后来解决领导机关的腐败现象和官僚主义问题都带有动员的痕迹。[②] 随着改革开放的推进和时代的变迁，虽然中国共产党对乡村的动员能力在逐步减弱，[③] 但当下这种动员的惯性在乡村仍然存在着。人民调解员在这种政治性动员式领导中的作用主要体现在两个方面，一是人民调解过程中的动员活动，二是其他乡村事务中的动员宣传。人民调解员在调解的过程当中，除了依据《中华人民共和国人民调解法》之外，还依据一些政府文件，如图 5.3 所示，这是镇政府为了开展"人民调解质量年活动"而发布的一个文件，在文件当中，镇政府从指导思想、组织领导、目标任务和活动形式等方面对此次"人民调解质量年活动"进行了规划，并成立了"L 镇人民调解质量年活动领导小组"，由纪检书记任组长，领导小组下面设办公室，办公室设在镇司法所。这从表面上看是镇政府发布的一个简单文件，但实质上它是涉及镇党委、镇政府

[①] 侯欣一：《陕甘宁边区人民调解制度研究》，《中国法学》2007 年第 4 期。

[②] 张虎祥：《动员式治理中的社会逻辑——对上海 K 社区一起拆违事件的实践考察》，《公共管理评论》（第 5 卷）2006 年第 2 期。

[③] 徐理响：《从动员式参与到自主式参与——农村公共事物治理中的农民角色分析》，《学术界》2011 年第 5 期。

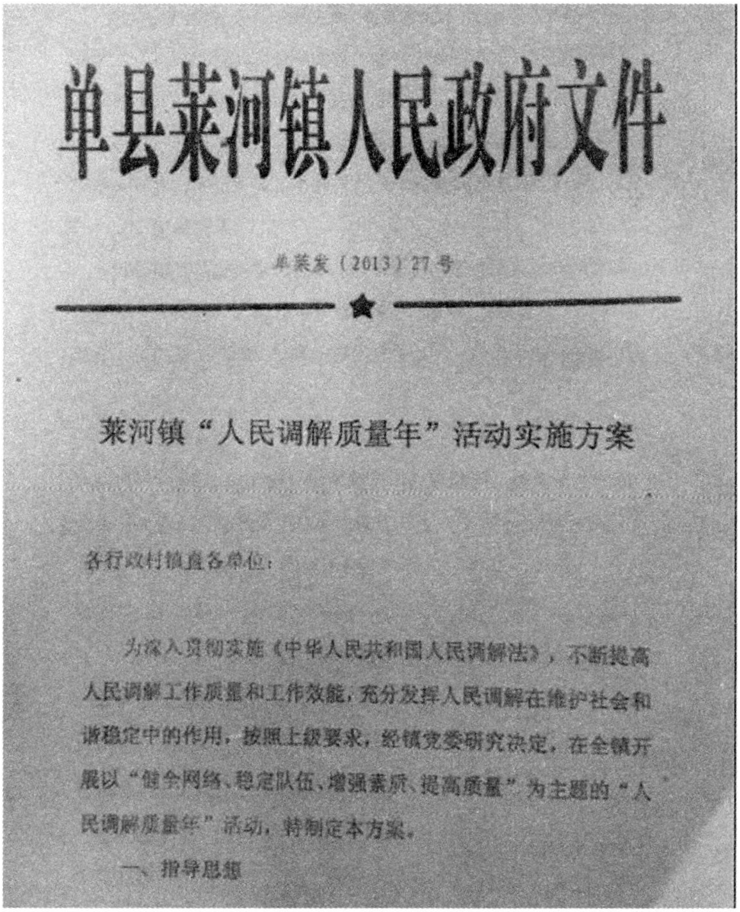

单县莱河镇人民政府文件

单莱发〔2013〕27号

莱河镇“人民调解质量年”活动实施方案

各行政村镇直各单位：

为深入贯彻实施《中华人民共和国人民调解法》，不断提高人民调解工作质量和工作效能，充分发挥人民调解在维护社会和谐稳定中的作用，按照上级要求，经镇党委研究决定，在全镇开展以“健全网络、稳定队伍、增强素质、提高质量”为主题的“人民调解质量年”活动，特制定本方案。

一、指导思想

图 5.3　人民调解的动员文件

资料来源：此文件由 S 县 L 镇政府提供。

和镇司法所等多个部门的一个动员文件，① 人民调解员是被动员者，同时也是动员者。在中国，似乎没有一个部门是在孤立地完成一件事情，每次的“运动”或者“活动”都是多部门参与，多方面配合完成的，

① 例见法制日报评论员：《“大调解”取得实效党委政府统一领导是关键》，《法制日报》2010 年 3 月 23 日第 1 版；史万森：《“五权”如“五拳”调处中心解纷不难：鄂尔多斯东胜区大调解机制解读》，《法制日报》2009 年 12 月 27 日第 4 版；余长安：《“大调解”促进大和谐大发展——四川省有效化解社会矛盾纠纷的经验》，《光明日报》2010 年 3 月 3 日第 2 版；王伟健：《通过“人民调解、司法调解、行政调解”化解矛盾——湖南“三调联动”促和谐》，《人民日报》2008 年 4 月 18 日第 1 版。

上级会通过各种文件把精神传达给下级，下级通过开会的形式充分领悟上面的精神，从而起到动员的作用。

人民调解员不仅在调解当中起到重要的动员作用，在乡村的其他事务当中同样起着非常重要的作用，[①] 就像一位被访者（MSCL36-2014-03-05）所叙述的那样：人民调解员一般都是党员，在日常的公共事务当中首先要起到模范带头作用，比如说对于计划生育政策的执行，水费、医疗保险费等费用的交付，还有近期新村改造的问题，他们不仅要积极响应上面的号召，还要做好自己的亲属、朋友和邻居的工作，如果哪位村民不配合国家的政策和上级的指示，一般都会派一位和他关系比较好的干部去做他的工作。人民调解员是党和政府动员体制当中的"神经末梢"，国家正是通过这些"神经末梢"控制着全身的每一个细胞，从而使得国家在意图做出某项行为的时候迅速把全体公民动员起来，积极地参与到"活动"中去。此外，人民调解员调解的过程也是政治宣传的过程，对当事人的说服一般都与时下的国家政治格调相关联，人民调解员成为乡村政治理念的重要宣传者。近些年，虽然人民调解与国家特定政策之间的关联比历史上淡了许多，但是这种关联并没有彻底地断绝，因为它是阻止犯罪和社会无序的"第一道防线"，是具有革命传统的重要参与形式，同时为人民民主实践的主张提供了某种基础，[②] 这些都决定着人民调解员政治性的存续。

（二）群众路线与积极分子

所谓群众路线是指一切为了群众，一切依靠群众，从群众中来，到群众中去，把党的正确主张变为群众的自觉行动，它是毛泽东思想三个"活的灵魂"之一。[③] 群众路线包含两个结构性要素：一是"一切为了

[①] 例见余继军：《"管得宽"的"廖英雄"——记重庆市开县厚坝镇农村司法调解员廖桂林》，《人民日报》2007年2月7日第2版；王比学：《服务大局，服务群众》，《人民日报》2009年9月15日第6版；程秀忠、张国林：《服务民生大局》，《人民日报》2009年2月11日第15版；孙春英、马利民：《进一步做好人民调解社区矫正工作》，《法制日报》2010年6月21日第1版；雷晓路：《辽源：大调解创新为社会转型疗伤止痛》，《法制日报》2011年10月3日第1版。

[②] 陆思礼：《毛泽东与调解：共产主义中国的政治和纠纷解决》，许旭译，载强世功《调解、法制与现代性：中国调解制度研究》，中国法制出版社2001年版，第289—291页。

[③] 中共中央委员会：《关于建国以来党的若干历史问题的决议》（http：//www.gov.cn/test/2008-06/23/content_ 1024934. htm）。

群众,一切依靠群众"的群众观点;二是"从群众中来,到群众中去"的领导方法。①群众路线是中国共产党在长期的革命斗争中形成的用于促成广大农民对其政策的支持并参与到政治生活中的一种策略,这种对政策的服从和对政治生活的参与不是依靠强制力来保证的,它是运用现有的媒介告知群众,提高他们的理解水平和觉悟水平,并最终使党的政策变成自觉的群众行动,② 其中人民调解员就是当下重要的告知媒介之一。就像一位受访者(MSQH74-2014-04-12)所描述的那样:群众是我们服务的对象,同时也是我们依靠的对象,在调解矛盾纠纷的时候,邻里群众的观点非常重要,因为群众的眼睛是雪亮的,村子里发生的事情很难瞒住所有的村民,只有通过他们尽可能还原事件的真相,才能更好地对纠纷进行处理。《中华人民共和国人民调解法》第七条规定:"人民调解委员会是依法设立的调解民间纠纷的群众性组织。"第二十条规定:"人民调解员根据调解纠纷的需要,在征得当事人的同意后,可以邀请当事人的亲属、邻里、同事等参与调解,也可以邀请具有专门知识、特定经验的人员或者有关社会组织的人员参与调解。人民调解委员会支持当地公道正派、热心调解、群众认可的社会人士参与调解。"通过上述的法条可以看出人民调解要走群众路线是先天性的,是与生俱来的。群众路线反映了中国共产党在完成预期的目标方面对广大群众的依赖,体现了其通过非科层制的说服措施来领导群众的偏好,③ 它通过大量的人民调解员对纠纷当事人和广大群众进行宣传、说服和教育,以考量他们对政策的反应,人民调解员的每一次调解都是一次对共产主义政策的宣传。通过群众工作方法,人民调解员可以了解到基层普通百姓对国家政策的态度,④ 从而使得上层适时地对政策作出调整,它具有非常重要的政治意义。

积极分子是在某项活动和事业中起着表率、带头及监督作用的人,

---

① 中共中央文献研究室:《三中全会以来重要文献选编》(下),人民出版社1982年版,第834页。
② 陆思礼:《毛泽东与调解:共产主义中国的政治和纠纷解决》,许旭译,载强世功《调解、法制与现代性:中国调解制度研究》,中国法制出版社2001年版,第139页。
③ 同上。
④ 冯一文:《新时期群众工作方法司法运用的新思考》,《法治研究》2011年第11期。

在中国的语境下,它具有一定的政治意义,毛泽东十分重视积极分子的作用。① 前文已经提到人民调解员当中共产党员的比例是非常高的,这些人民调解员作为共产党员,首先要遵守《中国共产党章程》中"愿意参加党的一个组织并在其中积极工作、执行党的决议,积极完成党交给的任务"的规定,他们在思想上都是接受了政治考验的人,对于乡村的政治生活,他们怀有比普通人更大的热情,从而人民调解员也就具有了天然的政治功能。

(三) 当下人民调解员"维护社会秩序"新任务

据一位被访问的人民调解员(MSCM63-2014-04-02)叙述:比起以前,人民调解员现在的任务少了许多,因为现在人们闹矛盾的也少了,鸡毛蒜皮的小事也不值得扯破脸皮,但现在又多了些新任务,比如说对民间邪教的控制。前些年我们这里有练"法轮功"的,后来知道这是邪教之后,村委组织人民调解员和其他村委员挨家挨户地进行了说服、教育和宣传,及时地从根本上铲除了这种邪教在村里的影响,从那之后,我们就开始注意民间的宗教动向。因为邪教具有秘密性、隐蔽性等特征,这需要我们平时细心排查,比如去年村里来了几个给百姓免费看病送药的陌生人,大家以为是上面来的惠民医疗队,所以也就没有太在意,后来他们原形毕露开始宣传某宗教的教义,在我们准备询问详细情况并报警的时候,他们仓皇逃窜。除了外来的邪教威胁之外,我们还时刻关注着村庄内部潜在的隐患,比如时时关注以前有些练"法轮功"的村民,免得他们再次误入歧途,总之,坚决杜绝邪教进入我们的村庄是人民调解员非常重要的任务之一。反邪教、或者对邪教进行控制是国家政治活动的一部分,《中华人民共和国人民调解法》当中规定人民调解员的任务就是调解民间纠纷,上述被访者的叙述显然超出了人民调解员工作的范围,这是人民调解员政治功能的一种体现。

对于人民调解员来说,把纠纷解决好了,防止矛盾的升级,也就维护了国家与社会的稳定,它们之间是一种前因后果的关系。由于社会的转型时,各种利益冲突非常激烈,现实中出现大量的群体性纠纷,因此维护社会稳定成为各级地方党委政府的重要政治任务,但是党委政府在

---

① 贺雪峰:《村社本位、积极分子:建设社会主义新农村视角研究二题》,《河南社会科学》2006年第3期。

预防和解决群体性纠纷时由于其立场的"对立性",往往效果不佳。因而,由司法局推动的人民调解改革理所当然地被赋予了维稳重任,维稳成了人民调解员的一种政治任务,甚至因此衍生出了一个新的政治话语——"维稳调解"。① 这一现象在笔者调研的J镇有突出的表现,J镇的司法所和信访办在一个楼里,楼的入口处挂着一个大牌子,上面写着综治维稳中心的字样,显然司法所是综治维稳中心的一个组成部分,并且还是其最为重要的部门。在与J镇司法所Z所长的访谈(MASZ9-2013-10-16)中得知他还兼任信访办的主任,其实他也是综合维稳中心的主要负责人,据他叙述:这样做是为了矛盾能够及时有效地得到解决,我在信访办那边发现问题之后,如果可以通过人民调解解决的,直接就可以放到司法所这边处理,如果需要其他部门配合的,也是由我牵头其他负责人参与共同解决问题。解决矛盾纠纷,维护J镇的稳定,从而为J镇的经济发展保驾护航是司法所、信访办和维稳中心的重要任务,这也是国家交给我们的政治任务。

在J镇调研的过程中,遇到了一个这样的案例:2013年8月,几十个农民工将J镇一处建筑工地封堵,原因是为了讨要工钱,此外,还有四五十人举着"还我血汗钱"的牌子,到J镇政府讨要欠薪,当时场面十分混乱,局势也非常严峻,如果不能及时妥善地处理,很有可能酿成不堪设想的后果。在这种情况下,镇政府的主要领导迅速组织了司法所、信访办、派出所和经贸办等部门,立即介入调查处理,以便稳控局势平息事态。经调查了解,2012年年初,泰安Y包装厂与J镇政府经过洽谈决定在J镇酒工业园建立一个"潍坊Z包装厂"该项目由江苏S建筑有限公司承建,计划六个月内建成一号与三号两个车间。由于江苏S建筑公司管理混乱,且潍坊综艺包装厂监管不力,从2012年5月份开始投工建设,到2013年的8月仍然没有完工,从而导致100多名外地农民工200多万元的工资被拖欠。由于外地农民工较多,且又临近中秋节,当事人的情绪越来越不冷静,事态比较严重,镇领导研究决定让司法所主持调解此事。镇司法所Z所长一方面让工作人员召集厂方与承建方主要负责人进行协商,另一方面派人出面与农民工代表进行洽谈,让他们相信政府一定能够尽快解决好此事。经多方协调,在2013年的

---

① 曾旻:《当前人民调解制度功能的科学定位》,《法治论坛》2009年第2期。

8月10日，司法所Z所长组织了镇信访办、镇经贸办、潍坊Z包装厂负责人、江苏S建筑有限公司负责人、农民工代表等在司法所的调解庭进行现场听证调解。在阅读大量资料、听取各当事方陈述和举证辩论的基础上，最后各方达成调解协议：由潍坊Z包装厂预先支付给江苏S建筑有限公司200万元，这笔资金再由江苏S建筑有限公司发放给农民工，整个过程都由司法所和派出所全程监督，最后事情得到了圆满解决。

从表面上看，这是一起由司法所主持的人民调解案件，是司法所人员以人民调解员的身份化解民间纠纷的行为，但实际上它是由镇党委镇政府督办，司法所牵头，各部门参与的维稳案件，比起人民调解员化解纠纷的功能，其背后有更大的政治意义。从严格的法律定义上来说，司法所人员在整个过程当中所扮演的是人民调解员的角色，他们所化解的是与其他人民调解案件没有区别的矛盾纠纷，但是从深层意义上来说，这起案件已经闹到了镇政府，且参与的人数达到了上百人，这给当地的社会秩序造成了巨大的影响，如果此事处理不好的话，很有可能造成群体性事件的发生，这关系到整个地区的治安和社会稳定问题。在案件的解决过程当中，除了人民调解员（司法所人员）的参与以外，还有镇政府镇党委、信访办、派出所和经贸办等部门的参与，维护当地社会的稳定可能是他们参与的主要目的，其政治性明显要占上风。对于矛盾纠纷的直接解决者——人民调解员来说，他们在发挥社会功能的同时，其政治功能也是无法掩盖的，甚至有些时候他们更乐于借助"维稳"这一政治话语，从而赢得地方党委政府对人民调解制度改革更多的关注和支持，从另外的方面讲，也推动了人民调解员纠纷解决能力的提升，这可以理解为"维稳"功能期待与纠纷解决功能的良性互动。[1]

二 社会功能的"本位"回归

（一）法律的变化

从1954年颁布的《人民调解委员会暂行组织通则》（以下简称《调解通则》）到1989年颁布实施的《人民调解委员会组织条例》

---

[1] 曾旻：《当前人民调解制度功能的科学定位》，《法治论坛》2009年第2期。

（以下简称《调解条例》），再到 2010 年通过的《中华人民共和国人民调解法》（以下简称《人民调解法》），它们对于人民调解的规定发生了重大的变化，但是可以看出一个明显的趋势：逐步由对人民调解员政治功能的强调转变为对解纷功能的重视。在《调解通则》第一条中规定："为建立人民调解委员会及时解决民间纠纷，加强人民中的爱国守法教育，增进人民内部团结，以利人民生产和国家建设，特制定本通则。"后两部法律则去掉了"爱国守法教育"的政治字眼，特别是《人民调解法》干脆把"增进人民内部团结"的政治宣传也去掉了，而是直接规定"为了完善人民调解制度，规范人民调解活动，及时解决民间纠纷，维护社会和谐稳定，根据宪法，制定本法"（第一条）。《调解通则》当中关于人民调解员的规定为"凡人民中政治面貌清楚、为人公正、联系群众、热心调解工作者，均得当选为调解委员会委员"（第五条），《调解条例》当中则去掉了关于"政治面貌"的规定，"为人公正，联系群众，热心人民调解工作，并有一定法律知识和政策水平的成年公民，可以当选为人民调解委员会委员"（第四条），《人民调解法》甚至去掉了"联系群众"的政治性词语，规定"人民调解员应当由公道正派、热心人民调解工作，并具有一定文化水平、政策水平和法律知识的成年公民担任"（第十四条）。《调解通则》规定"调解要遵照人民政府的政策、法令"（第六条第一款），其目的是"通过调解进行政策法令的宣传教育"（第三条），《调解条例》规定"依据法律、法规、规章和政策进行调解，法律、法规、规章和政策没有明确规定的，依据社会公德进行调解"（第六条第一款），其目的是"通过调解工作宣传法律、法规、规章和政策，教育公民遵纪守法，尊重社会公德"（第五条），显然后者更强调对法律的遵守与宣传，而不像前者对政策的过分依赖，《人民调解法》只规定调解活动应遵循"不违背法律、法规和国家政策"（第三条第二款）的原则，这为纠纷的解决提供了更大的自由空间。《人民调解法》第二十二条规定："人民调解员根据纠纷的不同情况，可以采取多种方式调解民间纠纷，充分听取当事人的陈述，讲解有关法律、法规和国家政策，耐心疏导，在当事人平等协商、互谅互让的基础上提出纠纷解决方案，帮助当事人自愿达成调解协议"。这与先前的法律相比较，显然削弱了调解委员会和人民调解员的权力，更加强调了当事人的自愿、平等和自由的权利,从某种意义上来讲,这更有利于人民调解员社会解纷功能的实现。

(二) 实践中侧重点的转移

随着改革开放的推进,中国的乡村发生了巨大的变化,农村实行了家庭联产承包责任制,集体的企业被个人承包,私营经济蓬勃发展,市场经济的进程促使人们经济交往的方式脱离了计划经济时代的束缚,贫富差距导致了人们心理失衡,个体意识和利益观念的变化使得村民之间的冲突逐步增多,人民调解员的注意力也逐渐地由政治领域转移到了纠纷解决领域,虽然其政治功能没有完全消失,但是也慢慢地退出了主流。《人民调解法》第二条规定:"人民调解是指人民调解委员会通过说服、疏导等方法,促使当事人在平等协商基础上自愿达成调解协议,解决民间纠纷的活动",此条款中明确指出了人民调解员的基本功能,即解决民间的纠纷。第三十一条规定:"经人民调解委员会调解达成的调解协议,具有法律约束力,当事人应当按照约定履行",调解协议具有了民事合同的性质,这是其纠纷解决功能的重要体现。如表5.1所示,21世纪以来,人民调解员处理民间纠纷的数量与法院民事一审案件的数量基本不相上下,甚至有些年份还高出法院民事一审案件的数量,这说明人民调解员在事实上分担着法官的负担,即以化解纠纷的功能来维护社会的秩序。

表 5.1　　　　2000—2011 年人民调解员处理民间纠纷与
法院民事一审案件数量统计

年份	人民调解处理民间纠纷数量(件)	法院民事一审案件数量(件)
2000	5030619	3412259
2001	4860695	3459025
2002	4636157	4420123
2003	4492157	4410236
2004	4414233	4332727
2005	4486825	4380095
2006	4628018	4385732
2007	4800238	4724440
2008	4981370	5412591
2009	5797300	5800144

续表

年份	人民调解处理民间纠纷数量（件）	法院民事一审案件数量（件）
2010	8418393	6090622
2011	8935341	6614049

资料来源：此表数据来自2001—2012年的《中国法律年鉴》。

下面我们通过两个被访者的叙述来了解一下乡村人民调解员的解纷功能状况，受访者一（MSPS48-2014-03-13）：现在除了上面有什么特殊的指示之外（例如前面提到的"人民调解质量年活动"和法制宣传活动等），我们平时进行调解的时候，都是就事论事，毕竟当事人来找人民调解员都是为了化解矛盾纠纷的，只有把问题解决好才能得到大家的好评，其他都是次要的。受访者二（MSPW14-2013-12-12）：作为当事人我们当然希望人民调解员能够把纠纷处理好，至于国家"新闻"（政策和政治宣讲）我们可以回去看电视，要比他们讲的好多哩！解决矛盾纠纷是人民调解员的首要任务和基本功能，维护社会稳定、政治宣讲和国家控制是其次要的功能，但是两者并不相互排斥，相反，它们有时候还相互依赖，只有把矛盾纠纷处理好了，才能维护社会的稳定和实现国家的控制，所以乡村的人民调解员是集"政治功能"和"社会功能"于一体的复合体。

第六章

乡村人民调解员的前景探析

第一节 乡村的变迁及其对人民调解员的影响

一 乡村人们生活方式的改变与公共空间的萎缩

关于乡村公共空间的概念问题现在尚无统一的定论,英国学者王斯福借鉴哈贝马斯的理论,试图在中国的农村寻找到与国家权力相抗衡的力量空间,①但用这种纯西方的理论生套中国情况的效果并不是很好,我们在这里所提到的公共空间不仅仅指由宗族和民间信仰型塑的公共空间,②还包括村民具体的空间交流,下面我们通过乡村人们的具体状态来具体地分析。

据一位受访者(MSPW14-2013-12-12)回忆,改革开放初期乡村人们的生活状态与现在相比大不相同,比如日常的吃饭行为,在那个时候很少有人躲在自己家里吃饭,特别是在夏天,大都是端着碗蹲在自家的门口或者几个人聚集在村头巷尾边聊天边吃,这家看看那家吃的什么,那家到这家来夹筷子菜,要是有小孩子在场,更是吃遍百家饭,如果某人哪顿饭没有出来吃,很可能会遭到大家的调侃,"是不是躲在自己家里吃好吃的了,吃独食的家伙",之后在场的人会哄堂大笑。聚集在一起聊天打诨也是乡村人们放松的方式之一,同时这也为村民之间的

---

① 王铭铭、[英]王斯福:《乡村的秩序、公正与权威》,中国政法大学出版社1997年版,第389—395页。
② 李华伟:《乡村公共空间的变迁与民众生活秩序的建构——以豫西李村宗族、庙会与乡村基督教的互动为例》,《民俗研究》2008年第4期。

相互沟通提供了一个平台。农忙的时候，村里人会全体出动去地里劳作，各家的劳动状况也都是公开化的，人们往往喜欢把"麦场"聚集在一起，主要原因是便于互相帮助，那个年代生产力相对低下，不像现在一切都是机械化，那时收割主要是靠人力和牲口，人们首先用镰刀一把一把地把麦子割了，然后用交通工具把麦子运到场里，最后用脱粒机去皮或者用拖拉机与牛马拖着石磙碾压脱粒，这是一个漫长的过程，前后大概要持续半个月左右，这个季节又正值雨季，所以需要很多人的协调才能完成，仅仅依靠单个家庭的力量是很难完成的。过去农村的经济条件比较差，人们也没有什么像样的娱乐活动，村里如果谁家有个黑白电视机，就成了全村人的宝贝，天还没有黑，主人家里就聚集满了前来看电视的客人，各自带着自家的板凳坐在院子里等着，主人为了省电，在要看的节目开始之前或者中间加广告的时间都会把电视关上，这期间人们就会聊起家常，为相互的沟通提供了一个重要的渠道。此外村里还会在农闲的季节组织放电影、唱大戏，这与上述的事情一并为人们提供了巨大的公共空间，这些公共空间促使人们的相互熟悉。

但当下的乡村，人们的生产生活方式发生了重大变化，街道上已经很少看到人们端着碗蹲在家门口吃饭的，更别提很多人聚集在一起的情况，随着科技的发展，村民现在的农忙也变得简单多了，甚至一天的时间就可以把粮食收到囤里，农闲时村里的劳动力都去城里打工去了，除了节假日之外，很少能看见闲聊的人群，家家户户也都有了电视，串门的行为变得越来越少，除非有什么重要的事情，否则很少有人去别人家串门。这些情况的变化是乡村人们公共空间萎缩的一种表现，公共空间萎缩的一个重要影响就是使得人们变得陌生起来，有些村民常年在外面打工，农忙的季节也不回来，甚至有些村民把自己的承包土地转包给了别人，几年都不回家，长此以往，村里再也没有了先前的热闹景象，即使是过年，村里也是冷冷清清的，偶尔有几个关系好的村民聚集在一起打牌，等春节一过，他们又各奔东西了。当下红白事参与的人也越来越少了，以往的红白事都要"请庄客"，现在除了当事者的亲属之外，其他的也只有和当事人要好的人参与。

公共空间的减少直接导致的就是村民相互之间交集的减少，人们相互之间的交集少了，矛盾自然也就变得少了，此外年轻劳动力的外出，村里剩下的大部分都是老人和小孩，婆媳之间的矛盾大量递减，邻里之间也不会有什么太大的矛盾发生,就像一位被访者(MSCL70-2014-04-04)所讲的那样:一般年轻人都比较冲动,村里大部分的矛盾都是年轻人之间的,现在村里剩下的都是老人和小孩了,也就没有什么太大的矛盾了,年轻人都不闹矛盾了,我们上了年纪的闹矛盾会惹别人的笑话。

  公共空间的萎缩对于乡村的人民调解员主要产生以下两方面的影响,第一,人民调解员调解的难度加大。上文中已经提到,乡村的人民调解员在调解过程当中主要依靠的是人情、面子、关系网络和传统习俗等,而上述这些因素的形成前提是村民生活的公共空间,人民调解员只有在公共生活当中才能在村民心目当中树立威望,从而积累个人的人情、面子资本。当下的公共生活圈的缩减,使得人民调解员与普通村民之间没有了交集往来,有些村民由于长期不生活在村里,他们变得不再对人民调解员"买账",在调解过程当中使得人民调解员的处境变得非常尴尬。调研中收集到这样一个案例:A和B是兄弟两人,他们有一位老母亲需要赡养,A长期在县城打工,后来在县城买了房子,移居到了县城,B养了母亲一年后觉得A也有赡养老人的义务,于是提出让A拿一部分钱作为母亲的赡养费,但A认为母亲的土地由B种着,赡养母亲的事情就应该由B承担,事情最后经过了人民调解员的调解,调解的过程当中A坚持自己的理由,矛盾没有得到最终解决,现在母亲仍然由B自己养着。参与此事的人民调解员告诉我们,现在的年轻人根本不顾及什么脸面了,他们一年也回来不了几次,跟村里人的交情也越来越淡了,现在准备建设新农村呢,土地好像也要统一规整后整体转包,那样的话全村人的心可真要散了。

  第二,即使人民调解员在调解成功之后,后续的执行也成为了难点。乡村的人民调解达成之后一般都没有书面的协议,大部分都是口头的,人民调解协议能否顺利地执行完全依靠当事人心目当中的道德约束,公共空间的缩小在逐步瓦解着乡村的熟人社会,而熟人社会又是乡村道德的根基。大量"抬头不见低头见"的公共空间的存在使得当事人不敢轻易食言,因为这样做的后果是会遭到其他人的议论,而现在公共空间的减少,使得当事人认为反正也和其他人打不着交道,更和某些人民调解员没有什么交集,即使对于调解的结果反悔了也没人会刻意追究。此外,人们经济生活得独立使得村民对于村庄整体的依赖程度降低，脱离了这个集体村民能够生活得很好，甚至有些时候他们感觉脱离了这个集体之后能够生活得更好，现在村民见面之后也不再像以前那样有很多共同的话题，他们可能从事着不同的职业，除了问一些现在干什么呢等之类的话，其他再也没有什么可交流的，相互之间唯一的连接纽带可能就是出生在同一个村庄，有着共同的童年。人民调解员在村民心目当中的地位也不再像以前那样崇高，这可能也是整个社会时下的风气，人们心目当中似乎没有任何的权威，即使是像公检法等部门也不再那么神秘，这些变化的重要结果是使得人民调解员的工作更加艰巨。

二 乡村人们"私密"观念的变化

20世纪的80—90年代，乡村人们的生活基本就没有什么隐私可言，村民对每一家的情况基本都了如指掌，那时人们的生活也都是公开化的，院落大都没有院墙，即使有的话也是个破篱笆，院里的情况一目了然，谁家来了什么客人，谁家发生了什么事情，都不可能瞒过别人。那时的人们也没有什么"私密"观念，这与刚刚过去的那场政治运动不无关系，"文化大革命"期间每个人的私生活基本上都是透明的，村民基本上也没有什么私密，无论是好事还是坏事，将其公开化是在寻求安全感的庇护。村民谈论的话题也是无孔不入，即使是人们避讳的性话题也是如此，我们一直认为城市的性开放程度可能要远远大于乡村，但是真实的情况并非如此，在乡村有很多关于"荤段子"的话题，并且人们相互之间也经常拿性作为调侃，这种调侃一般都是晚辈对长辈发起，长辈以骂粗口的方式应对，很少有长辈对晚辈进行性调侃的，特别是对女性的晚辈更是禁忌。性话题成为乡村人们娱乐的一种渠道，村民也乐于谈论谁跟谁相好的故事，只要是不在当事者面前谈论，他们也不太在乎这个，甚至当着某些当事者的面谈论，他也不会翻脸。在调研的W村有一个生活作风不好的女人，在卖淫被抓后，她交代出了村里与她发生过性交易的名单，警察按照名单到村里挨家挨户进行调查情况，最后闹得是满村风雨，后来有很多人都对名单当中的人当面调侃此事，他们也不会生气，只是笑笑，然后避开这个话题。关于闹洞房的事情，在当地更是离谱，"结婚三天没有规矩"，一些晚辈的年轻人可以对新娘随便摸随便亲，当然也会遭到送亲队伍的阻拦，但这并不被看作是一种冒犯，反而是活跃气氛的重要行为，对于这些闹洞房的男性年轻人而言，就像阿 Q 摸小尼姑的光头一样，从中会得到一种莫名其妙的快感。甚至有些调皮捣蛋的年轻人会藏在新郎新娘的床下，半夜偷听他们的房事，在那个黄色信息封闭的年代，这应该算是最能激发荷尔蒙分泌的事情了。

当下乡村人们的生活发生了巨大的变化，家家都盖起了高墙大院，平时大门都是锁着的，门里所发生的一切，门外的人根本无从知晓，无事不登三宝殿，没有什么重要的事情，人们也不会去别人家故意窥探别人的私密生活。当下的婚姻习俗也变得文明起来了，村里的年轻人搞的对象有很多都是外地的，不同的地方有不同的规矩，本地人对一个外来的媳妇也不好太放肆，所以闹洞房的方式和十几年前相比文明了许多。大街上相互之间骂粗口的人越来越少，"荤段子"也变得稀罕了起来，由于很多人常年都在外打工，一年也见不了两次，所以聚在一起所聊的内容大都是一些嘘寒问暖的话，除了常年待在村里的几个人相互之间用些刺激性的话语相互调侃之外，其他的人已经文明多了。

除此之外，有线电视和网络逐步走进了农村，如图 6.1 所示，通过对 110 户农户的抽样调查，其中家中有网络的用户高达到 101 户，虽然有电脑网络的仅 43 户，但这也是一个非常大的比例了，再如图 6.2 所示，110 户农户中家家都有电视，并且有线电视和信号锅电视的覆盖率达到了 94%，这大大丰富了乡村人们的生活。平时农闲的时候，有些人出去打工了，其余的人除了几个牌友经常聚集在一起打牌之外，其他的人大都待在自己家里看电视或者上网，现在的年轻人基本上每人都有一部智能手机，他们的空闲时间大都用在了 QQ 聊天、发微信和其他网络交流上了，人们不再喜欢面对面的交流，而是爱上了虚拟的网络。网络是个大杂烩，里面着各种各样的信息，有好的积极向上正面的信息，也有坏的负面信息、黄色信息和"毛片"对村民来说不再陌生，荤段子和性调侃失去了往日对他们的引力，甚至有些人还经常光顾县城里的红灯区。上述情况导致的最坏后果就是，村民的内心生活丰富了，但是相互之间却陌生了，邻里之间再也摸不透对方的想法，甚至共同生活在一个屋檐下的家人也很少知道对方天天在和哪些人沟通，在聊些什么东西。网络这种新时代的产物在促使人们生活"私密化"的同时也导致了一些新的矛盾纠纷的产生。

有一天调研结束准备回县城的时候，有个年轻人找我们说有个问题

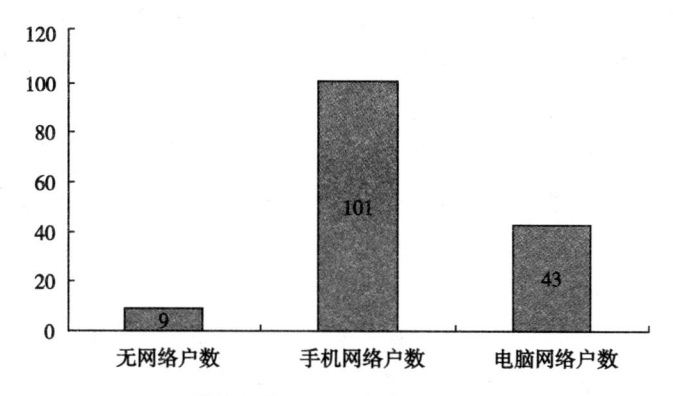

图 6.1　被抽样的 110 个农户家里的网络状况

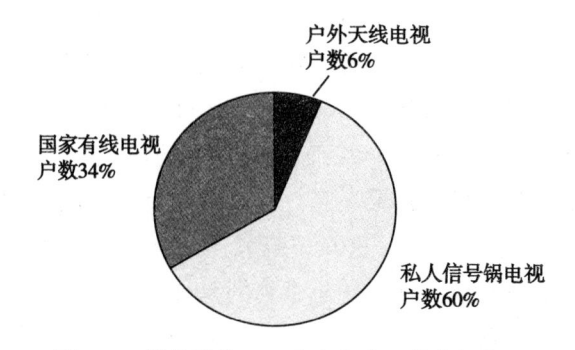

图 6.2　被抽样的 110 个农户家里的电视状况

准备咨询（他知道我们懂法律），这位年轻人是前些天的一个被访者（MSPW50-2014-03-18），事情的原委是这样的：他的父亲 W 是位中学老师，年龄大概在五十岁，平时闲暇的时候就上网打发时间，有一天在网上认识了一位三十多岁的女性，这位女性开始告诉 W 她是个孤儿非常的可怜，现在丈夫又和自己离婚了，没钱给孩子买奶粉，W 出于同情心就给她打去了 500 元钱，后来这位女性又说孩子得病了需要钱看病，W 再次给她打去了 1 万元钱，再后来这位女性说要做生意挣钱还给 W，但是自己没有本钱，她又从 W 这里借了 10 万元，陆陆续续这个女人从 W 这里共借了五十多万元，前后共持续了两年的时间，在这期间他们一直是用手机和网络联系的，W 的家人根本没有任何的察觉，只是最近这位受访者觉得父亲对自己的手机非常敏感，才发现了此事。这位受访者想咨询的是这种行为能不能构成诈骗，在我们的建议下，这位受访者去了公安机关报案，在调研结束的时候，事情还没有得出结果。如果此事是发生在以前，不可能瞒得住家人，甚至连邻居都会知道，但是在网络时代的今天，连生活在同一屋檐下的家人都没有察觉此事。

乡村人们"私密"观念的变化对人民调解员的调解工作产生了非常大的影响，一方面人们生活的私密化使得人民调解员对当事人感到陌生，人民调解员再不能准确地把握每个人的脾气性格和他们的内心世界，当事人的交往圈子，除了我们能看得到的之外，还存在看不到的部分，看不到的网络交往圈甚至可能改变一个人的性格，这让人民调解员无所适从。有这样一则案例：有一对小夫妻结婚两年，现育有一女，男的没有什么正经的职业天天在家上网，他通过玩游戏打升级卖武器养家糊口，后来妻子发现用在网络游戏上的费用入不敷出，所以就经常和丈夫争吵，让他出去寻找一个正当的职业，可是丈夫对于妻子的说教根本置之不理。一天妻子一气之下断了家里的电源，这下把正在玩游戏的丈夫惹火了，两人闹得不可开交，最后妇女主任和几个人民调解员大妈过来调解。在调解的时候，丈夫讲到了这次网络游戏中战役的重要性，他们召集了很多的武林高手齐聚一起打怪升级，妻子的断电行为使得他在"武林中"没办法混下去了，这几位五六十岁的人民调解员大妈听了丈夫的理由简直是蒙圈了，觉得这小子真的是疯了。对于丈夫私密圈子内部的人他们完全可以理解他的感受，但是对于这个私密圈子之外的人民调解员来说就像是在听天书。

另一方面，"私密化"的观念使得人们越来越注重隐私，对于某些事情，当事人不愿意和人民调解员讲得太明白，而人民调解员也不像以前那样，对村里的所有事情都了如指掌，当下他们对于当事人内心世界的了解并不清楚，往往当事人不愿说出的隐情就是人民调解的关键所在。就像我们上面所提到的，以往的乡村人们基本没有什么秘密，人人都是透明的，对于当事者心里想的什么，人民调解员就可以猜个大概，这样调解起来就可以一针见血，纠纷解决起来也十分地顺利，人民调解员以往的行动策略在当下存在部分失灵的危险。人民调解是熟人社会解决矛盾纠纷的重要方式，"私密化"的观念使得人们彼此变得陌生，特别是人民调解员和当事人之间的距离拉大了，这给人民调解员的工作增加了不少的困难。

人们生活方式的转变、公共空间的萎缩和人们"私密"观念的变化，使得人民调解员对自己角色的认同发生了微妙的变化，现在越来多的调解达不到了预期的效果,在调解的过程中,人民调解员发挥不到应有的作用,由于上述的变化,当事人选择人民调解的路径也越来越少,甚至在调解进行不下去的时候,人民调解员会建议当事人走法律的程序将案件起诉到法院。

第二节 时代进程不能逆转的变革

一 国家的改革进程

这些年我们听到最多的词语应该就是"改革",国家经济体制在改革,政治体制在改革,法律体制也在改革,改革充斥着我们生活的方方面面,下面就从这些改革的论述中找到对乡村人民调解员的具体影响。实行农村土地家庭承包是整个改革的重要组成部分,20世纪80年代,国家把集体的土地承包给了各个农户,农户按照《中华人民共和国农村土地承包法》的规定可以自由经营,从此村民脱离了生产队的束缚。土地改革使农村的权力结构发生了重大的变化,据一位被访者叙述(MSCX32-2014-03-01),在土地承包之前,国家的行政体制与农业生产紧密相关,县下面是人民公社,人民公社下面是生产大队,再下面设生产队,生产队相当于国家最基层的管理机构,生产队的队长有扣记队员工分的权力,在那个年代工分是乡村人们赖以生存的依靠,扣了一个人的工分就相当于断了他的口粮,直接威胁到社员的生存问题。生产队长掌握着给全队队员分配工作的权力,如果谁和他过不去,他就可能把全队最脏最累的工作比如说挖猪粪、挖臭水沟分配给他,在那个年代乡村人们被束缚在土地上和生产队里,你无论再有能耐也逃不出生产队长的五指山。这种权力结构产生的直接后果是生产队长在生产队里说一不二,对于生产队的上级生产大队和人民公社而言,他们的权力就更大了,甚至有宣判某位不服从者被"游街"的权力,这种惩罚的后果是非常严重的。在L村有位村民由于不服从生产队干部的管教把生产队干部给打了,结果被绑去游了街,从此他名誉扫地,因为这件事情导致他的儿子在快四十岁的时候还没有娶上媳妇。那个时代的公安局和派出所基本上不起什么作用,真正管事的是生产队的民兵连长和治保主任,他们基本上代替了公安机关的功能,生产队、大队和公社干部的一句话可能就决定着社员参军、上学等前途问题，而人民调解员大部分都是这些干部当中的成员，所以那个时代人民调解员基本上就是一言九鼎，那个时代的人民调解与其说是调解还不如说是"判决"。

随着土地家庭承包制度的推行，人民公社变成了乡镇单位，大队变成了行政村，干部的权力遭到了很大削弱，以前公社来的干部在村里是要受到很高规格待遇的，现在对于乡镇里的工作人员大家显得不再那么在乎，因为与他们没有了任何交集，国家免去了农民的公粮和提留，上面下发的粮食补贴也是通过银行卡发放，水费、电费等杂费也都去指定的窗口交付，只要是村民不犯法，似乎和上面打不到任何的交道，所以村民也就不再买上面任何人的账。同样作为人民调解员重要组成成员的干部地位发生了重大变化，人民调解员在村民心目当中的威慑力也随之下降，就像一位受访者（FSPS-49-2014-03-14）所说的那样：现在的社会谁离开了谁都能活，我干吗要听你的呀？随着土地的承包，全村的心也就跟着散了，除非一些村公务，比如修水利、整村容村貌等之外，人与人之间的交集越来越少了，再没有任何人有命令别人做这做那的权力。

随着国家的改革开放，村民可以随意外出打工，一个年轻人在外边一个月打工挣的钱比在家一年的土地收入都多，此外承包的土地可以自由地流转，① 这使得村民更为彻底地解放，有些村民在外地挣了钱回到了家乡也办起了小厂房，就连乡里县里的领导对他们都高看一眼，更别说村里的干部和人民调解员了。在这个物欲横流的年代，人们对物质和金钱的崇拜越来越强烈，在村里要想立足，不再像以前那样靠的是兄弟多拳头硬，现在更看重的是经济实力，没有经济实力兄弟再多拳头再硬，也有可能被人看低，拥有更多的经济实力可能就拥有更多的政治、人脉资源，人民调解员在调解纠纷的时候受到的干扰可能就更为复杂。

二 法治化进程

1978年以来，作为改革开放的重要内容，中国开始了依法治国的历史性进程，② 1997年9月中共十五大提出党领导人民依照宪法和法律

---

① 温世扬、武亦文：《土地承包经营权转让刍议》，《浙江社会科学》2009年第2期。
② 李步云：《中国法治历史进程的回顾与展望》，《法学》2007年第9期。

治理国家的基本方略,江泽民曾强调:"依法治国是邓小平同志建设有中国特色社会主义理论的重要组成部分,是我们党和政府管理国家和社会事务的重要方针。"1999 年九届人大二次会议通过的宪法修正案规定:"中华人民共和国实行依法治国,建设社会主义法治国家",从此将依法治国写入了宪法。依法治国的基本要求是建立完备的社会主义法律体系;维护法律的尊严和增强全民的法律意识与法治观念,[①] 2011 年 3 月 10 日,吴邦国在第十一届全国人民代表大会第四次会议上庄重宣布:中国特色社会主义法律体系已经形成,国家经济建设、政治建设、文化建设、社会建设以及生态文明建设的各个方面实现有法可依,这促使着乡村的法治建设进入了一个新的阶段。中共中央政治局 2001 年 7 月 29 日召开会议,决定 10 月在北京召开中国共产党第十八届中央委员会第四次全体会议,主要议程是,中共中央政治局向中央委员会报告工作,研究全面推进依法治国重大问题,这是首次以依法治国为主题。[②] 在过去的这些年,随着社会的发展和依法治国的推进,乡村人们对法律的关注度也逐渐高涨了起来,如图 6.3 所示,通过对 150 名普通民众的问卷调查显示,基本每天都在看法制栏目的民众占总数的 11%,每周都在看法制栏目的民众占总数的 95%。

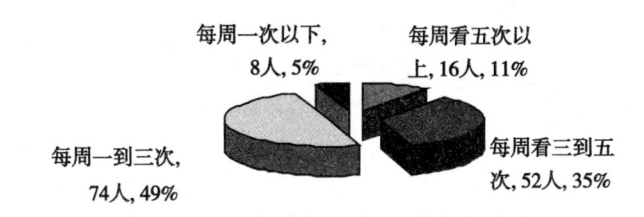

图 6.3 电视普法栏目在乡村的收视状况

普通民众对法制栏目越来越感兴趣的原因主要有两个方面,一方面是由于人们的猎奇心理,就像一位受访者(MSPG77 - 2014 - 04 - 15)所说的那样:看再多虚假的肥皂剧,还不如看一些真实的法律案例呢,从猎奇和故事的真实性角度考虑,人们喜欢法律案例讲述栏目的几率要大于其他栏目。另一方面是为了增长法律知识,当下人们的交际面和活动

[①] 孙国华、黄文艺:《论社会主义的依法治国》,《中国法学》1998 年第 6 期。
[②] 闫宪宝:《四中全会 10 月召开,首次以依法治国为主题》(http://politics.people.com.cn/n/2014/0730/c1001-25367561.html)。

范围比起以前要大得多,在工作和生活当中会遇到各式各样的问题,通过法制栏目掌握一些法律知识,一来可以防范自己成为受害者,二来在遇到法律问题的时候可以按照正确的途径行事。

除了上述渠道之外,人们遇到法律问题的时候,也会去一些县城律师事务所或者乡镇法律服务所咨询,如表6.1所示,单县的法律服务所基本覆盖了所有乡镇,这为乡村人们的法律需求提供了方便。据一项报道,媒体成为村民学法律的主要渠道,占到57.5%,并且半数以上的村民具有学法律的强烈愿望。①

表6.1　　　　　　　　S县基层法律服务所情况

法律服务所名称	主任	执业工作者	地址
S县清×法律服务所	黄某某	毛某某	龙王×镇
S县施×法律服务所	韩某某	丁某某、韩某、许某某	徐某某
S县蔡×法律服务所	张某某	刘某某、惠某某、朱某某	蔡某某
S县君×法律服务所	张某某	王某、杨某某、徐某某、陈某某	南×办事处
S县振×法律服务所	汤某某	刘某、黄某某	曹某某
S县杨×法律服务所	张某	马某某、杨某某、王某某、魏某某	杨×镇
S县清×法律服务所	瞿某某	鹿某某、胡某某	黄×镇
S县宏×法律服务所	陈某某	石某、申某某、马某某、苏某某	终×镇
S县宏×法律服务所	朱某某	朱某某、朱某、白某某	孙×镇
S县天×法律服务所	朱某	于某某、周某某、徐某某、贾某某	园×办事处
S县郭×法律服务所	周某某	张某某	郭×镇
S县广×法律服务所	马某某	邢某某、王某某	张×镇

随着乡人们法律知识的增长和法律意识的增强,乡村村民之间的矛盾纠纷比起以往少了许多,现在打架斗殴的基本没有了,就像一位受访者(MSPZ01-2013-11-27)所叙述的:现在打架打的是钱,你有多少钱就打多少钱的,你要是没有钱就别打架。现在村里只要有打架的,弱势被打或者是吃亏的一方一般都会选择报警,警察的处理结果无非就是抓人罚钱,如果造成伤害比较轻的话,打人者向被打者赔偿医药费;如果造成伤害重的话,打人者会被抓走并赔偿被打者医药费,经过几件这

---

① 郑秋:《农村法治八大现状》,《人民日报》2006年11月22日第13版。

样的案例之后，人们再遇到矛盾纠纷就不会轻易动手，村里的治安自然也就变得好了起来。除此之外，现在人们都忙着挣钱呢，也没有时间像以前那样经常聚在一起闹事，现在的生活条件也好了，鸡毛蒜皮的事情犯不上以身试法。对于民事方面的矛盾纠纷人们也开始偏向寻求法律的方式解决了，比如由家庭纠纷引起的离婚案件，以前农村闹离婚是非常罕见的事情，夫妻间即使有什么矛盾也是找人民调解员说和了事，但现在年轻人的婚姻观发生了重大的变化，引用一位受访老者的话说就是：现在的年轻人把婚姻都当成了儿戏，说好就好说离就离了，在我们调研的 L 镇 G 自然村，一年就有两起离婚案件。现在村里有很多的媳妇都是外地人，夫妻两个一旦闹得不能再过下去，人民调解员也不能像以前那样找来媳妇的娘家人参与调解一下，人民调解员那些老套的说辞对新时代的小青年和外地的新媳妇不再有什么说服力，所以大都直接起诉到法院。

从某种意义上讲，人民调解员阻碍了中国法治化的进程，因为依法治国的含义是依照法律，而不是依照个人的意志和主张来治理国家，国家的政治、经济运作和社会各方面的活动统统依照法律进行，而不受任何个人意志的干预、阻碍或破坏。人民调解员的调解行为有时候是按照法律的规定行事，但是某些时候他们是在"和稀泥"，这种行为甚至违反了法律。在 A 市 J 镇调研到这样一个案例：W（男方）和 Z（女方）是正在搞对象的一对邻村小青年，一天傍晚他们在村头的河堤上约会的时候，W 提出想和 Z 发生性关系的要求，他们虽然谈了很长时间了，但是还没有达到谈婚论嫁的程度，所以 W 的要求遭到了 Z 的严厉拒绝，并因此对 W 进行了羞辱。W 并没有因为 Z 的反抗而善罢甘休，而是趁着天黑，在河堤下的小树林中强行与 Z 发生了性关系。事后 Z 哭着跑回了家中，并把此事告诉给了家人，家人听了之后非常震惊，于是他们拿了家伙和绳索前往 W 的家中，准备先修理一下 W，然后再绑了送到派出所。当 Z 的家人到达 W 家的时候，W 并不在家，而是 W 的父母和其村的村干部（也是本村的人民调解员）在家迎接他们，原来 W 意识到自己触犯了法律，他把此事告诉给了家人，其父亲赶快请来了村里的干部商量对策，而 W 则畏罪潜逃了。由于人民调解员的参与，这起强奸案接下来发生了重大转机，人民调解员和 W 的家人把前来的人都客气地请到了屋里，然后给他们递烟倒水，Z 的家人看到这种情形后，愤怒的心情稍微平静了一些，他们要 W 的家人给个说法，这时人民调解员从两个方面对 Z 的家人进行了劝解，一方面是事情已经发生了，即使现在把 W 交给了派出所，也不能给 Z 挽回什么，甚至事情还会因此闹得沸沸扬扬，Z 还没有出嫁，以后怎么抬头做人呀，并且谁还敢给她说媒找婆家呀？另一方面是 W 和 Z 本来就是男女朋友关系，并且这是两个村里的村民都知道的，除了今晚发生的事情之外，其他的时候 W 还是不错的，并且你们可能也对他比较满意，不如顺势两家就同意了这门亲事，使此事大事化小，小事化了。这起典型的强奸案就这样被化解掉了，人民调解员的任务毕竟不同于法官，他们所追求的是一方的安宁，使得乡村被打破的平静恢复到以前的状态和维护现有的秩序，可能这种处理方法对双方都是最有利的，也是对乡村秩序的一种最好维护，但是它确实违背了法律的精神，破坏了法治所追求的目的，这种情况势必随着法治化的进程而被否定，促成此事化解的人民调解员就成了法治最应该剔除的障碍。

第三节　乡村人民调解员的前景探析

人民调解员在乡村当中无疑有存在的必要性，从国家的层面来讲，人民调解员是化解社会矛盾纠纷的主要力量之一，是维护社会稳定"第一道防线"上的排头兵。据 2013 年统计，全国共有 81.7 万个人民调解组织和 428 万名人民调解员，每年调解各种矛盾纠纷达八九百万件，调解成功率在 96% 以上，全国广大人民调解组织共排查各类矛盾纠纷 287.7 万余件，化解纠纷 943.9 万件，防止因民间纠纷转化为刑事案件 4.9 万余件，防止群体性上访 9.9 万余件，防止群体性械斗 2.3 万件，经人民调解达成调解协议的有 892.5 万余件，达成协议后起诉的 5799 件，仅占达成调解协议案件总数的 0.06%。[①] 虽然我们不能准确地估计农村的情况在这当中占多大的比例，但是通过这些数据可以推断乡村人民调解员在我国矛盾纠纷解决体制当中的地位还是非常重要的，我们绝

[①] 周斌：《422.9 万余人民调解员扎根基层抓早抓小》，《法制日报》2014 年 2 月 28 日第 1 版。

对不可忽视他们的存在。从乡村的基层情况来讲,人民调解员是村里不可缺少的角色,村里的很多纠纷都是"法院管不着,部门管不好",大多是些鸡毛蒜皮的小事,够不上走法律程序的立案标准,但不解决又让人闹心。

清官难断家务事,形形色色的矛盾纠纷,需要人民调解员动之以情、晓之以理、服之依法的细心和耐心。如图6.4所示,通过对150位普通村民的问卷可以看出,在遇到矛盾纠纷的时候选择找村干部(即人民调解员)参与调解的占到40%,是所有纠纷解决方式当中选择最多的一个,其次找朋友、族人或者邻居私下和解的占到27%,选择到法院

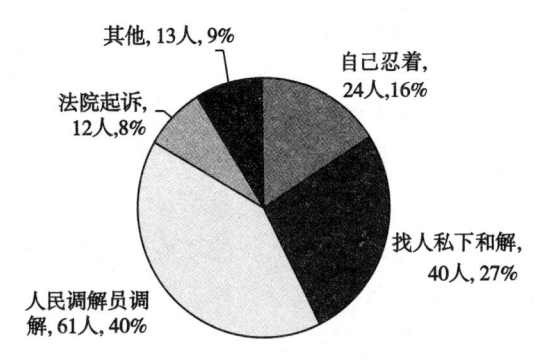

图6.4 矛盾纠纷解决方式的选择调查

起诉的只占到8%,是村民选择最少的一种纠纷解决方式。就像一位被访者所说的那样:村里有什么事情都绕不过村干部,有了矛盾即使找上面的人(指乡镇派出法庭)处理,他们最后还是要找村干部了解情况,村干部的看法和建议对于最后的处理结果有着非常重要的作用,所以还不如干脆就找村干部给处理呢。除此之外,人民调解员的调解都是义务免费的,与诉讼相比人民调解员为当事人节约了大量的经济成本,人民调解员与当事人一般都是同村的熟人,调解调查取证起来就比较方便,从而为当事人纠纷的解决节约了大量的时间成本。[①] 尽管乡村的发展,人们生活方式的变化和法治化的进程等因素给人民调解员的调解工作带来了一定的冲击,但其作用是不可忽视的,在一定时间和空间范围之内,他们还有很强的生命力,还将继续为乡村的长期稳定贡献巨大的力量。

---

① 张彦华:《我国农村人民调解制度存在的问题及其完善》,《法学研究》2013年第6期。

通过上文的分析，乡村的人民调解员面临着十分严峻的问题，首先，乡村人民调解员的群体界限问题。这在前面的概念界定中已经提到，什么样的人才是人民调解员呢？按照《人民调解法》的相关规定，村干部不一定是人民调解员，但是在现实的实践当中，只要有村干部参与的调解都被认为是人民调解，有很多的村干部并不在人民调解员的名单里，但是他们却履行了人民调解员的职能。此外，还有很多的其他人，虽然不在人民调解员的编制里，但是同样履行着人民调解员的职能，群体界限的尴尬境地问题是研究人民调解员首要解决的问题。

其次，人民调解员工作的范围问题。按照《人民调解法》的规定，人民调解员所解决的是"民间纠纷"，但是在现实的实践当中，类似上面提到的强奸案等刑事案件同样进入了人民调解员的业务范围，此外，对于什么是"民间纠纷"及其范围，法律也没有给出一个明确的解释。

再次，乡村新型人民调解员的培养问题，当下乡村人民调解员大都以中老年人为主，作为后备军的年轻力量不足，现在的年轻人大部分都在外打工，逐步脱离了人民调解员成长的环境，此外，他们的心思都放在了挣钱上，对于人民调解也不太感兴趣。

最后，乡村人民调解员的各方面保障问题，《人民调解法》当中规定的人民调解员的办公条件、必要工作经费和表彰奖励等并没有得到很好的落实，乡村当中存在的最大问题是经费问题，长此以往，人民调解员的积极性必然受挫。

除此之外，还有人民调解员进行定期培训的问题，《人民调解法》第十四条规定："县级人民政府司法行政部门应当定期对人民调解员进行业务培训"。这种定期培训的期限，国家法律并没有作出明确的规定，对S县Z镇57名人民调解员调研的状况来看，从来没有参加过业务培训的有30人，占到样本总量的53%，几年参加一次业务培训的23人，占样本总量的40%，一年参加业务培训一次的4人，占样本总量的7%，一年参加业务培训两次以上的没有。在几年参加一次业务培训的23人当中大部分都是村支书，对于他们的业务培训也不是专门开展的，而是趁去县乡开会的机会顺便进行培训的。能够一年参加业务培训一次的4人，他们全部都是司法所的工作人员，并且参加的也是地级市组织的培训，对于县司法行政机构组织全县村干部兼任人民调解员的培训则很难做到。

另外，村民私密化观念的增强和法治化进程对乡村的人民调解员也存在一定的冲击，人民调解员队伍建设的不到位问题，村民对人民调解员的作用认识不足的问题，提高人民调解员综合素质的问题等等，这些都是乡村人民调解员所面临的困境。

通过上述对乡村的转型以及人民调解员所面临问题的分析可知，乡村人民调解员群体需要一些改变，从而来适应变化了的外部环境。首先，国家应该放松对人民调解员的管制，不应该设置固定的调解名单，因为这在现实当中已经成为了虚设，国家除了从经费、办公条件和业务培训等方面支持外，其他方面应该去官方化。其次，国家应该进一步明确人民调解员的业务范围，哪些矛盾纠纷可以管，哪些不可以管，都作出明确的规定，对于那些不可以管的刑事案件，法律应当明确规定人民调解员强制调解之后的法律责任，对于那些可以调解的民间纠纷，人民调解员不可以拿架子、踢皮球，要积极地为百姓排忧解难。再次，给予人民调解员一定的物资保障，现在不同于以往了，当下是高速发展的市场经济社会，人们都在忙着自己的事情，连法律咨询都开始收费了，没人有大量多余的时间和精力义务为他人调解纠纷，国家应该给予人民调解员一定的经济补偿。最后，人民调解员应该跟上时代的发展，提高自己的综合素质，积极参加岗位培训、专业人才培训、继任培训和网络培训等各种培训活动，[①] 从而为乡村人民调解的发展贡献力量。

通过上述的这些措施建议可以推断乡村人民调解员的未来发展会发生一种变体，其与民间调解员之间的界限逐步变得模糊，他们很有可能共同走向一种职业化道路，[②] 就像村干部一样拿国家发给的"工资"。这样一方面他们没有离开传统乡村人民调解员成长所需要的环境（其成员仍然来源于村民），另一方面也让他们接受更为专业化的统一培训，从而在解决当下人民调解员所面临的困境的同时能够更好地维护乡村的稳定与和谐。

---

① 中华全国人民调解员协会：《中华全国人民调解员协会 2014 年工作要点》，《人民调解》2014 年第 3 期。

② 胡绪隆：《谈专职人民调解员制度》，《中国司法》2013 年第 12 期。作者在文中对专职人民调解员进行了阐述，首先他们不是一个应急之策，而是一项社会公共服务工作；其次他们的工作是一种劳动，应当给予报酬；最后他们作为公共服务人员，应纳入政府保障范围。

参考文献

一 著作

［美］艾尔·巴比：《社会研究方法（第10版）》，邱泽奇译，华夏出版社2005年版。

［美］埃里克森：《无需法律的秩序——邻人如何解决纠纷》，苏力译，中国政法大学出版社2003年版。

陈向明：《质的研究方法与社会科学研究》，教育科学出版社2000年版。

［美］杜赞奇：《文化、权利与国家——1990—1942年的华北农村》，王福明译，江苏人民出版社1996年版。

［英］迪姆·梅：《社会研究问题、方法与过程（第3版）》，北京大学出版社2009年版。

董磊明：《宋村的调解——巨变世代的权威与秩序》，法律出版社2008年版。

范愉：《非诉讼程序（ADR）教程》，中国人民大学出版社2002年版。

范愉：《非诉讼纠纷解决机制研究》，中国人民大学出版社2000年版。

范忠信：《中国法律传统的基本精神》，山东人民出版社2001年版。

风笑天：《社会学研究方法》，中国人民大学出版社2009年版。

费孝通：《乡村中国》，人民出版社2008年版。

Fei Xiao Tong. China's Gentry. Chicago: University of Chicago Press, 1953.

［日］高见泽磨：《现代中国的纠纷与法》，何勤华等译，法律出版

社 2003 年版。

侯钧生：《西方社会学理论教程》，南开大学出版社 2001 年版。

贺雪峰：《新乡村中国》，广西师范大学出版社 2003 年版。

Harold Garfinkel. Studies in Ethnomethodology Englewood Cliffs. New Jersey：Prentice-Hall，1967.

江伟、杨荣新：《人民调解学概论》，法律出版社 1990 年版。

强世功：《调解、法制与现代性：中国调解制度研究》，中国法制出版社 2001 年版。

[德] 伽达默尔：《论理解的循环》，严平：《伽达默尔集》，上海远东出版社 2002 年版。

J. Coulter. ed. Ethnomethodology Sociology. Edward Elgar，1990.

[美] 克利福德·吉尔兹：《地方性知识——阐释人类学论文集》，王海龙等译，中央编译出版社 2000 年版。

Keith Devlin. Logic and Information. Cambridge University Press，1991.

梁德超：《人民调解学基础》，中国广播电视出版社 1988 年版。

李刚：《人民调解概论》，中国检察出版社 2004 年版。

李春霖：《人民调解手册》，北京出版社 1989 年版。

梁治平：《寻求自然秩序中的和谐》，中国政法大学出版社 2002 年版。

梁治平：《清代习惯法：社会与国家》，中国政法大学出版社 1996 年版。

梁治平：《法律的文化解释》，生活·读书·新知三联书店 1994 年版。

林端：《儒家伦理与法律文化：社会学观点的探索》，中国政法大学出版社 2002 年版。

李瑜青：《法律社会学经典论著评述》，上海大学出版社 2006 年版。

鲁迅：《马上支日记. 鲁迅全集（第 3 卷）》，人民文学出版社 1973 年版。

马作武：《中国传统法律文化研究》，广东人民出版社 2004 年版。

[美] 迈克尔·施瓦布：《生活的暗面：日常生活的社会学透视》，王丽华译，北京大学出版社 2008 年版。

[法] 马塞尔·莫斯：《礼物》，汲喆译，上海人民出版社 2002

年版。

瞿同祖：《中国法律与中国社会》，中华书局 1999 年版。

宋承先：《西方社會學名著提要（上）（繁体中文）》，知书房出版集团 2000 年版。

苏力：《法制及其本土资源》，中国政法大学出版社 1996 年版。

苏力：《送法下乡：中国基层司法制度研究》，中国政法大学出版社 2000 年版。

王铭铭、［英］王斯福：《乡村的秩序，公正与权威》，中国政法大学出版社 1997 年版。

王处辉：《中国社会思想史》，中国人民大学出版社 2002 年版。

王先明：《近代士绅》，天津人民出版社 1997 年版。

徐勇：《乡村治理与中国政治》，中国社会科学出版社 2003 年版。

谢觉哉：《谢觉哉文集》，人民出版社 1989 年版。

叶祥凤：《社会调查与统计分析》，西南交通大学出版社 2011 年版。

阎云翔：《礼物的流动——一个中国村庄中的互惠原则与社会网络》，上海人民出版社 2000 年版。

严景耀：《中国的犯罪问题与社会变迁的关系》，吴桢译，北京大学出版社 1986 年版。

朱晓阳：《小村故事：罪过与惩罚（1931—1997）》，法律出版社 2011 年版。

中华人民共和国国家统计局：《中国统计年鉴（2010）》，中国统计出版社 2011 年版。

张静：《基层政权：乡村制度诸问题》，浙江人民出版社 2002 年版。

张中秋：《比较视野中的法律文化》，法律出版社 2003 年版。

祝平燕、夏玉珍：《性别社会学》，华中师范大学出版社 2007 年版。

赵旭东：《权力与公正——乡村的纠纷解决与权利多元》，天津古籍出版社 2003 年版。

翟学伟：《人情、面子与权力的再生产》，北京大学出版社 2005 年版。

张善根：《当代中国法律社会学研究——知识与社会的视角》，法律出版社 2009 年版。

中共中央文献研究室：《三中全会以来重要文献选编（下）》，人民出版社 1982 年版。

二 论文

［英］埃蒙德·利奇：《从概念及社会的发展看人的仪式化》，史宗主：《二十世纪西方宗教人类学文选（下卷）》，三联书店 1995 年版。

Burawoy. The Extended Case Method. Sociological Theory, 1998, 16 (1).

陈娴灵：《当前农村涉地纠纷及其调解原则》，《湖北社会科学》2008 年第 3 期。

陈占江：《"基督下乡"的实践逻辑——基于皖北 C 村的田野调查》，《重庆社会科学》2007 年第 9 期。

曹正汉、史晋川：《中国民间社会的理：对地方政府的非正式约束——一个法与理冲突的案例及其一般意义》，《社会学研究》2008 年第 3 期。

陈寒非：《从一元到多元：乡村精英的身份变迁与习惯法的成长》，《甘肃政法学院学报》2014 年第 3 期。

曹润宇：《论维特根斯坦语言哲学的两种学说》，《求索》2011 年第 11 期。

丁敏、克千：《关于农村中人民调解委员会的作用》，《法学》1958 年第 6 期。

董磊明：《村庄纠纷调解机制的研究路径》，《学习与探索》2006 年第 1 期。

D. Y. F. Ho. On the Concept of Face. American Journal of Sociology. 1974, 81: 867-884.

傅华伶：《后毛泽东时代中国的人民调解制度》，王晴译，强世功：《调解、法制与现代性：中国调解制度研究》，中国法制出版社 2001 年版。

范愉：《社会转型中的人民调解制度——以上海市长宁区人民调解组织改革的经验为试点》，《中国司法》2004 年第 10 期。

冯一文：《新时期群众工作方法司法运用的新思考》，《法治研究》2011 年第 11 期。

顾敏、邓红蕾：《乡村中的特殊法律人——浅议我国乡村中的人民调解员》,《行政与法》(吉林省行政学院学报) 2005 年第 6 期。

郭星华、王平:《中国农村的纠纷与解决途径——关于中国农村法律意识与法律行为的实证研究》,《江苏社会科学》2004 年第 2 期。

黄碧蓉:《语言意义的哲学追问:从意义的指称论到意向论》,《求索》2009 年第 1 期。

侯欣一:《陕甘宁边区人民调解制度研究》,《中国法学》2007 年第 4 期。

贺雪峰:《村社本位、积极分子:建设社会主义新农村视角研究二题》,《河南社会科学》2006 年第 3 期。

何秉松、廖斌:《论当代邪教》,《法学评论》2003 年第 5 期。

胡绪隆:《谈专职人民调解员制度》,《中国司法》2013 年第 12 期。

强世功:《文化、功能与治理——中国调解制度研究的三个范式》,《清华法学》2002 年第 2 期。

强世功:《权力的组织网络与法律的治理化——马锡五审判方式与中国法律的新传统》,《北大法律评论》2000 年第 3 期。

强世功:《"法律"是如何实践的——一起乡村民事调解案的分析》,强世功:《调解、法制与现代性:中国调解制度研究》,中国法制出版社 2001 年版。

季卫东:《调解制度的法律发展机制:从中国法制化的矛盾情景谈起》,易平译,强世功:《调解、法制与现代性:中国调解制度研究》,中国法制出版社 2001 年版。

金耀基:《关系和网络的建构:一个社会学的诠释》,《二十一世纪》1992 年第 12 期。

柯恩:《现代化前夕的中国调解》,王笑红译,强世功:《调解、法制与现代性:中国调解制度研究》,中国法制出版社 2001 年版。

[美] 克利福德·吉尔兹:《地方性知识:事实与法律的比较透视》,邓正来译,梁治平:《法律的文化解释(增订本)》,三联书店 1998 年版。

陆思礼:《毛泽东与调解:共产主义中国的政治和纠纷解决》,许旭译,强世功:《调解、法制与现代性:中国调解制度研究》,中国法制出版社 2001 年版。

李猛:《常人方法学四十年:1954—1994》,《国外社会科学》1997

年第 2 期。

李猛：《日常生活的权力技术：迈向一种关系/事件的社会学分析》，北京大学社会学系，1996 年。

李湘宁、徐书鸣：《离婚纠纷中的情感、财产与"正义"——基于李镇档案的研究》，苏力：《法律和社会科学》，法律出版社 2013 年版。

李华伟：《乡村公共空间的变迁与民众生活秩序的建构——以豫西李村宗族、庙会与乡村基督教的互动为例》，《民俗研究》2008 年第 4 期。

李步云：《中国法治历史进程的回顾与展望》，《法学》2007 年第 9 期。

麻鸣：《乡村结构的变迁对民间调解功能实现的影响》，《浙江社会科学》2002 年第 5 期。

潘泽泉：《实践中流动的关系：一种分析视角——以〈礼物的流动：一个村庄中的互惠原则与社会网络〉为例》，《社会学研究》2005 年第 3 期。

宋明：《人民调解的现代定位：纠纷解决机制中的"第三领域"》，《法制与社会发展》2008 年第 3 期。

邵军：《从 ADR 反思我国的民事调解现状》，《华东政法学院学报》2005 年第 3 期。

宋明：《人民调解纠纷解决机制的法社会学研究》，吉林大学法学院，2006 年。

孙国华、黄文艺：《论社会主义的依法治国》，《中国法学》1998 年第 6 期。

王建勋：《关于调解制度的思考》，《中南政法学院学报》1996 年第 6 期。

吴彤：《两种"地方性知识"——兼评吉尔兹和劳斯的观点》，《自然辨证法研究》2007 年第 11 期。

吴军：《城市社会学研究前言：场景理论述评》，《社会学评论》2014 年第 2 期。

王林彬：《国际法内在"合法性"的经济分析——以交易成本理论为视角》，《法学评论》2011 年第 1 期。

王左立：《试论情境与语言意义之关系》，《南开大学学报》（哲学社会科学版）2004年第6期。

温世扬、武亦文：《土地承包经营权转让刍议》，《浙江社会科学》2009年第2期。

[美] 休·拉弗勒斯：《亲密知识》，《国际社会科学杂志（中文版）》2003年第3期。

熊秉纯：《质的研究方法刍议：来自社会性别视角的探索》，《社会学研究》2001年第5期。

[日] 西村真志叶：《日常叙事的体裁研究——以京西燕家台村的"拉家"为个案》，北京师范大学，民俗学，2007年。

薛恒：《县乡基督教发展的量化分析和功能考察——以盐城市为样本和例证》，《世界宗教研究》2003年第2期。

徐理响：《从动员式参与到自主式参与——农村公共事物治理中的农民角色分析》，《学术界》2011年第5期。

杨猛：《新农村建设视阈下的农村纠纷多元解决机制问题研究》，吉林大学，马克思主义学院，2011年。

叶舒宪：《地方性知识》，《读书》2001年第5期。

于林龙：《隐喻思维与意义的不确定性》，《东北师范大学学报》（哲学社会科学版）2012年第6期。

游俊峰：《漫谈人民调解员与当事人的沟通技巧》，《人民调解》2009年第4期。

周琰：《人民调解制度发展研究》，《中国司法》2013年第2期。

张星、金鑫：《河南省"台湾村"人民调解员的角色分析》，《太原师范学院学报》（社会科学版）2013年第2期。

张翠霞：《常人方法学与民俗学"生活世界"研究策略——从民俗学研究范畴和范式转换谈起》，《中央民族大学学报》（哲学社会科学版）2011年第5期。

张虎祥：《动员式治理中的社会逻辑——对上海K社区一起拆违事件的实践考察》，《公共管理评论》（第5卷）2006年第2期。

张彦华：《我国农村人民调解制度存在的问题及其完善》，《法学研究》2013年第6期。

张树海：《浅谈人民调解员素质提高的几个基本问题》，《大庆社会科学》1997年第1期。

曾旻：《当前人民调解制度功能的科学定位》，《法治论坛》2009年第2期。

邹琼：《仪式变迁：地方化与全球华》，《贵州民族研究》2012年第1期。

赵春兰、周兴宥：《新农村建设中农村纠纷及其非诉化解决机制》，《法治研究》2008年。

赵晓力：《关系/事件、行动策略和法律的叙事——对一起"依法收贷案"的分析》，强世功：《调解、法制与现代性：中国调解制度研究》，北京中国法制出版社2001年版。

朱俊瑞、赵宬斐：《浙江基层民主的本土化积累及创造性转换——以吉尔兹"地方性知识"理论为视角》，《浙江学刊》2012年第5期。

朱芸阳：《论股东派生诉讼的实现——以"理性经济人"为假设的法经济学解释》，《清华法学》2012年第6期。

中华全国人民调解员协会：《中华全国人民调解员协会2014年工作要点》，《人民调解》2014年第3期。

三 报纸

曹玲娟：《上海徐汇区天平街道——人民调解保障社区和谐》，《人民日报》2006-6-21（004）。

程秀忠、张国林：《服务民生大局》，《人民日报》2009-2-11（015）。

法制日报评论员：《"大调解"取得实效党委政府统一领导是关键》，《法制日报》2010-3-23（001）。

罗干：《充分发挥人民调解作用——创造稳定和谐社会环境》，《法制日报》2004-2-26（001）。

罗晓强：《从老上访户到调解能手》，《人民法院报》2013-5-29（004）。

雷晓路等：《辽源：大调解创新为社会转型疗伤止痛》，《法制日报》2011-10-3（001）。

马利民：《探索人民调解群众化职业化专业化相结合发展之路：郫县职业调解人制度运行半年渐成熟》，《法制日报》2009-10-19（002）。

史万森：《"五权"如"五拳"调处中心解纷不难：鄂尔多斯东胜区大调解机制解读》，《法制日报》2009-12-27（004）。

例见石国胜、刘晓鹏：《调解促和谐》，《人民日报》2007-3-27（002）。

孙春英、马利民：《进一步做好人民调解社区矫正工作》，《法制日报》2010-6-21（001）。

王伟健：《通过"人民调解、司法调解、行政调解"化解矛盾——湖南"三调联动"促和谐》，《人民日报》2008-4-18（001）。

王比学：《服务大局，服务群众》，《人民日报》2009-9-15（006）。

徐伟：《重庆秀山万名"编外调解员"成为农户贴心人——调处大小矛盾12万件》，《法制日报》2013-12-30（002）。

余长安：《"大调解"促进大和谐大发展——四川省有效化解社会矛盾纠纷的经验》，《光明日报》2010-3-3（002）。

余继军：《"管得宽"的"廖英雄"——记重庆市开县厚坝镇农村司法调解员廖桂林》，《人民日报》2007-2-7（002）。

易清：《人民调解：维护社会和谐稳定的重要手段》，《人民日报》2010-8-27（007）。

朱磊：《法、理、情"调出"和谐色》，《人民日报》2012-5-9（019）。

左世忠：《肩负起实现中国梦的历史责任》，《人民法院报》2013-4-1（002）；

郑秋等：《农村法治八大现状》，《人民日报》2006-11-22（013）。

周斌：《全国人民调解工作会议闭幕》，《法制日报》2013-08-30（001）。

周斌：《422.9万余人民调解员扎根基层抓早抓小》，《法制日报》2014-02-28（001）。

四 网络资源

百度百科：《村干部》，[2014-07-30]．http：//baike.baidu.com/view/2413878.htm？fr=aladdin#refIndex_1_2413878。

百度百科：《动员》，[2014-08-16]．http：//baike.baidu.com/

subview/1822912/11158138. htm? fr = aladdin。

百度百科：《干部》，[2014-07-30]. http：//www. baike. com/wiki/干部。

百度百科：《过继》，[2014-08-10]. http：//baike. baidu. com/view/78416. htm? fr = aladdin。

《单县基层法律服务所工作者名单》，[2014-08-21]. http：//www. hzsfj. gov. cn/view. asp? id = 504。

百度百科：《司法所》，[2014-07-28]. http：//baike. baidu. com/view/1317743. htm? fr = aladdin。

新华网：《山东省单县政府违法批地案被国土部挂牌督办》，[2014-07-30]. http：//www. sd. xinhuanet. com/news/2011-04/19/content_ 22554657. htm。

百度百科：《调解》，[2014-08-30]. http：//baike. baidu. com/view/27327. htm? fr = aladdin。

百度百科：《邪教》，[2014-08-18]. http：//baike. baidu. com/view/10628. htm。

闫宪宝：《四中全会10月召开，首次以依法治国为主题》，[2014-08-12]. http：//politics. people. com. cn/n/2014/0730/c1001-25367561. html。

中共中央委员会：《关于建国以来党的若干历史问题的决议》，[2014-08-10]. http：//www. gov. cn/test/2008-06/23/content_ 1024934. htm。

周雯、王劲松：《山东快餐店内6人打死人，边打边骂恶魔不得超生》，[2014-08-18]. http：//hb. people. com. cn/n/2014/0531/c192237-21324111. html。

后　　记

在青岛大学法学院工作以来，一切都是那么充满激情，对未来有着无限的憧憬。作为我在象牙塔中研究的一个总结，此书也最终完稿。

此时此刻并没有预想成书时的激动，而是更多的感激。最要感激的是我在南开大学的博士生导师侯欣一教授，在南开大学三年的博士学习过程中，先生一直激励着我的成长，并慢慢地将我领入学术的殿堂，让我真正了解到作为一个学术人应有的信仰。先生在生活上是个和蔼的人，他总是以乐观的精神和积极的态度鼓励我勇于面对生活中的困难；先生在学术上是个严厉的人，从我每篇论文的发表到本书的成稿，他都投入了大量的精力为我指点，甚至为一个小问题讨论许久；同时他又以博大的胸怀包容我的冒失与莽撞，对于这份舐犊之情学生会一直铭记在心，今后致力做一个对社会有用的人对先生以回报。此外还要感谢的是我在东京大学做访问研究员期间的导师高见泽磨教授，他对于本书的很多见解给了我大量灵感，同时高见泽磨老师的严谨治学精神深深地影响了我，激励着我对自己提出更高的学术要求。更应该感谢的是我的硕士生导师马长山教授，马老师对于我论文的写作非常关注，经常问起我论文的事情，并提出了大量宝贵的意见。

在本书的研究调研过程当中，有很多给予我帮助的人，在此对他们深表感谢。特别应该感谢的是王涛兄弟，他是我在S县调研的向导，每天都免费开车带我下乡，很多时候我们都大半夜才回城里，这让我深为感动，在此深表谢意。同时还要感谢青岛大学法学院的同事们，他们对于本书的出版给予了大力的支持与帮助。最后感谢的是我的妻子孙纯纯女士，她为了整个家庭默默地付出，使我的科研工作无后顾之忧，还有两个儿子言一与言承，他给我了无限的期望，激励着我的创作。权将此书作为对上述帮助、影响和激励我的人最好的感谢吧！同时也是给已过而立之年的自己一个鞭策前行的驿站。

  本书采用了大量的经验研究,可能还有许多研究方法和研究问题需要做进一步的探讨,也希望各位前辈同人们在阅读的过程当中能够提出一些宝贵意见。